赛出来的中学作文课

主编 刘斌 张水鱼

33节思维课

SAICHULAI DE ZHONGXUE
ZUOWEN KE

主　编：刘　斌　张水鱼

编　委：刘　斌　张水鱼　李　翀　王亚萍
张春艳　常　欢　原　阳　刘　楠
郝丽红　张子亮　贾　雅　闫婷婷

山西出版传媒集团　山西教育出版社

图书在版编目（CIP）数据

33 节思维课 / 刘斌，张水鱼主编. — 太原 ：山西教育出版社，2022.6
（赛出来的中学作文课）
ISBN 978-7-5703-2249-7

Ⅰ. ①3… Ⅱ. ①刘… ②张… Ⅲ. ①作文课—中学—教学参考资料 Ⅳ. ①G634.343

中国版本图书馆 CIP 数据核字（2022）第 045373 号

33 节思维课
33 JIE SIWEI KE

责任编辑 连建英
复　　审 刘晓露
终　　审 郭志强
装帧设计 张　瑜
印装监制 蔡　洁

出版发行 山西出版传媒集团 · 山西教育出版社
（太原市水西门街馒头巷 7 号　电话：0351-4729801　邮编：030002）
印　　装 山西新华印业有限公司

开　　本 890×1240　1/32
印　　张 12.875
字　　数 275 千字
版　　次 2022 年 6 月第 1 版　2022 年 6 月第 1 次印刷
书　　号 ISBN　978-7-5703-2249-7
定　　价 58.00 元

“创课”这些事儿

张水鱼

创课，这个令人耳目一新的说法应该是有故事的。的确是。

徐江教授投稿给编辑部，常会附一封短信。他在2015年5月投稿《当语文创客，开语文创课，培养新创客》这篇文章时，写了这么几句话：

语文教学效果一直不甚理想，很大一个原因是人们对语文的认识有偏差。总是摆出架势上一种标准的语文课，而没有立足在“用”。我在这里接过社会流行话语——“创客”与“创客教育”，将之移植到语文教学，提出“语文创客”与“语文创课”这两个概念。我明确认识到，只有开出“语文创课”，语文教学才是有效的。

透过这段铿锵的文字，我们可以看到徐江教授对广大教师的

“教”提出了新挑战，同时对课堂上的创造性有一种殷殷的期待和有力的召唤。它不只是让我们耳目一新，同时挑战着我们的思维，刷新着我们的写作教学经验。

接过徐江教授“语文创课”的说法，身为作文刊物主编的我认识到，作文教学更需要创课。

编辑部接到的电话里，不少教师总在电话那头问询，期待作文教学序列课程出现。可以肯定地说，适合教师个体的作文教学序列不是能被给予的，这是由作文教学的特点决定的。其一，没有哪一个序列可以拿来就用。他人的序列能提供的无非是写作知识，而知识本身是僵硬的，需要教者因材施教进行个性化处理。其二，作文是心灵的事业，写作内容是情感和思想的展现，不经过丰富心灵淘洗的序列不会唤起写作的热情。作文教学还需要教者立足生活现场，以智慧之石激学生生活之水，唤起他们写作的欲望。与其盼望天上掉一个硬邦邦的序列，我们不如行动起来，在积极的创课实践中，构建一堂活色生香的作文创课。从编辑部的角度出发，就是发起一个“作文创课”赛事，推动作文课改的石碾子，从沉重、笨拙出发，往轻盈和快乐那里去。

我把这个想法讲给徐教授听，得到了他的充分肯定。就这样，一封短信和一闪而过的念头，成为“创课”赛事最早的故事。

创课赛事的筹备很顺利。《新作文》杂志社社长刘斌、全国著名语文特级教师黄厚江都对此赛事给予了支持和鼓励。还有刊物背后一批怀揣作文教学梦的领军人物，如蒋红森老师、冯善亮老师、金戈老师、袁爱国老师、徐飞老师、张华老师……从选拔流程的规划到评价标准的拟定，从现场评分到活动综述，都凝聚了他们的智慧和创意。

“创课”比赛设置了三级跳台：既有静态的教学设计比赛，又有动态的现场“比武”。为了鼓励参赛的教师们，评选出的优秀课例还集锦成册。

从2016年首届赛事至今，“新作文杯”全国作文教学“创课”比赛走过了六届，共有数千名中小学语文教师参加，有50多位评委参与了评审工作，凝聚了五本“创课”作文专辑，在刊物上推出了100多位作文创客的作品，其中有6位表现优异的创客选手成为作文刊物的封面人物。

他们中有些是初登讲台的青年教师，有些是省市学科带头人，有些是已经功成名就的特级教师；有些是第一次鼓足勇气投稿，有些是数年多届地跟进参赛；有些是师带徒共同参赛，有些是姐妹相约来参赛，也有夫妻阵来参赛的；还有一种特殊情况是，市区县教研室、名师工作室集体组织参加比赛，在正式参赛之前，当地已组织过一次评比。对这些教研团体来说，创课活动不只是属于赛事，已然成为他们当地作文教研的一个好抓手。这些参赛教师，有的教学热情被激活，有的教学才能被关注，五年来，专业成长有了质的飞跃。论文获奖、专著出版、职称晋级等，捷报频传。

值得一记的是，六届赛事中，还先后于山东莘县、江苏南京、湖南岳阳举办过现场讲课和说课比赛，在创课的舞台上，创客们比武论剑，各领风骚。

这个舞台不大，但灯光烁烁，足以支撑一台内容丰富、剧情引人的演出，百万里的作文夜空会被这个小小的舞台镀亮。

舞台上的创客，或许不是万人敬仰的名角儿，但亦有新秀登场的初绽之魅。他们的优美唱腔、一招一式自有台下的观众因喜爱急于效仿。

舞台的背后，有“三新”作文教学研讨的盛景，有一支优秀的作文教研梦之队，有一本专注于作文教研的刊物。创新之花正是在这样的土壤里被催生。

从“创课”两个字春光乍现到一个赛事的风生水起，要讲的故事还有很多。

这里，择要梳理一下与“新作文杯”全国作文教学“创课”比赛相关的几句话，借这几句话勾勒一下此赛事的全貌，为参赛的教师留下一份宝贵的记忆，让准备参赛的教师有一个追本溯源的路标，为读者朋友勾画一个方便学习使用的轮廓。

——“百日创一课，一课是精品”

每届赛事设置的比赛时间都是一百天。7月1日开赛，10月15日结束，中间隔一个长长的暑假。我们深信：教师们走出去会获得更多的创意灵感，创意首先要用心，用一百天的时间设计一堂课，这堂课至少能成为这位教师教学生涯里的精品，为他本人积累一次相对满意的设计体验。

——“用我们的创新课堂来演绎作文教学的新思想、新探索”

全国著名语文特级教师黄厚江曾在首届现场比赛开幕式上发言。他说，“三新”作文教学研究的关注点在课堂。课堂教学是我们研究的出发点，也是着力点。新思想、新探索最终在新课堂里开花结果才是研究者的追求。

——“创新课堂，为人生镀一层幸福的光晕”

这是发布活动启事时的宣传用语。意谓：作文教学改革，是朝向幸福的事业；创造是一个过程，一个通往幸福的过程。创造者的人生是发现的人生，是收获的人生，也是幸福的人生。

“不辜负我们的时代，我们做创客，上创课。”这是一位创课者的自白。

“写作是一种修炼。首先要修炼成一个有觉之人，修炼出一颗诗意的心灵。”这是一位创课者的独特体验。

“和学生谈写作之前，我们先得和自己谈一谈：你又写了多少有感而发的满意之作，你又写了多少敷衍了事的拼凑之作?”这是一位创课者的自我历练。

“深入研究学生的写作困难，选准一个点，重敲一个点。一课一得，得得相连，帮助学生拾级而上。”这是一位创课者的教学轨迹。

“我们理想的写作课，应该有天光云影，有人间烟火，有技法获得，有灵感乍现。”这是一位创课评委的希冀。

“老师，今天你创课了吗?”在一群心灵沸腾的作文创客中，连续三届参加创课的杨富昌老师向自己发出这样的提问。他的提问，是对自我的要求，也是对同行者发出的邀请。这句话，正如春天枝头上的一声鸟鸣，给我们带来无限想象。试想，如果每一位老师走进教室前都能对自己这样发问，是不是意味着，我们的课堂整体变革已在悄然行动之中，向课堂要效率的作文教学的春天也不远了呢?

作文创课的生态在这样的行走中养成，用创新来锤炼课堂进而丰富人生已然成为共识。

就参赛者来说，他们是创课，也是创客。

就“新作文杯”赛事来说，这里是平台，也是舞台。

就“创课”这件事情本身来说，是创新课堂，也是在创意生命。

要说的是，“创课”这两个字是从读者和作者那里来的，必将回到读者和作者那里去寻求更好的答案。正如我们所期待的，每一位参赛选手和评委老师都写下了自己对“创课”的独特解读（见附录部分)。

那么，什么样的课就是“创课”?

最早提出“创课”概念的徐江教授这样回答：创课就是有创造性的课，所谓“创造性”，是指有独到的首创性发现。也就是说，“创客”的金牌要颁给那第一个吃螃蟹的人。

创课的核心在于“创”，创新的创。

什么是创新？创造性从哪里来？依我看，创新就是一步步走向轻盈与快乐的努力。创课活动不是没事找事的无中生有，而是为了让作文教学不再沉重所做的努力。创新的精义是执行，是有步骤地去做的过程。

学习是创造性的源泉。只有不断地学习，教师才能视野开阔，思想敞亮，必要的知识信息才能保持增容状态，才更容易走进学生的内心，以成长者的姿态与学生平等交流；只有不断地学习，才能学有所专，专有所察，才能基于学生的学习起点和自己的教学风格，进入教学之佳境，创生教和学的和谐局面；只有不断地学习，才有实力有勇气摒弃那些陈旧的写作知识和写作技法，立足自己的写作经验创生新鲜的教学内容。我们一定要坚信，教师的学就是最好的教。

创，就是在同一个地方多看几眼，看出事物的奥秘。

创，就是在停滞不前时多问几个为什么，问出一个清澈的水底天。

创，就是在思路通畅时立即行动，铺陈探索的一小步。

创，就是从不放弃寻觅，寻找一个不一样的自己。

当你来到这个舞台，你就会知道，作文教学的创课，在于开掘高质量的生命体验，享受互相学习之乐，赶赴成长盛宴，尽显个性表达风采，追求作文教学的最高境界。

当你来到这个舞台，你就会知道，作文创客在这里已蔚然成林，他们都是享受探胜之乐的志同道合者，都是努力打开写作教学黑匣子的有心人，都是把创新挂在写作教学技艺旗杆上来朝圣的作文创客。

当你来到这个舞台，你就会知道，只确认过眼神是不够的，融入这支梦之队才不负韶华，因为这个舞台是用创新来唱和的创客王国。多元丰富的作文创课，形形色色的创客故事就是明证。

这里辑录的创课也许不会经年流传，但浮光跃金、交相辉映的创意之举，足以晕开一圈圈涟漪，生动了作文天地。

请相信，岁月特别眷顾那些积极投入并经年坚持的人，机遇往往垂青创造的心灵。在这里，每一丝火苗都值得肯定，每一点闪光都有流传的可能。让创造产生价值，让价值来确定意义。

这一次，他们是作文创客；下一次，也许是你。

亲爱的朋友，在作文创课比赛的舞台上，我们期待着你的到来。

我们是刘斌、张水鱼、李聃、王亚萍等作文编辑，我们是作文专业刊物，我们是刘晓露、连建英等出版人，我们是“三新”作文教学研究的梦之队。

我们在这里等你。

（作者张水鱼系《新作文》杂志社副总编，中国语文报刊协会写作教学专业委员会副理事长，全国“三新”作文教学研究会秘书长）

序

思维课堂的喜与忧

张　华

思维是难的。

任何人都或多或少面临过思维的窘境，以及深陷其境而求之不解的迷茫。人的思维活动极其复杂，以至于人与人之间的差别，往往就突出表现在思维方式、思维模式的差异。

思维教学更是难的。

教学作为一门古老的学问，其经验的累积依然不足以破解当前教学的所有问题。于是，思维之难与教学之难的叠加，必然使思维教学难上加难。教育的每个学段、教学的每个学科几乎都重视思维的改变，但每个学段每个学科都面临思维教学的共同困境。

“思维发展与提升”被列为语文学科核心素养之一，思维教学问题同样是语文教学的难题。语文教育家张志公曾在《作文教学论集·序言》中说道："语文教学在普通教育工作中恐怕算得上一个'老大难'，而作文教学恐怕又是语文教学中的一个老大难，换言之，作文教学是老大难的'老大难'。"

众所周知，写作是思维活动的一种外显化行为，是一门思维的艺术，因此，写作教学天然与"思维"具有异常切近的关系。而提高写作教学质量，必须直面思维教学这一历史性、世界性难题。我们甚至可以武断一点说，凡是不能在思维问题上取得有效突破的写作教学，写作教学质量的提高就极其有限。

于是，我们似乎可以在张志公先生这段话的后面再补上一句：思维教学恐怕也是作文教学中的一个老大难。换言之，思维教学是老大难的老大难的"老大难"。

基于这样一个严峻的现实背景，在翻阅这本《赛出来的中学作文课·33节思维课》的文稿时，我惊叹于张水鱼老师组织策划的富有实践启发的创课活动，在我看来，这本书正是着眼于"思维"这种改变的一次宝贵尝试与探索。根据我的初读印象，我想用三个不太准确的比喻来形容这本书。

第一，这本书是一道涌动着创意的语文教师智慧拼盘。"创课"一词，本身就是教育创新驱动下的新理念，其落脚点在"课"，其要义则在"创"。创，可能是一种实践的创设，可能是一种思想的创见，甚至还可能是一种范式的创生，但不管哪一种可能，都离不开一定的创意。这本书所呈现的写作教学案例，内容姑且不论，单就这样的一些课题《非一般的自我介绍》《给思维的野马拴上缰绳》《两篇“经典”撑起一堂课》《化文成图再成诗，诗成细化始成文》《定点聚焦，从绘形到观心》等，就已经大异于我们惯常所见的作文教学课题，真可谓是标其新而立其异了，放眼过去，就忍不住生发出一种阅读冲动。创意的背后是智慧，创课的背后是实践智慧，我们不得不惊叹，在创课活动驱动下，全国有那么多语文教师能够迸发出那么多作文教学智慧。

第二，这本书是一个打开写作课堂的写作教学设计引擎。很多语文教师花大力气上阅读课，而有意无意回避作文课，一个很大的现实障碍可能就是作文课不好上，也上不好。据说语文课上学生最头疼的就是作文课，这当然与学生往往要完成写作文任务有关，但恐怕与无聊、乏力、俗套的作文课也很有关系。作文课是一种最具创造力的教学活动，但如何让作文课变得有创意，却不是一件容易的事情。一个人诗情受阻时翻一翻别人编好的诗集，往往会灵光闪烁，诗意泉涌。同样，作为语文教师，这个时候，如果你有幸翻一翻这本创课案例集，我想你的作文课很可能也会燃起各种各样的火花，忽闪忽闪的，让你坐卧不宁，兴奋不已，而你心中所潜藏的具有创意的作文教学设计，很快就可能变成一种现实。比如欣赏完《概念诗：来一场名词的“探险”》，你是否想来一场动词、数词，抑或是字母的“探险”呢？再如学习了《故事中的弧线叙事》，你是否想过折线叙事、圆线叙事，抑或是论证的弧线论述呢？是的，创意的美好就在于它总能点燃另一个创意。

第三，这本书是一场散发着泥土气息的写作教学案例展览。讨论和研究作文教学，有很多层次，也有很多视角。我以为，一线课堂这个层次和这个视角，因其强大的现实土壤根基，往往更具有生机和活力。我们的教学改革，不管是自上而下还是自下而上，如果最后不能大面积落实到一线课堂上，这样的教学改革就是“空中楼阁”式的，必定也是摇摇欲坠的。幸运的是，这本创课案例集，仿佛是一次“土特产”的集中展览，沾着泥的、带着水的、盛在青色竹篮里的……没有五颜六色，却有一份淳朴的让人感到踏实的泥土气息。我以为，这份泥土气息，对于改变我们的作文教学现状，具有十分重要的“临床”价值。

当然，具体到思维及思维教学的问题，我还想借这方宝地“兜售”一点自己的奇谈怪论。我向来对当前的一些思维教学语文课，尤其是写作中的思维教学感到悲观。前面说过，思维是难的，思维教学也是难的，难就难在思维是一种“黑箱”装置，思维活动是一种“暗箱操作”，而思维的影响因素却是复杂多样的。发展和提高思维的前提，首先需破除思维的认识障碍，但我们对于思维的认识往往是主观多于客观，愿望大于事实。这种脱离思维的科学认识基础而开展思维教学活动的盲动，要么是费力不讨好，教学基本无效；要么是误打误撞，将思维的正常呈现揽为教学之功。为此，我提出三条改进方向，与读者朋友们商榷。

第一，我们要进一步认识思维的特征，借助心理学和生物学的研究成果，客观上把握思维的特性。思维是心理学的重要研究内容，同时也是生物学的一个重要议题。如果我们连“思维是什么”这样基本的问题都搞不清楚，提高和发展思维很可能就是一笔糊涂账。

第二，我们要进一步认识语文世界的“思维”内涵，在划定的区域内，确定思维改变的可能方向。思维是通用话题，涉及人类活动的每一个领域，语文作为一门有独当之任的学科，它不可能涵盖思维的方方面面，我们需要严格界定语文学科的思维内涵，借助语文教学来解决语文学科的“思维问题”。否则，越界越广，语文教学可能越无效。

第三，我们要进一步理清思维与语言的关系，借助语言技术的改造来实现思维的改变。思维与语言的关系，是一个重要的哲学命题，也是我们语文学科的根本议题之一。语言是引起思维的直接动因，我们应当积极追求语言的建构与改变来促使思维随之变化，这或许是语文着力于思维问题的有力抓手和方便之门。

限于篇幅，提出以上三个改进方向，仅仅作观念上的导引，不做具体的阐述，但我们完全可以结合本书中的写作教学案例来加以深思，或许可以寻觅出一些更有效的创课思路。

（作者张华系广东省中山市教育教学研究室高中语文教研员）

目　录

概念诗：来一场名词的“探险”

浙江温州·吴方方

创课缘起

经过心理诗和自传诗的学习，学生基本消除了对诗歌写作的惧难心理，并产生了较大兴趣。与此同时，班级微信群写作平台上的微写作活动也日渐深入开展。我有意将学生往日常诗歌写作方向引导，试图让他们在每天的微写作中尽力斟酌语言的美感，为接下来的创意写作教学铺设良好的语言基础。在以上条件具备的情况下，我决心趁热打铁，继续开展新的诗歌范式即概念诗（definition poem）的写作。

“概念诗”的说法来自尼古拉斯·王《打破常规：超越实用性和合理性》的教学案例，他希望通过鼓励学生模仿北岛诗歌的超现实主义格调，对特定名词进行一个小小的创造性的叙述。事实上，这个练习还为学生提供了运用想象力和表达该事物在心中含义的机会。

创课思路

概念诗本身是一种创意化的界定，对于学生而言，更是一种全新的诗歌范畴，因此，我首先通过选择深度多元的共同解读来走近它，这就相当于我们需要对一个苹果进行创作时，最好的办法就是观察它，然后咬上一口，从而进一步从味觉上深入了解它。由于阅读课中对批注法进行了大量研习，学生对文本的解读并不陌生。多元的阐释丰富了诗歌的意蕴，同时也让我们走近诗歌与诗人的内心，共同勾勒出概念诗应有的样子。继而，我希望能继续滚动创意的雪球，用自己的“下水诗”与更多例诗来进一步激发学生的创作热忱。在紧随其后的创作现场，我希望学生尽可能用心地倾听自己名词的声音，并用更为准确的言语加以呈现，而我将扮演一个诚恳而永不满足的读者，让他们的诗歌创意更具超越性。最后，我们的写作将在分享中结束，在这场名词的盛宴中，我们愉快地倾听创意的歌声，结束这场名词的探险。

教学现场

一、多元解读，走近概念诗

（提示：在开始概念诗写作课前，我与学生一同回顾了之前心理诗与自传诗的写作，并且充分肯定了他们在班级微信群写作平台上的努力，尤其是对一些已经开始自觉探索古体诗与宋词写作的同学，我更是隆重地表扬了一番。受到表扬的同学笑容粲然地翻阅着自己的“大作”，没参与微写作的同学也欣然接受了这种“捎带”的表扬，也是笑意盈盈。“必需的！”顽皮的华舒格得意地喊了一声。我留意到，之前偶尔不交语文作业的他，却每天在班级的微写作微信群里准时提交作品，并且还是一个群里参与点评颇为活跃的成员。）

在开始概念诗写作课前，我回顾了此前心理诗与自传诗的写作，并充分肯定了学生在班级微写作微信群为写作所做的努力，尤其是一些已经开始自觉探索古体诗写作的学生，我更是隆重表扬了一番。受到表扬的学生笑容粲然地翻阅着自己的“大作”，没参与微写作的学生也欣然接受这种“捎带”的表扬，也是笑意盈盈。

“必需的！”顽皮的华舒格得意地喊了一声。我留意到，之前偶尔不交语文作业的他，在班级微写作微信群里却每天都会准时提交作品，并且他还是群里颇为活跃的“点评员”。

当我转而说到今天要进行一场名词的“探险”时，学生的脸上顿时转换成了雀跃的好奇心。

“什么是概念诗?”他们的疑问脱口而出。

“且听我细细道来——”看着他们惶急的眼神，我慢悠悠地吊足他们的胃口后，接着说道，“所谓概念诗，就是选择一个喜欢的名词并表达对它的独特理解，这个名词可以是我们所知的任何事物，像黑夜、星辰、操场、春天、西湖等，但更为重要的是，你对这个名词概念的定义，必须是打破常规的，是独特而新颖的。”

我进一步宣称概念诗是一场大胆的语言探险，因为它需要我们对习以为常的名词进行一些创造性的叙述，甚至颠覆它！我希望通过更多的诗作来直观地表达这种要求，因此，我们又继续探讨了尼古拉斯·王的概念诗：

美　丽

世界通用的

货币

“这首诗歌很短，只有一句话。老师有点不太理解，你们能帮忙解读吗？”老师不懂的问题总是更能挑战孩子们的勇气，他们一个个跃跃欲试，似乎想把这首诗歌吞进肚里消化一番。

秦一诺迫不及待地举手了：“诗人应该是想表达美丽像货币一样可以被使用，美丽像货币一样全球通用。”他总是如此激动，以至于他的发言总是因为语速过快而听起来有些费劲。

陈建华也举手表达了自己独特的感受，他说这首诗让他联想到了现在的流量明星们竭力地用美丽的外表去获取金钱的社会现象。

任鹏展举起手，又放下了，他第二次举起手时我立刻请他来回答。“诗人也许想表达的是拥有美丽外表的人处处受人追捧，像货币一样受欢迎，而且不分国籍哦。”他带着小小的幽默微笑着说。

“所以大家才会对美丽的外表趋之若鹜吧。”我赞赏了他的思考与表达。

语感不错的金子楚也有自己独特的联想：“当美丽变得像货币一样普遍的时候，这样的美丽会很庸俗吧，像韩国整容的明星们，看起来像同一条流水线上生产出来的产品，好看但是都长得很像，也许有一天丑女反而会变得很稀缺。”

陈仕超则敏锐地关注到了“美丽”内容指向：“我觉得这首诗更像是一种讽刺，货币是可以交换一切的，美丽也常常被拿来做交换。不仅是人，美丽的风景也正在被兑换成货币。”

陈仕超的发言引发了秦一诺更多的思考：许多原本天然的风景正在被一处一处地圈出来售卖，被兑换成货币的同时，多了许多喧嚣与污染，也失去了原有的美丽。

“是的，当我来到云南的丽江古城，看到到处都开起了热闹的酒吧与商店时，我的感觉也是颇为扫兴的。人们用货币来寻求古城的美丽，这种美丽又被兑换成通用的货币，同时，古城也失去了最初的光彩。”秦一诺的发言又进一步触发了我的旅行记忆，思考的多米诺骨牌开始在课堂上推动起来，我不禁惊叹于学生强大的联想与解读能力，他们确实精彩得超乎我的想象。

“作者仅仅用了一个跳跃性的比喻串联起整首诗，表达自己对美丽的独特理解，虽然语言极简，但这种表达上的凝练与留白给了我们更多的解读空间，这也是我们的概念诗追求的方向哦！”我作了个小结。

我们又雄心勃勃地冲进了尼古拉斯·王的下一首概念诗——《贫穷》。

贫　穷

这是你无法隐匿的
连着咳嗽
和爱

“我们再来看一下《贫穷》这首诗，你怎么理解诗人眼中的贫穷呢？”

“贫穷像人身上的气息一样，是藏不住的，贫穷会塑造一个人。”之前一直比较沉默的唐瑜婷也许是被诗歌引发了共鸣感，终于忍不住参与进来。

“哇哦——哇哦——”黄舒帅带领着男孩子们发出古怪的赞叹声。

"嗯，此处应有掌声！但为什么有这么多奇怪的赞叹声？应该是热烈的掌声才对。"我调侃着这群唯恐天下不乱的顽皮男孩。

他们大笑起来，继而又报以热烈的掌声。

我问唐瑜婷："为何作这样的理解？"她继续补充道："网上不是有句流行语叫作'贫穷限制了我的想象'吗？贫穷会慢慢塑造一个人，让一个人的行为举止甚至思维都带着贫穷的痕迹，这些都很难被藏起来。"

"嗯，很精彩！瑜婷关注了'隐匿'这个词。人们不喜欢贫穷，所以总是喜欢藏匿贫穷的影子，其实很难。还有没有不同见解？"我期待着更加多元化的解读。

"诗人说，'这是你无法隐匿的'。我想到社会上的暴发户，喜欢戴很粗的金项链开宝马车，虽然想用钱来隐匿贫穷，但是他们的行为与气质依然让人觉得他们的内心是贫穷的。"这是戴亦歆由唐瑜婷的话联想到的。

"有时候确实是越缺什么越要去显摆什么。很深刻。"我说。

"这里的'咳嗽'让人想到生病，生病又会让人变得更加贫穷，我的亲戚得了癌症，他家为了治病借了很多钱，但这也可以看出家人很爱他。"杨雨诺颇为感慨地说。

"所以诗人把'咳嗽'和'爱'放在一起，也许是想说，贫穷的人们虽然会面对更多生活的困难，但他们也会用更多的爱来战胜它们。很多人虽然贫穷，心地却很善良。"华慧珊把更多诗句联系起来思考，发现了这首诗中温暖的一面。

"如果把第一句也连起来，我觉得诗人还想表达爱也是无法藏匿的想法，越是贫穷越能凸显出相互帮助的爱很珍贵。”朱姝继续补充了贫穷之爱的想法。

“大家能从关注一个词到慢慢看见诗句间的联系，再结合自己的生活来深入理解诗歌，读出自己的感悟，这一点非常棒。”我郑重地肯定了学生们思维演进的过程，“另外，大家发现没有，同样的一首诗，同样的一句话，我们的理解竟如此不同！这也是诗歌的魅力所在，诗歌常常充满歧义和张力，它没有唯一的答案，你的解读就是它最好的答案！”

二、师心小作，以“写”促“写”

随后，我又展示了自己创作的概念诗：

祖　母

榕树下
老故事晒干了
阳光里的小竹椅
咿咿呀呀地唱

雨

天空袖口上的
流苏
我不必藏匿的
眼泪

学生们看到老师的作品总是特别欣喜，高兴地拍起手来。“来，给大家一个表扬老师的机会，”我狡黠地说，“说说在《祖母》这首诗中，你读到了什么？”

“老师，我知道，你家门前一定有一棵大榕树，你的祖母一定经常给你讲故事，我猜得没错吧！”顽皮的华舒格一边高举着手，一边兴奋地喊了出来，好像发现了新大陆。

“话是没错，但是为什么这样写呢？”我撇撇嘴，表示作者本人并不满意。

“榕树下是写奶奶经常活动的地方，很有生活气息，我喜欢这句‘老故事晒干了’，我的奶奶也常常会给我讲一些她们以前的事情，我特别喜欢听。‘晒干’让我想到村子里秋天晒稻谷的情景，我奶奶会一边讲故事，一边给稻谷翻面，让我好好珍惜粮食，因为我喜欢在旁边玩稻谷粒。”王雨节说得很真诚，她的思绪似乎也飘到了那个温暖的午后。

“谢谢雨节与我们分享这段美好的记忆，如果你不说，我还真不知道用‘晒干’一词还有这样的好处呢！我第一次写下的词是‘风干’，但感觉会让人联想到腊肉。”

“哈哈——我喜欢吃腊肉！”张天炫一听有腊肉赶紧插播一句。

“虽然腊肉也很接地气，但‘晒干’会让人想到太阳和谷粒，感觉更温暖。”黄慧慧若有所思地说道。

“是的，这跟奶奶带给我的心理感觉也更相近，所以我本能地把它改成了‘晒干’。我们在写概念诗时也要精选用词哦！”我希望学生还能在诗歌语言的精准度上下一些功夫。

“我喜欢‘阳光里的小竹椅’，我家有三把小竹椅，夏天，我们会坐在小竹椅上乘凉，冬天也会坐在阳光里晒太阳，感觉小竹椅能把一家人聚在一起似的。”

“我们称这种很有象征性的事物为‘意象’，其实一开始我选择的意象是‘老藤椅’，你们觉得哪个更好？”为高度凝练的诗歌选择适切的意象，这是一个重要的课题。

“我觉得‘阳光里的小竹椅’更好，‘阳光里的老藤椅’好像有点暮气沉沉的感觉，虽然奶奶是老人，应该会躺在藤椅上摇啊摇的，但好像这样说就显得很普通。”

“我知道了，老藤椅给人的感觉很孤独，好像只有奶奶一个人，小竹椅更年轻，好像还有老师在！”黄舒帅得意地朝我挤眼，大家都笑了。

“说不定一家人都在呢，感觉很温馨。而且小竹椅会发出咿咿呀呀的声音，咿咿呀呀让人想到我们小时候咿咿呀呀学说话，好像能让人联想到奶奶教小时候的老师说话的样子。”

……

学生你一言我一语地热烈讨论着，好似一个个诗歌评论专家，不停地比较、思考、联想，他们的精彩解读像缤纷的彩球不断涌向课堂，直至下课铃声响起，他们都兴致不减，高举着手想要表达自己的理解，甚至叫嚷着要多上一节课继续讨论。我既欣喜又惊异，他们想要解读诗歌的热情是任何阅读课上所未见的！我也同样惊异于他们独到的见解，他们把批注法很好地运用在了诗歌解读上，常常语出惊人，这让我很惊喜。

我由衷地感谢学生热烈的“表扬”，然后与他们一起总结出了

“概念诗”的几大写作要点：第一，概念诗要用创造性的语言去表达你对一个名词的独特理解，要打破常规定义，尽可能有创意；第二，要尽可能地提炼恰当的意象来展现自己对这个名词的内心感觉；第三，字数上没有要求，语言尽量凝练，留给读者更多的想象空间。

三、“造”诗现场，倾听名词的声音

经过前面对概念诗的分析理解，学生基本掌握了概念诗的写作要领，便埋头快速写作起来。没过多久，有的学生甚至当场就写了五六首诗歌，争先恐后地递给我看。张浩然从包围着的人群里递过来他皱巴巴的作文本，写的是：

舞　台

千万灯光
瞩目的我

光

贯穿双眼的箭

“太写实啦，太普通啦，要写出你对名词的理解来！要有创意地定义名词！”我在嘈杂而热烈的写作现场冲他大喊。再给我看时，他写的是：

童　话

梦
碎了一地

这次，我想他已经知道怎么去写概念诗了。

金子楚则凭借自己独特的语感，迅速写下了《我》《你》《他》组诗：

我

忘怀
孤独的夕阳

你

青涩
闪耀的光芒

他

陌生
萧瑟送秋风

金子楚的语言是富有诗意的，但我只能通过捕捉零星的意象来把握情感，若想要充分理解，恐怕有些困难。她的诗让我意识到概念诗可能会因为比较私人化而导致过于抽象的问题，我当即要求所有学生在自己的概念诗旁加一个注释，以免造成完全读不懂而无法评改的风险。

金子楚又迅速补上了三首诗的注释。她给《我》的注释是：忘记了儿时童真和稚嫩的梦想，我站在火热的青春里，它虽包围着我，但我却仍旧孤独。她给《你》的注释是：儿时青涩的你，现在却如光芒照耀着我。她给《他》的注释是：我并不认识陌生的他，他在我眼里如秋风般萧瑟。现在，通过注释，我可以更好地理解她创作的概念诗，这对于诗歌本身而言是画蛇添足之举，但作为一个诗歌评改者与教学者，我认为它有助于走近学生私人化的“概念世界”。

四、诗作交流，让创意歌唱

概念诗是一次莫大的惊喜，许多极具潜力的“诗人”在此次写作中凸显出来，这里有经常敷衍作业的林庆晓，很少专注听课的程庆松，脑子里通常只关心篮球的单奇峰等。这些平时写作水平中下的学生竟成了这次诗歌创作中逆袭的黑马，带给我无限惊喜。我禁不住要反复问自己：诗歌是否真的唤醒了他们的写作灵感？我想答案是肯定的。当他们或是羞涩、或是自信地朗读自己的诗作时，我几乎像个老母亲一般热泪涟涟了：

生　命

林庆晓

春天的风来了

鲜　花

程庆松

决定着
恋人之间的
距离

青　春

单奇峰

水
飞快地
从树上滴落下来

城　堡

唐慕容

总有一个谜
封印在此

黑　暗

龚雷坚

被撕碎的平静日光
落到侵略者的歪理之中

正如我们所看见的，创意写作的课堂至此似乎发生了一些奇妙的化学反应，好像概念诗一下子叩击学生年轻的心灵，让他们滔滔不绝地言说起来。词语在他们的笔下焕发出独特的光彩，让我也不禁自惭形秽。他们对词语如此敏感，他们的洞察力亦如此深广，甚至对死亡、战争、黑暗、爱情、生命等事物皆有着颇为深邃而真实的见解。这简直让我觉得往常苦口婆心地向学生强调“立意要深刻”的行为是一种极大的愚蠢——他们从来就不缺乏立意，只要他们真正拥有独立思考的权利！

诗歌是一种唤醒词语的方式，词语在诗句中得以复活，在概念诗中尤其如此，而从根本上讲，让它们真正复活的是学生强大的思考力。我确实很震撼于学生对语言以及这个世界的理解。比如，“创造”在黄森森的眼中竟是“毁灭的源头”。今天的人类用“创造”来不断提升科技水平，改变生活方式，同时也伴随着越来越毁灭性的伤害，战争杀戮、虚拟距离、娱乐至死的生活都有可能摧毁人类的未来——“创造”一词的确引人深思。而林俊杰则用很诙谐的笔调写出了“人生”是一场“你不让我，我不让你”的大戏，这样的思考可谓道尽了世俗人生百态。

学生让词语以崭新的姿态在我们眼前苏醒，重新定义词语的概念诗则让他们背后深沉的思考力复活，这不得不说是一种美妙的良性循环，而当他们对词语对世界的眼光被逐渐开启拓宽时，一个全新的创意的文学世界也必将冉冉降落在我们苍白陈旧的目光里。让心灵的创意自信而动人地歌唱，这大概就是我对后续创意写作教学全部的期待。

学生作品

作品一：

风

戴亦歆

细抚沙的爱
却成
尘埃

作品二：

骄　傲

何璐瑶

内心最虚弱的地方
露出笑脸

作品三：

人　心

郑姣姣

一张白纸
被墨浸透

作品四：

人　生

林俊杰

一场戏
你不让我
我不让你

作品五：

梦　想

翁心媛

漂流在大海之中
终会成为天空的一只鸟

（此课例荣获“新作文杯”全国首届中小学作文教学“创课”比赛特等奖）

非一般的自我介绍

湖北宜昌 · 黄凌云

创课缘起

在一次培训活动中，主持人为了让大家尽快熟悉周围的人，在现场策划了一个活动。简单地说，就是在“滚雪球”的过程中进行自我介绍：一开始是两个人一组，用第一人称的方式介绍自己；接着是四个人一组，以妈妈的身份介绍自己；然后是六个人一组，以爷爷（或奶奶）的身份介绍自己；最后是八个人一组，以朋友的身份介绍自己。这样的自我介绍既新奇又让人生发出很多感慨，换个角度看自己，其实是对自己多角度地再认识和再发现。这一点让我想到学生在构思作文时经常出现视角单一、打不开思路等问题，这正好可作为一次作文训练，让学生也来感受一下多角度思维的魅力。

创课思路

我带的学生刚步入七年级。作为第一堂语文课，我将以往的自我介绍换种新的方式，学生就能很容易进入情境，全情投入。新的游戏内容让学生感到非常新奇，在游戏进行的过程中他们会发现从自己、妈妈、爷爷（奶奶）、朋友的角度来介绍时，自己在妈妈眼中的形象，在爷爷（奶奶）眼中的形象，以及在朋友眼中的形象是不一样的。而这种不一样的背后，既包含了多角度思维的魅力，又蕴含着自我发现、亲子关系、化解代沟等生活主题，学生开始思考为什么这些人眼中的“我”会不一样，“我”到底是怎样一个人等问题。有了想法就有交流的欲望，在思维的碰撞中学生会逐渐打开思路，会有更多的思考。在众多思考中，选择一个感触最深、最想表达的话题，自拟题目进行创作。

教学现场

一、新生见面，进入情境

师：同学们刚进入初中学习，大家肯定很想快点认识新同学吧，今天又是我们的第一次语文课，那咱们就来全方位的自我介绍吧。这个自我介绍以游戏的方式进行。老师先介绍规则，这个游戏共有四轮，第一轮是你和你的同桌一组，第二轮是任意四个人一组，第三轮是任意六个人一组，第四轮是任意八个人一组。在每一轮中你都要自我介绍一遍，但每一次你都要扮演一个你特别熟悉的人去介绍你自己，听起来是不是很有趣呢？接下来，我们就要开始做游戏啦！

二、游戏激趣，玩中感受

师：请你和你的同桌面对面，用第一人称向同桌介绍你自己，用“你好，我是……”的句式来开头。时间为3分钟。

生：你好，我是刘梦阳。我13岁了，喜欢唱歌、打球、玩游戏。我家有一条小狗叫悠悠，每天我最开心的事情就是和悠悠一起玩……

生：你好，我是周心怡。我是个宅女，最享受的事就是看自己喜欢的电视剧，窝在沙发里吃零食，超级爽……

生：你好，我是陈艳姝。我最喜欢的事就是吃，我和好朋友约好长大之后要吃遍全中国的美食。我跟妈妈说好了，等放假后她就教我做菜，我一定会好好学，帮妈妈分担家务。我妈妈做的菜特别好吃，下次我过生日请你去我家玩，让你尝尝我妈妈做的菜。

生：你好，我是王亚鹏。我住在很远的山上，上小学的时候才转到城里读书，虽然我看起来不聪明，但是我的脑子很灵活，而且口才好，所以很多同学都愿意和我玩。不过我还是喜欢一个人待着，这样比较自在。

……

师：好，时间到。自己介绍自己，都比较习惯，刚刚老师听了一轮，发现大家都喜欢介绍自己的爱好，顺带表扬一下自己，这非常好，说明你们喜欢自己，乐于接纳自己，但是这就是全部的、真实的你吗？我们现在开始第二轮！请四个人组成一组，每人以自己妈妈的身份来介绍自己，开头可以说，“这是我的女儿（儿子）某某某，她（他）……”每人限时1分钟。

生：这是我的女儿姜怡雯。在家中，虽然她喜欢玩手机、看电视剧、玩电脑，但是如果我有什么事，她就会以最快的速度来到我身边。她的成绩不是很好，我希望她能跟其他同学一样努力学习，争取取得好成绩。

生：这是我的儿子向俊杰。他什么都好，就是不爱学习，每天放学回到家，我让他做作业，他就常常和我拌嘴，叫我不要管，这让我很烦恼，我希望他学习能更勤奋、认真一点……

生：这是我的女儿熊萌萌。她是个高个子女孩，特别体贴我们，也很理解我们，我和她爸爸每天在外面出摊，她经常一个人在家自觉地做饭、做作业，但是她现在不爱和我们交流。

生：这是我的女儿周欣艺。说实话我跟她现在相处的时间很少，我每天忙着做生意，所以，我对她也不是很了解……

生：这是我的儿子周晓旸。我对他要求很高，希望他能保持班级前三名，所以我对他一直很严厉。他平时有什么心事很少对我讲，我因为工作忙也很少主动找他谈，但是每次考完试我都会联系老师，了解情况。如果让我评价我的儿子，我说得最多的可能就是成绩好。

生：这是我的儿子张家诚。他每次考试都是班级倒数，这让我很头疼，但是我的儿子很有主见，他喜欢用动作表现自己，比如在读书会上，他每次出场都能赢得同学们的掌声，所以我的儿子也是很优秀的，希望大家都能喜欢他。

……

师：好，时间到。现在请大家六个人组成一组，开始第三轮自我介绍，每人以自己爷爷（奶奶）的身份来介绍自己，开头可以这样说，“这是我的孙女（孙子）某某某，她（他）……”

生：这是我的孙子周晓旸。他学习好，特别孝顺，每次放假都会来看我，平时也会打电话关心我，但他有时候玩起电脑来就是一整天，看起书来也是一整天，也不懂得保护一下自己的眼睛。希望他能考个好大学，为家族争光。

生：这是我的孙女刘若兰。她很乖，小时候老黏着我，让我给她买糖吃。现在长大了，是个大姑娘了，长得好看又善良，如果能常回来看看我就更好了。

生：这是我孙女易敏杰。她从小就乖，对我们也很好，但就是胆子有点小，我担心她以后会受欺负。她的学习成绩一般，但这个我不强求，只要她开心就行。

……

师：好，第三轮结束。现在请大家八个人组成一组，开始第四轮自我介绍，每人以朋友的身份来介绍自己。

生：大家好，我有一个朋友叫李圣桥。他看起来很开朗，其实他很自卑，只要遇到困难就退缩，如果被朋友误解，他会躲在被子里偷偷地哭。他就是这样一个矛盾的人。

生：大家好，我有一个朋友叫熊萌萌。她是一个表面上看起来风平浪静，其实内心波涛汹涌的女孩。她特别爱看言情小说，她的作文也写得特别好。

生：大家好，我有一个朋友叫张家诚。他是一个特别胆小的男孩，他喜欢坐在教室的角落里，但是他希望自己成为一个胆大的人，成为一个像姚明一样的强者。

生：大家好，我有一个朋友叫范傲雪。她是个特别有主见的女孩。她有一个支持她读书的好妈妈，任何事情都很尊重她的感受，这让她觉得很幸福。她的梦想是考一所好大学，做自己想做的事。

生：大家好，我有一个朋友叫王秋实。他的梦想是学习心理学，成为一个心理学家。他性格很好，做事也踏实，现在成绩还不错，他的父母长辈都对他很满意。可是遇到成绩考得不好，他不会向父母去诉苦，都是自己承受着，我希望他能更加开朗一点。

三、分享交流，相互启发

师：在整个游戏过程中大家都很投入，现在回顾一下整个游戏过程，有没有哪个环节、哪句话或者游戏的某个点触动了你，请你和我们分享一下你的感受。

生：我们在生活中扮演着形形色色的角色。在家庭里，我们是家中的一员，是父母的子女。在学校中，我们是一名学生，是同学们的好伙伴……不一样的角色，也就意味着他人看我们的角度不同。

师：你分析得真透彻，如果将你的感受写成文字，你会给它拟个什么题目呢?

生：《不一样的我》。

师：好!

生：当我们用不同的身份来介绍自己时，才发现平时我们看到的那个同学只是他的某一面。这说明每个人都有不为人知或不想让别人知道的一面，侧面反映了我们对彼此并不了解。

师：你说出了人与人之间交流的隔膜，有些哲学味道了。那你准备拟个什么题目?

生：《享受孤独》。孤独是每个人成长的必经之路，所以要学会享受。

师：很新颖的角度。

生：当我以爷爷的身份进行自我介绍时，我说了一句“他已经很久没来看我了”，我想到小时候爷爷背着我去看满山的映山红，去摘酸酸的野果子，那时候我真的特别开心。可是现在爷爷与我的亲情慢慢变淡了，甚至是被我遗忘了。

师：是啊，爷爷肯定特别想让你去看望他。

生：嗯。我的题目就是《被忽略的亲情》。

生：老师，我在游戏中好好地观察了一下周围的同学，我发现有的在说的时候脸色凝重，有的手舞足蹈，有的特别认真。

师：哦，你观察得真仔细。那么通过观察，你有什么感受呢？

生：不同性格的人对待同一件事情的态度不同，行为会反映很多内在的东西。

师：仔细想想，好像真的是这样，那么你想拟一个什么题目呢？

生：我的题目就叫《从“心”开始，做个乐观的人》。这个“心”是指内心的想法。

师：哦，我明白了，你在众多行为中选择了做自己最想成为的人——一个乐观积极的人。是这样吗？

生：是的。

师：在这节课之前，我们的自我介绍都是从自己的角度出发，向他人介绍自己。在这节课中，我们发现了在父母眼中、爷爷奶奶眼中、朋友眼中，原来还有不一样的一面，这一面是我们自己无意或有意忽略的。所以，当我们从他们的角度来审视我们自己时，就会发现更多样、更丰富的自己，这些好与不好都加起来，才是最真实的自己。由此可见，我们转换一下思维，是不是会收获得更多。

生：是的。我发现当我看待一件事物或者许多事情的时候，换个角度去思考会有更多的发现，这样也能帮助我更全面地认识它。

生：面对作文，我的想法很单一，从来没有想过换个角度、换个思维去思考。现在想来其实这个很简单，就像我们今天的游戏一样，换个身份，就能发现更多的东西。

……

四、选定主题，当堂创作

师：同学们都说得特别好，刚刚大家不但从亲情、友情、自我认识等角度谈了自我的感受，更从我们写作文的实际出发，表达了自己对思维的看法，下面就请大家选取一个感受最深的点，自拟题目，进行作文。

学生作品

找到属于自己的镜子

今天的语文课，我们做了一个有趣的小游戏——自我介绍。这个看似简单的游戏，却蕴含着耐人寻味的道理。它要求我们分别从自己、妈妈、爷爷（奶奶）、朋友的角度来介绍自己。在这个看似玩笑的规则里，却包含着许多道理。

第四轮游戏神秘而火热地进行着。不一会儿，就轮到我以朋友的身份来介绍我自己。前面都还挺顺利的，没有任何异议，而当我说到“他上课积极发言”时，同伴们便摆出一副不相信的样子。

“怎么了，我发言不多吗？”我停了下来。

“那不是你要发言，而是老师点名要你发言。”他们反驳道。我竟无言以对，现场瞬间沉寂下来。

“好，时间到，回到座位上。”这句话打破了寂静的局面。我回到自己的座位上，目光有些呆滞，头脑有些混乱，手脚也在不由自主地轻微抖动。“我并没有积极发言，那只不过是被点名了吧。”我心中有些失落。一阵寒风吹过，热乎的身体瞬间被冰冷的寒风“偷袭”，很不舒服……“也许我并没有那么优秀，我优秀的一面，不过是自己认为而已。”“我有些自卑。算了，人哪有十全十美的呢？有些缺点很正常，不必自卑啦！”这句话在我耳边响起，可是没人和我说话。“我应该有一面镜子，能照出我的镜子。”我自言自语道。对，我应该找到属于我自己的镜子，就像我的朋友，能把我从美梦中唤醒……

（此课例荣获“新作文杯”全国首届中小学作文教学“创课”比赛一等奖）

管窥全豹，以小见大

浙江温州 · 孙苗苗

创课缘起

高中伊始，循例开始了每周一次的随笔常规作业。批改随笔两周后我发现，我们班学生的初中学习基础和习惯都比较差，随笔多是流水账式，写得令人稍满意的文章屈指可数。因此，我认为必须对他们进行写作指导来改变写流水账的局面。恰好看电影《地球上的星星》时，我发现影片中有一个男孩一家人晨起的片段，虽只有3分钟，却把一家人的性格特点、生活方式展露无遗。这种限定时间和空间，截取生活片段的方式非常值得推荐，类似于以小见大，可以作为随笔写作指导第一课的突破口。

创课思路

技巧是形而上的，没有具体的材料示范，学生很难从抽象的技巧讲解中掌握要领，因而确定适当的材料很重要，而且要从简单到复杂，既要考虑材料的广度，也要兼顾深度。因此，我决定由电影视频片段导入，先激发起学生的兴趣，打开学生的思路，然后由三则不同体裁的文本材料《踮起脚尖》《这是四点零八分的北京》《半张纸》展开，让学生直观地了解以小见大的思维方式。为了让学生更直观、更形象地掌握内容，我利用成语“管窥全豹”来加深印象。作文教学不能止步于理论，只有理论落实到写作实践上才能真正为我所用。

教学现场

一、如何介绍家人

（一）有疑而学

师： 如果写一篇介绍你的家人的文章，那么你会怎么写？

生： 我会抓住家人的特点来写，例如，我的爸爸怎么样、妈妈怎么样。

生： 我想写很多方面，但是我不知道该怎么串联起来。

生： 我会选几件能表现出他们特点的事来写。

……

（二）视频启发

师： 面对自己的家人，相信大家都能想到很多信息，但是不知道如何选取材料，该怎么写？下面我们一起去视频中寻找方法。

（屏显）

播放电影《地球上的星星》男孩一家人晨起片段。

师： 大家看完视频后，请从母亲、父亲、哥哥、弟弟中挑选一位进行介绍，主要概括他的特点，并说明理由。

生： 父亲每天起得最早，生活和工作非常紧张、忙碌，连吃饭时都要看电脑上的信息。

生： 父亲生活很有条理，吃饭、穿衣、洗漱紧张而不慌张，就

连出门时拿门口柜子上的钥匙都很有顺序。

生：母亲很辛苦。从每天凌晨五点开始为家人做早饭的细节中可以看出，母亲很勤劳、贤惠，还很细心。

生：母亲对家人充满爱。弟弟虽然拖拉，让母亲很辛苦，但母亲把他送上校车以后还是会很温柔地亲吻弟弟。

生：弟弟是个懒散的人。他房间里的东西撒了一地，没有收拾。

生：弟弟是个拖沓的人。起床拖沓、刷牙拖沓、吃饭拖沓，和父亲、哥哥完全不一样。

生：弟弟是个充满奇思妙想的人，只有他能感受到生活的种种乐趣。

生：哥哥和父亲一样，是一个勤劳、能严格要求自己的人，一起床就学习，连吃饭时也不肯放过。

师：大家觉得视频中的一家人在一天中的其他时间会是怎样的状态?

生：父亲工作紧张、忙碌。哥哥肯定学习很用功而且成绩优秀，是个学霸。弟弟可能在学校里做事也很拖沓，经常会被老师批评。母亲肯定对弟弟很疼爱，而父亲肯定严格一点。

师：看完这个视频，你得到了什么启发?

生：我们在介绍家人的时候也可以选择一个特定的时间和地点，并通过细致描绘这个片段来介绍。

师（小结）：虽然这个视频只截取了生活中的一个片段，而且把空间集中在家里，但是我们却可以透过这个片段了解人物的性格特征，进而可以推断出人物的其他信息。（限定时间+限定空间→无

限时空）

（三）学以致用

师：受视频启发，你也可以这样来介绍你的家人。请选定一个时间、地点。

生：时间可以选择年夜饭、生日聚会、大扫除、挤公交车等，地点可以选择餐厅、台阶、院子等。

二、拓展思维，“管”还有哪些

（一）过渡

这种以截面折射出全貌的方法，我们可以称它为“管窥全豹”。下面请同学们阅读学习资料上的三篇文章，分别找出它们的“管”是什么，你从中看到了什么。

（二）阅读三篇课外材料

湖南高考考场满分作文《踮起脚尖》。

食指的《这是四点零八分的北京》。

斯特林堡的《半张纸》。

（三）分享

生：《踮起脚尖》选取了晚上父母回家的一个时间段，地点是从楼梯到“我”的房间。

生：《半张纸》的“管”是半张写满零碎信息的纸条，通过这半张纸上承载的信息回顾了“我”和爱人的一生。

师：假如《半张纸》用时间加地点的方式命名，我们就可以将它命名为——

生：《纸上半生》。

师：不错。其实“半张纸”犹如一个承载信息的容器，这样的容器也可以展现很多东西。

生：《这是四点零八分的北京》体现的时间是凌晨四点零八分，地点是北京火车站，生动地表现了“我”离乡时内心的那种触动。

师：“管”不仅可以是特定时空的截面，还可以是一个承载很多信息的容器。不仅在记叙文中可以用，在诗歌、小说中也可以用。因此，我们可以采用以小见大的方式，通过“管”这一特定截面或信息容器来展现事物的全貌。大家还能想到哪些信息容器呢？

生：还有同学录、老照片、满是涂鸦的老课本、笔记本中夹的上课偷传的纸条、体检单等满载信息的容器。

三、自由拟题，确定写作内容

（屏显）

格式：《____的________》（一个空间，一个时间）

（先拟题目，课后回去写）

生1：由《半张纸》这个题目，我想到了可以用作息表写我们一天的校园生活，如《校园的一天》……

学生拟题集锦：

《6月6日的教室》

《23点以后的宿舍》

《星期天的公园长椅》

《火车上的一天》（春运、法定节假日）

《单车后座上的童年》

板书：

	管	窥	全豹
时空截面	限定时间 +	限定地点 =	无限时空
	晨起	家中	性格鲜明的一家
	晚归	楼梯房间	关切的父母
	凌晨四点零八分	北京火车站	时代的感触
	…… +	…… =	?
信息容器	半张纸		半生

学生作品

病历单

那张纸，成为不羁人生的最后一个梦幻。它附有医院里独特的消毒水的味道，不是游泳馆里那种刺鼻的味道，而是一种潜移默化、让人窒息的感觉，让人真切地感受到生命的伟大和卑微。重症监护病房里，妻子坐在床边，守护着面色苍白的丈夫。在床尾，挂着一张病历单——密密麻麻地写满了医生的字迹。透过窗边洒落的微光，这些字迹渐渐模糊起来。

五年的病床生涯，弹指一挥间。首先是他的名字：建国——富有时代意义的名字。在那个年代，所有出生的孩子都被赋予了这样有历史使命的名字，直白却充满希望。下面整齐地写着他的职业：退役军人。军人，一个神圣的称号。在战火纷飞的年代，年仅18岁的他应征入伍，表现突出，一路提拔。第二年初春，抗击日本侵略者，一战便是十四年。十四年来多少个日日夜夜在枪林弹雨中度过，不计其数。接着是出生日期和首次入院的日期，字迹潦草，难以辨认。阳光洒向妻子的脸，年近八十的她身子还算硬朗，望向丈夫紧闭的双眼，似乎在沉思。他们相遇也是在这样的寒冬，大雪纷飞。一次邂逅，他们便相爱了，相互扶持走过近六十年的岁月。六十年的风风雨雨、酸甜苦辣、柴米油盐，一直相互搀扶，走过漫漫人生路。直到五年前，病历单上写的都是一长串病征，上面全是医生潦草的字和难以理解的专业术语，这些全是战争留下的后遗症。五年来带给他的痛苦更是难以言喻，战争真是人类最大的悲哀和灾难。

突然，波浪状的心电图发生了变化，妻子慌慌张张地让儿子叫来了医生。还没等医生赶来，绿色直线已停止波动。医生闻讯赶来，看到这一幕，无奈地对妻子说了句“我们已尽力了”。妻子又望向了丈夫的脸，望向床尾的病历单，没有哭泣，没有说话，只是紧紧握住那双握了几十年的手。医生最后用黑体字工整地写下了“死亡日期2014年12月13日”这一行字。南京城外警报声响起，举国哀鸣，纪念中国首个国家公祭日。阳光照射了进来，洒向床尾那张病历单。

（此课例荣获“新作文杯”全国首届中小学作文教学“创课”比赛一等奖）

话说苹果，多向立意

浙江温州 · 范贤辉

创课缘起

写作源于生活。写作教学需要从学生的生活出发，将学生的思考引向更广阔、更深远的世界，以提升其作文的附加值。在我们的写作教学中，往往会碰到这样的情况：学生讲道理头头是道，描写想象世界精彩纷呈，却写不好身边最寻常之物。诚然，寻常之物最难写，但如果我们通过一种寻常之物，纵横开掘，让学生习得审题立意的方法，在观察生活、发现生活中，训练其思维的广度与深度，这些对学生的写作一定具有指导意义。因此，我选择了生活中一种常见的水果——苹果，作为思维训练的出发点。

创课思路

苹果作为一种常见的水果，却并不是一种简单的水果。也许每个人心中都有一个关于苹果的故事，剖开故事层面的苹果，既可以勾连个人的记忆，又可以对现实生活进行深入思考；而通过改变苹果的处境、性状、构成，可以拓展苹果写作的广度，让学生学会初步的思考；而牛顿的苹果、作为手机的苹果这些在世界上有着极大影响的苹果，有着极其丰富的文化内核，能引发学生无穷无尽的联想和更深层的思考。本课的设计思路，就是在一步步激活学生记忆的基础上，让学生在活动中发现故事，进而学会思考的一个过程。

教学现场

一、导入

（课堂上教师出示自己带的苹果）

师：今天我给大家带来了生活中一种常见的水果——苹果，看到它你们能想到什么呢？

生：好吃，红色的。

师：这是最直观的认识。

生：富含维生素C，对身体有益。

师：这是从营养学的角度来谈，还有别的角度吗？

生：砸到牛顿头上的苹果，让他发现了万有引力，是一个幸运的苹果。

师：这个角度很特别。苹果作为一种常见的水果，虽然普通，却能引发我们许多的联想和感悟，有砸到牛顿头上的苹果，有乔布斯的苹果，也有白雪公主故事中的苹果（屏显：有关苹果的图片，此处略）。今天，我们就一起去发现、去认识苹果，体会多角度思维给我们带来的妙处。

二、话说苹果，多向立意

师：一个简单的苹果，却是一个“跨界高手”，在餐饮、历史、文化、艺术各界都有其影子。今天我们就一起来聊一聊苹果的那些事儿，走进文学界的苹果。

(一) 畅所欲言说苹果

师：苹果首先是我们生活中一种随处可见的水果。写作的第一步，我们需要观其颜色、嗅其香味甚至品尝其味道，但如果想要写成一篇文章，则需要启动我们的记忆，回想与它有关的人和事。请同学们思考这样的一个问题：作为水果的苹果，是否能让你想到某个人或者某件事？请结合这个人或这件事，说一说，苹果是一种什么样的水果。（提示：可以从味道、颜色、情感等角度思考。）

（学生思考、讨论）

生：苹果是一种充满温情的水果。

师：关于苹果，你一定有很温暖的回忆吧？

生：嗯，我记得小时候每次去奶奶家，奶奶都会把她珍藏已久的苹果当作宝贝一样给我。那时候，就觉得它是一件最平常的事情，现在回忆起来，觉得无比温暖。

师：的确，如果写成文章，就一定是一个有爱的苹果。

生：我觉得苹果是一种虚伪的水果。

师：为什么这样说？

生：现在市场上的苹果都十分漂亮，为了保鲜，人们给苹果涂上蜡，却缺少了那诱人的果香和甜美的味道，让人觉得很虚伪。

师：原来你关注的是食品安全问题，其实这些现象侧面反映的是虚伪的人心。

生：我记得小区里有个卖苹果的小摊，摊主每次都很热情地吆喝，同时摊位收工也很晚，这说明摊主很勤劳。

师：你和摊主之间有故事吗？

生：有。我经常去他家买苹果，亲眼见证了他的店面由小变大的过程。

师：如果你将这个故事写出来，那么它一定是一个温暖、励志的小人物的故事。

生：苹果是一种青涩的水果，就像我们一样。

师：“青涩”这个词语用得很不错。那你是喜欢青苹果还是红苹果？

生：青苹果。尽管味道有些酸涩，有时甚至会让人流泪，但真实、刺激。

师：你是否也有像苹果一般酸涩的故事呢？（学生点头）

师：这是拓展思维的第一个方法——联系我们的生活，书写故事。生活永远是我们写作的宝库。作为水果中的苹果，进入我们记忆的一定是有故事的；进入文章的那个苹果，也应该是有故事的。我们在写作时，要不断地再现故事情境，并进行深入加工，一定能写出真实动人的苹果。

（二）头脑风暴改苹果

师：如果仅仅是记忆中的苹果，我们的思维难免会受到限制。刚刚那个同学说到青苹果，为我们提供了一个新的角度。我们可以通过添加形容词的方式来改变这个苹果的性状，经过这样的改变后，青苹果就不再是一种感觉，而是成为一类人的象征，哪一类呢？

生：就像青春期的我们一样。

师：是的。圆圆的脸，即将成熟却透露出一丝稚嫩，很清新，很美好。接下来，我们就一起看两篇改变了的“苹果”。（教师出示新概念作文大赛文章流川瞬的《A-P-P-L》和刘心武的《皱皮苹果》，此处略）我们以小组合作的方式，选择你们组最喜欢的一篇，讨论作者对这里的苹果做了怎样的改变？做了这样的改变之后分别象征着哪一类人？又与苹果有哪些联系呢？

（学生阅读范文、讨论）

生：我们喜欢流川瞬的《A-P-P-L》，作者在这里有两次改变：一是把“完整的苹果”变得残缺——被咬了一口；二是改变了作为单词的苹果：“A+P+P+L+E=？”=Achievement（成绩）+Patience（耐心）+Parents（父母）+Lessons（课程）+Enjoyment（兴趣）。作者用5个英语单词来解读苹果，这个改变很特别。

师：这个苹果指的是哪一类人？

生：高三学生。高三学生就像被咬了一口的苹果，他们缺失了非常重要的兴趣。

师：仅仅指高三学生吗？

生：还指那些缺失兴趣，在父母的苦口婆心教育下，只为成绩拼命补课的学生。

师：这一类人与苹果有什么联系呢？

生：残缺，不完整。单词少了一个字母，就像我们缺少了兴趣。

师：很好。谁来说说《皱皮苹果》这一篇？

生：皱皮苹果的改变是让苹果经历时间的洗礼，变得不再新鲜多汁。在文中喻指尽管外表并不华丽，但内心仍然美好的一类人。

师：联系点是什么？

生：苹果即使皱皮，味道依然甜美。这一类人虽然有的年事已高，有的甚至其貌不扬，但其内心无比美好。

师：有故事是苹果的一个维度，当我们对苹果进行进一步的改变，会发现苹果变成了一个隐喻。接下来，我们来做一个改变苹果的头脑风暴，以小组为单位，说说你们会对苹果进行怎样的改变？（提示：颜色，如青苹果；性状，如苹果汁；处境，如涂蜡的苹果。）改变后的苹果又喻指哪一类人、哪一种现象呢？当然，你也可以对这两篇文章中改变的苹果进行重新讨论，赋予其新的意义。

（学生讨论、思考）

生：我想到的是生活中苹果往往会打蜡。打蜡的苹果让我想到虚伪的、金玉其外的一类人。

师：很好，结合前面发现“苹果”标签秘密这个过程，使这篇文章具有了一定的内涵。

生：在酒店吃饭时，常常会看到被雕刻得非常精美的苹果。让我联想到生活中的一种现象：一草一木、一茶一饭皆蕴含着对美的追求，有着生活的仪式感。

师：从一种性状的改变到追求的改变，这是一个特别棒的发现，给予了我们不一样的发现。

生：我想到的是苹果汁。苹果汁在空气中很容易氧化。它让我想到一类人，经历了生活的艰难后，轻易地改变自己，结果被这个世界裹挟着前进，迷失了自我。

师：这是一个很独特的角度，很多时候，只要我们思考得足够有深度，表达自然就会深刻。

生：我想到有一种叫丑苹果的品种，虽然外表很丑，但味道却很美。

师：不错，和《皱皮苹果》有异曲同工之处，你有不同的故事吗？

生：有。学校里有个男生，虽外表有些邋遢，周围的人唯恐避之不及，但后来我发现他其实很善良。

师：这是一个很不错的发现，也是一个不错的故事和隐喻。

生：一个被咬了一口的苹果，让我想起班里的一个男生，因为家庭原因，他突然变得很自卑，老师每次叫他回答问题，他恨不得把头塞到桌子里。他这是典型的被咬了一口后，就变得自暴自弃，任自己在世界的一个角落里霉烂。

师：这是一个很让人心痛的故事。在这个环节中，我发现大家的隐喻都很精彩，故事也更加生动，还有关于美与丑的思考。尝试对苹果进行改变，会让我们进入一个更为宽广的世界，这就是拓展思维的第二个方法——有意识地改变，发现隐喻。接下来就让我们进入第三环节。

（三）联结世界话创新

师：当然，苹果不仅有故事、有隐喻，也是极具世界性的水果，就像微博上那个著名的段子所言，“迄今为止，有三个著名的苹果对人类历史产生了重大影响，一个诱惑了夏娃，一个砸醒了牛顿，一个握在乔布斯手中”。虽然这些人已经湮灭在历史的烟尘中，但追溯历史，放眼世界，我们一定会有不一样的发现。请你们以小组为单位，对课前查找的某一个苹果的资料进行讨论，并说说你们的发现。

（学生讨论）

生：在过去的很长一段时间里，苹果手机特别流行，从十几岁的少年到几十岁的大妈，几乎每个人手中都拿着一部苹果手机，甚至在网上看到有人卖肾去买苹果手机的新闻。这些现象让我不禁思考：苹果，究竟是生活的必需品，还是盲目的跟风？

生：通过搜集资料，我发现我国的手机品牌越来越受人青睐。究其原因，可能是因为苹果在创新力上越来越不足，渐渐从神坛跌落，曾经一度辉煌的苹果，也不再是人们热捧的对象。这让我想到创新才是最核心的竞争力。

师：你说得真棒！我们的国产品牌在不断追求创新的过程中，渐渐引领一种新的潮流——科技离不开创新。今天我们的课就要结束了，但我们的思考和创造力却远未停止，这也是我们拓展思维的第三方法——联结世界和历史，深度思考。有了这几个思考维度，即使是书写寻常之物，也可以写得有故事、有内涵，有自己独特的发现，毕竟创意改变生活。现在我们就拿起手中的笔，按照有故事、有隐喻、有思考的标准筛选自己的立意，让我们用文字来表达自己的故事和创意。

三、确定立意，自由写作

师：一个小小的苹果，我们可以把它加工成不同的美味佳肴，就让我们一起秉承苹果的创新精神，自选立意，写一篇不少于600字的文章。

（学生写作）

四、习作讲评，分享提升

通过阅读优秀的作品及写作中问题的反馈，指导学生修改作文。

学生作品

苹 果

回家的路上，母亲问我今天的作文题目。我说，《苹果》。刚说出口我就很恼火，刚刚那篇胡拼乱凑的文章，根本就不是真正的苹果。我才明白该怎么写苹果：没必要将它和牛顿联系得有多紧密，更没必要带上乔布斯。苹果，就是一种水果，如此简单。

因为矫正牙齿，我已经很久没有吃苹果了，但我一直都有吃苹果的习惯，因为它易储藏，营养价值高。母亲常常先用洗洁精把苹果洗得干干净净，再一片片切好放进碗里，端给我吃。若我马上将之吃得精光，母亲便会笑出声来；若我不吃，她便像个孩子一样噘着嘴，于是，我连忙说："我吃，我吃。"然后嘴巴"吧嗒吧嗒"地响，一个劲儿地说："好吃。"若我说："你先吃。"她便不再吭声，转身离开。苹果是一种有益于身体健康的水果，所以母亲总是想着法哄着自己的孩子去品尝这人间独特的味道。

五姨也是如此。

曾在杭州五姨家小住了几日。五姨家的弟弟没长几颗牙，怎么吃苹果呢？只见五姨拿了个勺子，在苹果身上一阵猛刨，碗里的苹果泥便一点点堆积起来。五姨一边刨，一边嚷嚷："哎哟，手酸死了，手酸死了。”穿着尿布湿的弟弟瞪着水汪汪的大眼睛，虎头虎脑，可爱极了。他就在她身旁打滚，哭哭笑笑。五姨也不再说什么，只是刨啊刨，然后将刨下的苹果泥端给小家伙。小家伙也如我一般，心情好时吃个精光，还舔上几舔，心情不好就慢吞吞地，只将其中的汁吸尽，剩下干巴巴的苹果泥在碗里，五姨也没办法，只得自己将这苹果泥吃光。

我觉得恶心。母亲说，你小时候也一样，吃东西常常只吃到一半，剩下的都是我吃，有什么关系？这便是母爱，再苦再累她们也乐意去做，不为别的，只要孩子吃得健健康康，过得快快乐乐，她们便乐在其中。只要见着那苹果似的红通通的笑脸，她们便心满意足。

如此看来，苹果又不简单。

（此课例荣获“新作文杯”全国首届中小学作文教学“创课”比赛一等奖）

作文式阅读，读写双赢

广西贵港·梁运义

创课缘起

作文教学与阅读教学似乎是互不相干的独立王国，老死不相往来，但经过深入研究就会发现，在近年来的阅读教学中偶尔会出现一些“跨越雷池”的行为，诸如在阅读教学中渗入写作知识的学习、微点作文训练等，但是，这只是短暂的“外交”行为，两者并未达到合二为一的境界。基于这一教学现状，我陷入了深深的沉思：能否将作文教学与阅读教学有机地融为一体，另辟读写结合的蹊径呢？

创课思路

作文教学与阅读教学如何融合？作文式阅读或许就是读写结合的蹊径之一。何谓作文式阅读？就是在阅读教学中从写的角度切入，以作文形式为抓手，引领学生完成自主阅读的教学模式。

作文式阅读是秉承传统的读写结合的教学理论，在结合形式上稍做创新而开发的一种教学模式，其根本特点是以读带写，以写促读，读写双赢。所谓作文式阅读，作文是手段，是过程，是阅读教学的操作形式；阅读是追求的目标，是最终归宿之一。简而言之，作文式阅读就是用作文的形式达成阅读的目的，但在实际操作中，作文式阅读在达成阅读的同时，也达成了作文，可谓是读写兼收。

教学现场

一、课前准备

课前布置学生预习《蒲柳人家（节选）》：1.课文至少读两遍。2.扫清字词障碍。3.了解课文所写人物及其事件。

（说明：本节课以《蒲柳人家（节选）》为例，引领学生完成作文阅读的教学目标。）

二、出示任务

（一）导入

师：今天，我们尝试用一种新的方法来学习《蒲柳人家（节选）》，即通过写一篇作文的方式来完成《蒲柳人家（节选）》的阅读。

（二）示题

师：今天，我们要写的作文题目是——

（屏显）

从《蒲柳人家（节选）》中选择适当的材料，以《一丈青大娘》为题，写一篇记叙性文章，表现一丈青大娘爽朗豪放、爱孙如命的特点，字数在600以上。

（三）审题

学生朗读题目，明确写作要求：

1. 题目：《一丈青大娘》

2. 文体：写人的记叙文

3. 主写人物：一丈青大娘

4. 人物特点：爽朗豪放、爱孙如命

5. 材料出处：《蒲柳人家（节选）》

6. 字数：600以上

三、提取材料

（一）过渡

师：下面我们准备开始写作文《一丈青大娘》。那么，第一步该做些什么呢？

生（齐）：找米下锅！

师：到哪里找呢？

生：课文《蒲柳人家（节选）》。

师：好，请大家细读课文《蒲柳人家（节选）》，用笔勾画出课文中有关一丈青大娘的材料，并用简洁的语言把每一方面的材料概括出来。

（二）提取材料

学生细读课文，找出描写一丈青大娘的句子和段落，并用简洁的语言概括要点。

（三）展示材料

师：大部分同学已完成了任务。下面请大家展示自己概括的材料要点。

生：一丈青大娘怒扇纤夫。

师：你概括得非常好。最能表现一丈青大娘爽朗、豪放性格的事件就是它。这一材料在哪个段落？

生：第7段。

生：第3~5段写了一丈青大娘叫人给何满子做红肚兜的事。

师：这则材料表现了一丈青大娘什么性格特点？

生：爱孙如命。

生：第6段主要描写了一丈青大娘的绰号、外貌等。

生：第6段还写了一丈青大娘骂人打架的特点。

（四）小结

（屏显）

1. 一丈青大娘叫人给何满子做大红兜肚。（第3~5段）
2. 一丈青大娘的绰号、外貌以及骂人打架的特点。（第6段）
3. 一丈青大娘家所在的位置。（第7段）
4. 一丈青大娘打骂纤夫。（第7段）
5. 一丈青大娘的手的特点。（第8段）
6. 一丈青大娘的命根子。（第9~12段）
7. 一丈青大娘告何满子状。（第13段）

四、明确思路

师：材料概括好了，下一步该做什么？

生：选择材料。

师：在选择材料前，我们是不是应该对将要写的作文有一个总体的构想，即构思，然后根据构思来选择材料？那么，该如何构思呢？

（学生思考之后，回答）

生：先写一丈青大娘怒扇纤夫，威震八方，再写她奈何不了自己的命根子——何满子。一个威震八方的人奈何不了自己的命根子，两者前后形成对比。

师：讲得好，构思的关键词是对比。

生：也可以先写一丈青大娘过于溺爱自己的孙子，以致管不了孙子，然后再写她怒扇纤夫，威震八方。

师：这种构思也不错，它运用的是什么表现手法？

生：先抑后扬。

生：先概述再详写。

师：概述部分可以写哪几则材料？

生：可选择第2、3、5则材料。

师：详写部分又可以写哪几则材料？

生：可选择第4、5则材料。

生：还有第1、7则材料。

……

五、整合材料

（一）一丈青大娘概况的整合

1. 把第7段的第一句“她家坐落在北运河岸上，门口外就是大河”放在全文的开头，既是概况，又可起到设置背景和定位的作用。

2. 接着安排绰号、外貌等内容。外貌应当包括第6段的“大高个儿，一双大脚，青铜肤色”，以及第8段的全部。第6段是粗线条地勾勒外貌，第8段则是对手的特写镜头，因而把它们全部整合在外貌这一内容中，不同段落的相同内容可合并，采用的顺序应该是先粗线条勾勒，再特写。

3. 在作文第2段安排一丈青大娘骂人打架这一材料，因为它是性格特点的概述，既可作为前文“概况”的延伸，又可为第3段写一丈青大娘打骂纤夫做铺垫。

(二) 主体部分的整合

1. 用“一丈青大娘打骂纤夫”这一具体事例来照应第2段（一丈青大娘骂人打架的特点），表现一丈青大娘威震八方的特点。写这一部分可以参考第7段，但是囿于篇幅，必须进行缩写，保留一丈青大娘打骂纤夫时的精彩语言、动作即可，无须全部照抄。

2. 安排表现一丈青大娘爱孙如命却管不住孙子的几个事例，与前面的“威震八方”形成对比。课文第3~5段“一丈青大娘叫人给何满子做大红兜肚”这则材料应该整合在一丈青大娘爱孙如命这一特点之下，与第9~12段合并，能表现一丈青大娘爱孙如命特点的材料比较多，可进行取舍，无须每件事必写。

(三) 结尾整合

文章拟以一丈青大娘告何满子状，何满子被拴为结尾，给读者留下悬念。

板书：

开头——背景　定位合并

粗线条勾勒——特写承上　铺垫

从概述到详写　缩写（语言　动作）

合并　取舍

悬念

六、拟定提纲

（一）拟定提纲

请学生根据上述提取的材料、构思、提示，自由拟定作文提纲。教师巡堂指导。

（二）评提纲

教师选三份优秀的提纲进行展评。

（三）展提纲

展示教师的下水提纲。

（屏显）

一丈青大娘

第1段：写一丈青大娘的家、绰号、外貌（含对手的特点）。（略写）

第2段：写一丈青大娘骂人打架的特点。（略写）

第3段：写一丈青大娘打骂纤夫。（详写）

第4段：写一丈青大娘爱孙如命，管不住何满子。（详写）

第5段：写一丈青大娘告何满子状，何满子被拴。（略写）

（四）改提纲

学生参考优秀提纲和教师的下水提纲，修改自己的作文提纲。

七、快速作文及展示交流

（说明：具体过程略。）

学生作品

一丈青大娘

何满子家坐落在北运河岸上，门口外就是大河。

何满子的奶奶，人人都管她叫一丈青大娘。她大高个儿，一双大脚，青铜肤色，有一双长满老茧的大手，种地、撑船、打鱼都是行家。一丈青大娘嗓门也亮堂，骂起人来，就像雨打芭蕉，长短句，四六体，鼓点似的骂一天，一气呵成，也不倒嗓子，方圆二三十里，敢说找不出能够招架几个回合的敌手。她也能打架，动起手来，别看五六十岁了，三五个大小伙子不够她打一锅的。

有一回，一只外江大帆船打门口路过，几个纤夫赤身露体，只系着一条围腰，裤子卷起来盘在头上，甚是难看。一丈青大娘便断喝一声："站住！"接着一阵风冲下河坡，阻挡在这几个纤夫的面前，手戳着他们的鼻子说："不能叫你们腌臜了我们大姑娘小媳妇的眼睛！"那个不知好歹的年轻纤夫，用手一推一丈青大娘，一丈青大娘勃然大怒，老大一个耳刮子抡圆了扇过去，那个年轻的纤夫就像风吹乍蓬，转了三转，拧了三圈儿，满脸开花，口鼻出血，一头栽倒在滚烫的沙滩上，紧一口慢一口捯气，高一声低一声呻吟。一丈青大娘折断了一棵茶碗口粗细的河柳，带着呼呼风声挥舞起来，把这几个纤夫扫下河去，就像正月十五煮元宵，纷纷落水。一丈青大娘不依不饶，站在河边大骂不住声，还不许那几个纤夫爬上岸来……

何满子是一丈青大娘的命根子。一丈青大娘一听见孙子呱呱坠地的啼声，喜泪如雨，又烧香又上供，又拜佛又许愿。她又跑遍沿河几个村落，挨门挨户乞讨零碎布头儿，给何满子缝了一件五光十色的百家衣。还打造了一个分量不小的包铜镀金长命锁，金光闪闪。何满子长到四五岁，就像野鸟不入笼，一天不着家，整日在河滩野跑。一丈青大娘不放心，整日提心吊胆，就像丢了魂儿，出来进去团团转，扯着一条亮堂嗓门儿，村前村后，河滩野地，喊哑了嗓子。何满子却隐匿在柳棵子地里，深藏到芦苇丛中，潜伏在青纱帐内的豆棵下，跟一丈青大娘捉迷藏，暗暗发笑。等到天黑回家去，一丈青大娘抄起顶门杠子，要敲碎何满子的光葫芦头；何满子一动不动，眼皮眨也不眨，一丈青大娘只得把顶门杠子一扔，叫了声："小祖宗儿！"何满子六岁，奶奶叫东隔壁的望日莲姑姑给何满子做了一条大红兜肚，当护身符。可是，何满子一天也不穿，一丈青大娘气得咬牙切齿地骂他。这一天，何满子的爷爷回来了。一丈青大娘顺口就给何满子告了状。爷爷一怒之下，就把何满子拴在了葡萄架的立柱上，系的是拴贼扣儿，跑不了更飞不了。

（此课例荣获"新作文杯"全国首届中小学作文教学"创课"比赛一等奖）

打破重组写情趣

河南安阳·孙永芳

创课缘起

本课例是我研究作文教学新构建的伊始，是决心推行“打破重组”的开端，同时，也是我《情趣作文三十六计》的开篇第一讲。对一个妇孺皆知的寓言故事，对一个耳熟能详的传说，大家在接受的同时，是否有过更进一步的思考和探究？我想相当一部分是能接受的，还有更多的是接受之后的传递，循环往复，如是而已。我们应该适当地改变一下固有的思维，从它的不同层面去发现，孔子讲的温故知新中的“新”就是这个意味。所以就有了这个课例。

创课思路

“打破与重组创作”是以创作者的“原材料”为基础，在表达新思维时有目的地运用有异于固有思维逻辑的创作方式、手段，将具体的创作对象进行加工、异化、叠合、新构等，改变其形态或者内涵，建立具有创新审美价值的过程。而“情趣作文”则是趣、情、理相互渗透的深层次写作训练。我利用生活中的事例以图解的形式理解“打破重组”这一概念，然后用“守株待兔”这个寓言故事的剖析和变形来实施，逐层辅助阐释。

教学现场

一、点出概念，理念激趣

（一）图解“打破重组”

（教师一边出示生活中存在的“打破重组”现象，一边给学生解释课件内容）

1. 杂乱的积木，可瞬息变为形式各异的作品，“打破重组”其实早已潜藏于孩童时期。

2. 本为帮学生识字的多米诺骨牌，可以更好地在“娱乐”上发挥它的剩余价值，这也是“打破重组”的存在形式。

3. 一根软软的细绳，更是魔术似的百变艳后，美丽的“打破重组”令人啧叹。

4. 我们生活里的电源插座，能如此实用灵活，“打破重组”怎能不让我们赞叹不已。

师：请大家说出自己了解的“打破重组”现象。

生：铅笔加橡皮就是现在我们常用的橡皮铅笔，还有可擦可写的中性笔等。

生：现在街上时髦的乞丐装也是故意挖个洞，然后再打个补丁。

生：城市园林绿化尤其是公园里面的很多景致就是打破自然生长形态，重组为人们喜闻乐见的各种形态。

师：通过同学们的描述，我们可以这样进行重组。

（屏显）

敢于打破，勇于重组；合理打破，巧妙重组；打破是手段，重组是目的，而适度则是标杆。

（二）简单了解“情趣作文”

阶段性特点：小学重趣，初中重情，高中重理。

问题：如何运用“打破重组”理念写“情趣作文”？

（三）温习“守株待兔”寓言故事

（屏显）

宋人有耕田者。田中有株，兔走，触株折颈而死，因释其耒而守株，冀复得兔，兔不可复得，而身为宋国笑。

——《韩非子·五》

（四）激趣

师：请大家大胆想象并思考，如何运用“打破重组”理念写“守株待兔”主题的“情趣作文”？

（说明：教师用大家耳熟能详的寓言故事做引子，用“难”和“易”的辨证关系来激发学生的写作兴趣。）

二、实例探究，发散思维

（一）先自己独立思考，然后小组交流，最后选代表发言。

（二）合作探究

师：老师给大家提供四个创意点，请同学们选择自己感兴趣的创意点，先小组讨论、交流，后推选出组内最有创意的“打破重组”现象。

（屏显）

1．这个守株待兔的宋人最后发财了，再也不会被宋国人嗤笑了。你能说清楚这是怎么回事吗？

2. 请你把下面四则材料融入“守株待兔”这个寓言故事中。

（1）友情版梁祝故事。

（2）我住长江头，君住长江尾。日日思君不见君，共饮长江水。（李之仪《卜算子》）

（3）俞伯牙摔琴谢知己（高山流水）。

（4）玉兔捣药（嫦娥奔月）。

3. 守株待兔很难，守株待人却是那么容易。

4. 守株待兔不容易，理解“守株待兔”这个寓言故事也那么难吗？

师：我先选几个人来发表一下见解。（教师示意其中一位学生发表自己的观点）

生：我认为第二个创意点比较难，假如用其中的一两则材料还能做到，但全部用完就比较难，也容易为了融入而融入，致使文章整体不和谐。

师：一语中的，你敢于这样说，这就是一种“打破”，一种有自己见解的思考。为你点赞！那你选的是哪个创意点？

生：我选的是第三个创意点，待兔者等待了好久，仍然见不着兔子，并且很多人嘲笑他，规劝他不要再等待兔子了，这个待兔者也实在不好意思再等下去了，于是就去做别的事情了。

师：我再加一句，假如那个待兔者知耻后勇，发愤图强，说不定还能发财呢！我一不小心把第一个创意点也包含进去了。

生（笑）：谢谢老师！

生：我选的是第一个创意点，也是刚才这个思路……

师：我该说你聪明呢，还是说你滑头呢？

生（笑）：都有。

生：我选的是第四个创意点，守株待兔不容易，理解“守株待兔”这个寓言故事却不难，因为像他这样的懒汉，注定不会有好下场。

师：你这是原故事，好像没有经过“打破重组”。

师：下面老师请小组代表发表一下见解。

生：我们组选的是第一个创意点。撞死的那个是被父母批评之后悲痛欲绝的小兔子。老兔子见孩子死去，伤心不已，感觉自己没有继续活下去的意义，就跑到树桩前撞死了，然后它们的亲属也都万般心痛……

师：这是捅了兔子窝了……（学生大笑）

生：我们组选的也是第一个创意点。有一天，又有兔子来了，结果绕过树桩从右边跑了。待兔人就想：哦，原来是兔子不走原来的路线了，那我就在右边栽一棵树。可第二天，又有兔子跑来，却从树桩的左边跑了，于是，待兔人又在树桩的左边栽了一棵树……

师：我明白了，你是说待兔者最后种植了一片森林，发的是木材的财，这个点子好！

（全体学生鼓掌）

生：我们组选的是第四个创意点。守株待兔不容易，理解“守株待兔”这个寓言故事却很难。天下怎么会有这样的人？真是不可思议，如果不是智力的障碍者，那么他肯定有其他人人不能理解的苦衷。

师：厉害，他有什么苦衷呢？

生：正在想。

师：看来第二个创意点和第三个创意点的难度比较大，因此，选择它们的人不多。下面我们共同进入下一环节。

（说明：思维发散的写作训练，只要教师给予一定的发散方向，就会激发起学生的思考兴趣。）

三、技巧点拨，写作借鉴

（一）解析创意点

师：第一个创意点和第四个创意点我们会沿着刚才同学的思考继续探究下去，第二个创意点老师会直接给出方法。下面我们就各个击破。第一个创意点其实用的是“老树新芽法”，前提是待兔人依旧懒，方法依旧笨，结果却是“懒人有懒福”“无心插柳柳成荫”，这种成文自然有趣。第二个创意点可以用“嫁接法”，即“趣”加“情”。一会儿，我会让大家在写作时做出选择。第三个创意点可以用“指桑说槐法”写名人名胜旅游热。第四个创意点可以用“碧水照影法”，将“趣”“情”“理”融入其中。

（二）“截取重组”故事

（屏显）

第一组：

1. ①田者②株③兔（元素）。2. ④触株而死（起因）。3. ⑤释耒守株、得兔、不得（经过）。4. ⑥为笑（结果）。

第二组：

1. 谁在“守株待兔”？2. 在“待”一只什么样的“兔”？

3．为什么要“守株待兔”？4．他为“兔”付出了哪些行动？5．“守株待兔”的结果怎样？6．讲这个故事要告诉我们“什么”？

师：据此，我们可以先看一篇例文。

守株待兔

那天，农夫经历了不可思议的一幕。（概写一笔）

在深山，一条偏僻的小径，农夫看见一只兔子，他试图悄悄接近兔子，其实这一举动纯属多余，兔子根本没有逃跑的意思。为了这潜在的收获，农夫很兴奋，可是他实在无法理解兔子的兴奋。兔子奔跑起来，很激动、很开心地向前奔跑，没有半点惊慌，那是一种冲刺，重点是前面有一棵大树。

农夫看得很清楚，兔子瞄准大树，做了个起跑的姿势，然后无声无息地倒在了大树旁。农夫跑过去捡起兔子，这意外的收获实在过于神奇。（详写一笔）

农夫回到村庄，邀来左邻右舍分享兔肉和他的故事。“别胡说了，”众人大笑，“世上绝对没有这样的事情，哪有兔子自己往树上撞的道理？”农夫不停地辩解，众人不断地摇头。最后农夫急躁地喊道：“这是真的，我从不撒谎。”众人不欢而散。

兔子给农夫带来了不幸。有人说他是白痴，竟然说兔子会撞树；有人说他不诚实，尽说些不着边际的事情。农夫百口莫辩，他央求众人一起去那棵树旁见证故事的真伪：“就是那棵树，树上还有兔子的血迹。”众人一笑了之。

有好心人劝他说：“算了，你就向大家认个错，保证下次不胡说了，大家会原谅你的。”农夫含泪拒绝了。有人耻笑他：“如果我们都相信你说的是真的，那么你再去捡一只兔子来啊！”农夫感到

羞辱极了。(再详写一笔)

很久以后，在兔子曾经撞死的地方出现了一个人，他蹲在路边，眼睛警惕地搜索着四周。

“你在等什么?”路人问。“我在等一只兔子，”那人回答，“曾经有一只兔子，就撞死在那棵树上，我在等下一只撞树的兔子。”

一天，有个叫韩非子的人路过此地，从此，守株待兔的故事便流传四方了。(奇妙一笔)

年复一年，农夫坚守在那里，眼睛都熬得通红，须发尽白，他只是想证明自己的清白，因为这比他的生命还重要。但他常常陷入迷惑：那只兔子为什么会撞树，这真的让人无法理解。

渐渐地，他开始绝望了，也许他永远都无法证明自己的清白。直到有一天，他发现自己已经变成了一只兔子，他哭了。

兔子仍然守在路边，它不再等兔子，它要等人。(再奇妙一笔)

终于有一天，远远地，它看见一个人走来，它兴奋极了，在确信来人已经看见自己之后，它做了一个起跑的姿势，如释重负地冲向那棵树。

路人捡起兔子回到家乡：“我捡到了一只撞在树上的兔子，真走运啊。”(呼应一笔)

“胡说!”

“骗子!”

“怎么不再去捡一只来啊?”(再绝妙一笔)

师：这篇习作，正好给刚才那位同学说的“苦衷”做个参考。从这篇佳作中，我们可以得出——

(屏显)

1. 一个个悲情的人在“守株待兔”。

2. 在“待”一只自杀的“兔子”。

3. 因为要证明自己的清白。

4. 他辩解、再辩解，等兔子、等人。“守株待兔”的结果像悲剧一样在轮回上演。

5. 这个故事告诉我们“人言可畏，众口铄金”是造成悲剧的根源，不可断章取义地扭曲事实，传播谣言等。

（三）“截取再重组”故事

同样的方法，完成“创意2”。

（说明：这一环节教师采用《阅读写作学》中“好文借鉴”中的内容来突破上一环节的难点，从几个点的打破和重组来展现创新思维。）

四、意念相佐，迁移训练

（一）了解“守株待兔”寓言故事的全文

（屏显）

宋人有耕田者。田中有株，兔走，触株折颈而死，因释其耒而守株，冀复得兔，兔不可复得，而身为宋国笑。今欲以先王之政，治当世之民，皆守株之类也。

——《韩非子·五蠹》

总结：原文告诉我们，创新必须要结合生活实际。

（二）针对第三个创意点，进行写作训练

（三）情景设置

（屏显）

待“兔”很难，守株待“人”却是那么容易！有人看到一个大的废弃的树桩，就想起了守株待兔的故事，于是他也想碰碰运气，守了几天，结果不见一只兔子。冥思苦想之后，决定拿大树桩做文章，将其进行包装并做宣传工作，吹嘘此桩是当年“守株待兔”之树桩，看一看，坐一坐，摸一摸如何如何，人们竟蜂拥而至。之后，这个“守株待兔”人，引发出无数啼笑皆非的故事，借以嘲讽当今“假名人名胜旅游”之噱头。

（说明：环节是留白，刚才漏过不点，是为了能学以致用，大胆发散思维，进行创作。）

（四）层次性写作训练

你可以在原故事的基础上进行改写，也可以从老师给的四个创意点中任选其一进行写作。

学生作品

守株待兔

很久以前，宋朝有一个壮年农夫，他在田里干活，边干活边唠叨说：“唉，天天耕田，真是太辛苦了，要是不用干活又能吃得饱那该多好啊！唉，谁叫我穷呢，只有夜以继日地干活，才能保证一日三餐有食可进。”

正说着，农夫忽然看见一只兔子箭一般地飞奔过来，一边跑一边唱着：“跑得快有糖吃，跑得慢没糖吃……”突然，兔子一不小心撞在一棵大树上，一下子把脖子折断了，蹬蹬腿就死了。这个农夫飞快地跑过去，把兔子捡起来，高兴地说："哈哈，很久没吃兔子肉了，要是我天天守着这棵大树，等着那些兔子来撞树，那以后就有兔肉吃了，用不着耕田了。哈哈哈——！"

这真是一点劲儿没费，白捡了个大便宜！

第二天一大早，他又跑到那棵大树旁边等兔子去了，也不干活，就等着兔子撞过来。一个要去耕田的老者提醒他："喂，为什么老站在这棵树下发呆，还不赶快去耕田？"他却不耐烦地回应道："你才发呆呢！我以后不用辛苦地种田了。"结果，等了整整一天什么也没等到，可他并不灰心，而且继续一天一天地等下去，不管晴天还是下雨，他都站在树下……

一晃冬天来了，他仍然站在那里等！

可是等来等去，连兔子的影子都没看见。连住在树上的一只乌鸦都嘲笑他傻瓜。那个耕田的老者又过来劝说："我们今年要丰收了，你还站在这里干什么呢！你的田好久都没耕种了，快荒废了，还不赶快去耕。"连田里的老鼠都说："还不快走，这里什么吃的都没有。"可他还是不知悔改，而且还要固执地等下去。

终于，这个待兔人变成了一堆骷髅，立在树下，引来一阵风的讥笑。

"跑得快有糖吃，跑得慢没糖吃……"又一只兔子唱着儿歌，快速地奔跑着，一头撞在这个待兔人身上，看着散落一地的白骨，兔子一愣，转身逃跑了……

（此课例荣获"新作文杯"全国首届中小学作文教学"创课"比赛一等奖）

站高一点看问题

湖北武汉·杨　扬

创课缘起

一天，我叫6岁的女儿刷牙，但她要玩玩具，我开玩笑似的把她直接抱到了洗漱台边，结果我一放手，她就逃跑了。我敏锐地捕捉到这一教学良机，何不以这件事为契机给学生提供写作材料呢？人生活在社会中，要想成就自己的事业，不仅和物品打交道，还要和人打交道。我们要做什么，怎样与人沟通，怎样有效调动他人的力量，这需要我们自身站得更高才能看到问题。学生在作文时，面对材料，怎样进行全面深入的分析，也需要我们作文时站得更高。

创课思路

通过创设活动——移动。设疑激趣，积累素材，为学生打开习作思路。上课伊始，教师请四名学生上台，先移动物品，再移动人。这一环节包括两个层次：一是引导学生观察，从而引发学生思考；二是深化学生的思考，让学生找到解决问题的方法。从身边事中提炼出来的材料是鲜活的，学生参与其中，获得体验，有故事可说，有问题可解，有道理可讲，才有文章可写。教师要引导学生深入思考，激发学生的探究兴趣，教会学生基本的分析方法，为学生打开作文思路做铺垫。

教学现场

一、创设情境，设疑激趣

（一）第一轮游戏：移动书包

师：同学们，这节作文课我们需要先做一个游戏，你们要仔细观察，看看参与游戏的同学是怎么表现的。游戏的名字叫作“移动”。第一轮游戏，我们请四位选手上台，将四件物品——书包，从教室前面移到教室后面，只有一个限制条件，那就是自己的身体不能接触自己要运送的物品——书包。我们看谁能更好更快地完成任务。哪位同学愿意来试一试？

（教师挑选学生进行游戏，其他学生监督并为他们加油）

师（采访失败的选手）：比赛已经结束了，我们要先采访一下失败的选手，听听他们的想法。请问，你觉得你失败的原因是什么？

生：我行动慢了。

师（采访成功的选手）：你觉得你成功的原因是什么？

生：我会想其他办法移动书包，比如借助工具。

生：我知道我要做到的事是移动书包，别的事都不考虑。

（教师请学生把刚刚说出的原因写在纸条上，并将其贴在黑板上）

（二）第一轮游戏小结、展示

师：现在请你们进行小组讨论，这个问题还可以怎么解决？请补充你们认为没有说到的成功的原因。

生：不怕困难，积极想办法。

生：把要做的事分析清楚。

生：找别人帮忙。

……

师：大家总结得都不错，现在请你们再进行小组讨论，把失败和成功的原因进行分类。

（小组讨论后，教师在屏幕上展示分类结果）

目标：1. 我没听清楚要求。2. 我知道我要做的事。3. 把要做的事分析清楚。

态度：1. 我乐于想办法。2. 我注意力集中。3. 不怕困难，积极想办法。

行动：1. 我行动慢了。2. 用工具。3. 反应快。4. 找别人帮忙。

师（总结）：由此可见，获得成功的要素是要有明确的目标、积极的态度、合适的方法。

（三）第二轮游戏：移动同学

师：现在我们来进行第二轮游戏，将四个书包换成四名学生，再请四位选手将这四名学生从教室前面移到教室后面，要求不变。（教师另选四名学生参加游戏）

师（采访失败的选手）：你觉得你失败的原因是什么？

生：我没找到移动他的工具。

生：我叫他帮忙，他不搭理我。我不知道再找谁帮忙了。

师（采访成功的选手）：你觉得你成功的原因是什么？

生：我跟他关系好，和他说了说情况，他就配合我了。

生：我跟他说，奖品分他一半。

（教师请学生把刚才说的原因写在纸条上，并贴在黑板上）

（四）第二轮游戏小结、列表、展示

师：现在请你们进行各小组讨论，这个问题还可以怎么解决？请补充你认为没有说到的成功的原因。

生：考虑到了别人的想法。

生：逆向思维，寻到方法，达到目的。

生：积极想办法。

……

师：根据大家说的解决办法，请各小组将以上原因进行分类，并派代表发言。

（小组代表发言后，教师在屏幕上展示分类结果）

目标：1. 我跟他说，奖品分他一半。2. 考虑到了别人的想法。

态度：1. 我叫他帮忙，他不搭理我。2. 我跟他关系好，说了说情况，他就配合我了。3. 积极想办法。

行动：1. 我没找到移动他的工具。2. 我不知道再找谁帮忙了。3. 逆向思维，寻到方法，达到目的。

师（总结）：想要获得成功就要有明确的目标、积极的态度、合适的方法，同时对物要考虑自己的因素，对人要考虑人的特点。

二、活动体验，交流表达

师：通过对比今天的两轮游戏，你有哪些思考？和大家交流一下。

（屏显）

		失败的原因	成功的原因
物	目标	我没听清楚要求。	我知道我要做的事。我把要做的事分析得很清楚。
	态度		我乐于想办法，我注意力集中。我不怕困难，积极想办法。
	行动	我行动慢了。	我用工具。我反应快。我想找别人帮忙。
人	目标		我跟他说，奖品分他一半。（考虑到了别人的想法）
	态度	我叫他，他不动。	我跟他关系好，说了说情况，他就配合我了。（积极想办法）
	行动	我没找到移动他的工具。我不知道再找谁帮忙了。	我看到他自己能动。（逆向思维，寻到方法，达到目的）

生：工具不仅可以是具体的物品，语言、动作等无形的东西也可以当作工具。

生：我们在追求成功的路途中，要考虑哪些因素能影响我们追求成功的脚步。

生：我们为什么会有人际交往，怎样的方式才是好的方式？

……

师：我也有所感悟。在图表上有空白项目，这说明移动物的时候，我们常常会忽视自己的态度，不考虑自己是不是已经竭尽全力；移动人的时候，我们常常会忽视自己行动的目的，包括交往的目的。这也是个很有趣的现象。以前我们找不到解决问题的方法，是不是和我们对问题分析得不全面有关？通过今天的游戏，同学们不仅能透过具体事件看到决定这一事件发展的主要因素，还能比较不同对象之间的区别，并对此调整应对的方法。另外，能看到成功的一些共性的原因，如目标、态度、行动等，甚至能站在更高的层面，关注抽象概念之间的关系。比如，成功的决定因素，人际交往的目的和方法，统一目标的方式，调动积极态度的手段，逆向思维的优势，工具手段的定义范围，人生的目标等。其实，我们写作文，就是帮助自己思考、梳理现实生活给我们带来的启示，并由此让我们的生活变得更清晰，行动更有效。

三、拟定文题，快乐写作

师：这节课我们发生了很多故事，也获得了很多的思考和收获。如果你想写一篇文章让别人也了解一下这节课的情况，那么你会为它取个什么题目呢？

生：《游戏、课程和生活》《一堂有趣的作文课》《一堂有创意的作文课》……

师：这是从这堂课的角度命题。

生：《移动》《跟我走》……

师：这是从具体事件的角度命题。

生：《我成功了》《原来如此》……

师：这是从心理变化过程命题。

生：《条条大路通罗马》《成功的因素》《思维无限　工具无限》《对人际交往的思考》……

师：没错，我们也可以从得到启示的角度命题。接下来，我们开始动笔写作吧。

四、习作展示，分享快乐

（一）点评

教师选择优、中、差三种类型的作文提纲，分别发红、黄、蓝号牌予以点评。讲评有以下几点要求：第一，优秀提纲坚持事理对应，树立榜样；第二，中等水平的提纲坚持道理清晰，促进提高；第三，一般提纲坚持叙事清晰，挖掘亮点，激发兴趣。

（二）展示

拿到红号牌的学生上台朗读作文提纲及作文，师生相机点评。

学生作品

解锁盲点

我从来没有想到，一个小小的游戏，能给我带来这么多思考；也从来没有想到，一节短短的作文课，能给我打开一个新的思维空间。每每回忆这个过程，我都要不由得问问自己：今天你的盲点解锁了吗？

那天作文课上，老师在班上借了四个最重的书包，说要玩一个叫“移动”的游戏。我立刻就脑补了几场大戏，什么超能力瞬移啊，什么空间黑洞啊，什么神功大战啊。还没等我回过神来，我就因为身强力壮而被选中，成为参加游戏的“四大天王”之一。

老师说，游戏规则是把书包从教室前面移动到教室后面，但有一个限制条件，就是自己的身体不能接触书包，看谁移得最快。乍一听，觉得怎么这么简单，但我一上去就想用手提书包的背带。在同学们的嘲笑声中，我猛然意识到，自己不能碰书包，哎呀，都是思维惯性惹的祸。

这怎么办？我们四个左顾右盼，同学们也在热烈地讨论着。这时“小绵羊”把自己的校服脱下来，用袖子穿过背带，借校服拖着书包，一下就跑到了终点。与此同时，小毛拉来自己的好朋友贝贝，贝贝帮他把书包背到了终点。同学们爆发出一阵热烈的掌声。对呀，这些办法我怎么没有想到呢？

游戏结束后，老师要我们讨论并展示研究结果，同学们七嘴八舌地讨论着，慢慢地，我们失败的原因被一条条地列了出来，参照成功同学们的方法，我发现我在做这件事之前根本就没有认真地考虑过我做这件事的目的，我可能还沉浸在自己臆想的黑洞里，沉浸在玩游戏的欢乐氛围中。结果我就像个智力障碍者一样，面对问题完全没有反应过来。这不就是个游戏吗？我怎么好像看到了平时做事情傻傻的自己呢？

第二轮游戏，换了另外四名同学上场，他们的反应也是五花八门的，有成功、有失败。但是经过老师帮我们分析后，我们发现失败的原因还是目标不清晰，态度不坚决，行动不迅速。看到老师帮我们列出的原因对比表，我恍然大悟：事成不分大小，全在于自己能不能全面地思考问题。目标、态度和行动，是全面思考问题的三个主要维度，我们如果掌握了这种分类思考问题的方式，就能抓住事情的重点，做出科学的判断。瞬间，我眼前好像打开了一个新的星际空间，看到了飞船运行的轨道，看问题一下子就变得立体了，以前不明白的问题好像都找到了解决之道。

原来这就是解锁了思维盲点的世界啊，既如此清晰，又如此美妙，有种世界从一维升至三维的魔幻感。在我的思维世界里，一定还有很多的盲点是我不知道的，就让我在学习中不断地解锁吧！

（此课例荣获“新作文杯”全国首届中小学作文教学“创课”比赛一等奖）

让情理之花更加绚烂

辽宁大连·卜海燕

创课缘起

新课标要求八年级学生能够对景物或事物进行生动的描写，在一年多的写作训练中，学生虽已经掌握了描写的基本方法，但是缺少独特的感悟和思考，文章抒情、说理部分和景物或事物的描写结合生硬，或是抒情、说理部分不够深刻，对同一个景物或事物立意相同，毫无创意。基于以上问题，教师设计此课，使学生在写景物、事物描写类的文章时，立意更有深度、更新颖。

创课思路

要想让学生掌握在景物或事物描写与抒情、说理之间建立联系的思维方法。教师应以学生已有的写作水平为出发点，以解决学生的实际写作问题和困难为指向，即根据学生写作的实际问题和困难选取相应的学习元素。因此，课前教师出示了一篇学生的习作，让学生寻找习作中的问题，从而引出本课的教学目标。然后分析四位名家的作品，解决学生作文中存在的共性问题。最后引领学生归纳总结“人的品格和情感”，并将其赋予向日葵这一景物，激活学生的思维，同时使得学生的作文立意更有深度，抒情说理角度更新颖。

教学现场

一、创设情境，设疑激趣

师：课前我已经布置了一篇借向日葵来抒情和说理的作文片段，让你们阅读。今天我又选了一篇习作。请大家思考这篇文章存在什么问题？

（屏幕显示学生习作）

生：这篇文章描写物的特征与情理不相关、不一致。

师：我们再来看这篇习作，我节选的是文章的情理部分，请你们说一说这三个段落有什么相似的地方？

生：选择的角度单一，比如，情理部分都是乐观、自信地面对生活。

师：你看得很仔细，说得也很准确。以上作文片段存在两个问题：第一，描绘物的特点与抒情说理部分不一致，没有相似点；第二，抒情说理比较单一，缺乏新意。今天我们就通过一节《让情理之花更加绚烂》的作文课来帮助同学们解决这两个问题。

二、名家引导，解决问题

（一）解决物的特征和抒情或说理角度单一的问题

1. 从物的特征和情理相似点——典型动作或行为联想理想的人格。

师：我们要建立物的特征和情理之间的联系，可以抓住它们之间的相似点进行联想。那么，我们可以从物的哪些特征进行联想来抒情和说理呢？下面我们一起来看这篇文章——巴金《日》的片段，说一说，作者写了什么物，这些物有什么典型特征，同时抒发了作者怎样的情感或表达了怎样的思想或志趣？

（屏显）

日

为着追求光和热，将身子扑向灯火，终于死在灯下，或者浸在油中，飞蛾是值得赞美的。在最后的一瞬间它得到光，也得到热了。

我怀念上古的夸父，他追赶日影，渴死在旸谷。

为着追求光和热，人宁愿舍弃自己的生命。

生： 作者由飞蛾扑火联想到“夸父逐日”的故事，进而联想到一种精神——赞美为追求光和热不惜牺牲生命的理想人格。

师： 作者为什么能从飞蛾扑火联想到“夸父逐日”的故事？

生： 因为扑火动作与夸父行为的相似点都是为了追求光与热。

师： 这段文字主要从典型行为相似点的角度来抒情、说理。还可以从哪些角度来抒情、说理呢？请同学们看其他的例文来思考。

2. 从物的特征和抒情、说理的相似点——生命历程联想到人生哲理。

（屏显）

蝉

一天，在树下拾得一病蝉，透明的翅收敛了，身躯微微颤动，没有声响。它就是曾知知不休地在树上过日子的小东西。那么小，却那么响，竟响彻一个夏天……

朋友说：知道吗？它等了17年，才等到一个夏天。就只有这个夏天，它从泥土中出来，从幼虫成长过来。等秋风一吹，它的生命就完结了。

……

朋友说：那本来的生活历程就是这样。它为了生命的延续，必须好好活着。哪管是90年，90天，都不过要好好地活过。

……

师：文中作者是从蝉的哪些特征进行联想的？抒发了作者怎样的情感或表达了怎样的思想或志趣？物和情理之间的相似点是什么？

生：蝉在地下生长了17年，才等到一个夏天，而且只能存活一个夏天，生命可谓短暂！作者由相似的生命历程进行联想，悟出不管生命短暂还是长久，都应该积极面对，全情投入，好好生活的人生哲理。

3. 从物的特征和抒情、说理的相似点——颜色和生长的环境联想到品格。

（屏显）

枫叶礼赞

枫叶是那么直接、那么毫不遮掩地展现自己的色彩。枫叶敢于红，红得有气魄。枫叶之可爱，还在于当别的叶儿经秋枯落时，她偏偏红得艳丽。她耐得住风霜交加，经得起秋之摧残，战西风而不怯，披严霜而愈丽，显露出无畏无惧的神采。单凭这一点，就值得我们赞美。

师：这段话又是从哪几个方面进行联想的？抒发了作者怎样的情感或表达了怎样的思想或志趣？物和情理之间的相似点是什么？

生：作者由枫叶经历了风霜却仍红得耀眼、红得有气魄的情景进行联想，赞美了枫叶无畏无惧的品质。相似点是颜色和生长环境。

4. 从物的特征和抒情、说理的相似点——外形、动作联想到特定的情感。

（屏显）

荷叶·母亲

一回头忽然看见红莲旁边的一个大荷叶，慢慢地倾侧了下来，正覆盖在红莲上面……我不宁的心绪散尽了！

雨势并不减退，红莲却不摇动了。雨点不住地打着，只能在那勇敢慈怜的荷叶上面，聚了些流转无力的水珠。

我心中深深地受了感动——

母亲啊！你是荷叶，我是红莲。心中的雨点来了，除了你，谁是我在无遮拦天空下的荫蔽？

生：作者由荷叶的外形和“动作”联想到有相似外形和动作的母亲，抒发了其对母亲的感激之情。相似点是外形和动作。

例文	物	物的特征	物和情理的相似点	抒情、说理
《日》	飞蛾	飞蛾将身子扑向火，死在灯下。	典型的动作（行为）	为了追求光和热，不惜牺牲自己生命的理想人格。
《蝉》	蝉	蝉等了17年，才等到一个夏天，而且只能存活一个夏天。	生命历程	不管生命短暂还是长久，都应该积极面对，全情投入，好好生活的人生哲理。
《枫叶礼赞》	枫叶	枫叶红得艳丽。她耐得住风霜交加，经得起秋之摧残……	颜色（外形）生长环境	赞美了枫叶无畏无惧的品格。
《荷叶·母亲》	荷叶	大雨来时，红莲旁边的大荷叶慢慢地倾侧了下来，正覆盖在红莲上面。	外形、“动作”	抒发作者对母亲的感激之情。

师：请同学们依照物的特征和情理部分一致性的原则修改你的作文，然后在小组内进行交流，选出优秀的作品或进步比较大的同学的作品，在全班同学面前展示。

（二）解决学生抒情、说理角度单一的问题

师：在物的特征和抒情、说理的一致性上我们已经明确，需要找准它们之间的相似点。抒情、说理怎么能做到更新颖呢？可从枫叶的生长环境和颜色进行联想，枫叶具有无惧无畏的品格。人的品格除了无惧无畏之外，还包括哪些可贵的品格？

生：人的品格还包括乐观、谦逊、坚强、质朴、诚实、节俭、善良、细致、认真、有同情心、宽容、助人、热情、安贫乐道、孝顺、正直、舍己为人、奉献、自信、感恩、爱憎分明、勇敢等。

师：人世间的情除了亲情还包括什么？

生：友情、爱情、师生情。

师：这些品质和情感，哪些可以赋予向日葵？请用三角做好标记，并说明理由。小组讨论，看哪个组说得更新颖。我先给大家看一段有关向日葵的知识链接，从这段材料中你会抒什么情、言什么理呢？

（屏显）

向日葵从发芽到花盘盛开之前这段时间，确实是向着太阳的，其叶子和花盘在白天追随太阳从东转向西。太阳下山后，向日葵的花盘又慢慢往回摆，在大约凌晨3点时，又朝向东方等待太阳升起。

在花盘盛开后，向日葵也停止了生长，就不再向日转动，而把花盘固定地朝向东方。

师：下面我们再来读一段有关向日葵的神话故事，看看对你的抒情和说理有没有帮助。

（屏显）

水泽仙女克丽泰，她在树林里遇见了正在狩猎的太阳神阿波罗，她疯狂地爱上了这位俊美的神。可是，阿波罗连正眼也不瞧她一眼就走了，克丽泰热切地盼望有一天阿波罗能对她说说话，但她却再也没有遇见过他。于是她只能每天注视着天空，看着阿波罗驾着金碧辉煌的日车驶过天空。她目不转睛地注视着阿波罗的行程，直到他下山。众神怜悯她，把她变成一大朵金黄色的向日葵，永远向着太阳，每日追随他，向他诉说永远不变的恋情。

三、思绪飞扬，学以致用

师：下面请大家从抒情、说理的新颖性方面修改你的短文，谁修改得更新颖，谁就是那一朵最耀眼的花，老师希望全班同学都能让情理之花更绚烂。发言的同学请按照下列格式回答问题。

（屏显）

我从向日葵的________特征，由_________相似点，联想到__________情理。

师：现在我们来欣赏同学们的习作。（学生配乐朗读）

四、名家散文，欣赏提升

师：请大家欣赏刘梅花的《向日葵（节选）》。

（屏显）

向日葵（节选）

刘梅花

清晨，阳光倾洒在沙漠里，倾洒在葵花上，那种金黄，简直让人束手无策。十万朵花，面朝东方，似乎可以听见轰轰烈烈燃烧的声音，如火如荼，连沙漠都快要被花儿点燃了。

万籁俱寂，只有花开的声音。鸟不鸣，花却喧嚣。看一眼，被野性的美打击得丢盔弃甲，落荒而逃。太美的东西，让人自卑。

一场盛大的花事席卷而过。花开盛后，就收了。葵花籽开始变得饱满，一天天鼓胀起来。花谢是开花的盛事。

葵花籽饱满之后，花盘都要被割下。家家户户都割走花盘，把枝干留下。留在地里的葵花枝干，像一地拐杖挺立着。拐杖不绿了，慢慢变得枯黄、黑瘦。叶子在风里瑟瑟地发抖，枯萎着，也被风摘走了。

一地枯瘦的骨头，寂寞，衰老，撑在一天天变冷的天气里。前半生荣华，后半生寒碜——你以为这是真的吗？

不是，那没有花盘的光杆，脖子朝前伸着，还是向着东方，一丝不乱。十万拐杖，脖勾都朝前伸着，向着太阳，暗含着一股强大的气势。这疏朗辽远的意境，真有种惊心动魄的美。

一个初冬的清晨，我上学迟了。出了村子，突然被一种浩大的气势震撼了：大漠里浩浩荡荡的十万葵花杆，仿佛从天空射下来的密密麻麻的箭镞，令人惊诧。枝干上落了明亮的霜，在阳光下闪着光。葵花脖子勾着，都朝着东方，黑炯炯的，像眼神。一根都不曾乱，肃穆，庄严，苍茫。那种萧瑟气势，一下子让我慌乱。我担心，它们会在某一时刻屈膝下跪，叩拜东方。

倏然泪下，因为感动。天啊，这些光杆的心里是怎样的情分啊！苍茫大地，草木才是主人，我们只是过客。

光阴里一定藏着一些我们不知道的秘密，草木知道，天地知道。就算枯萎了，失去了花盘，内心的坚持还是一样的，还是纹丝不乱。万物生，万物荣。而这肃穆，这萧瑟，都是天意——只有草木自己洞悉。

师：同学们，一花一世界，一树一菩提，愿你们用慧眼去发现世间万物的灵性，愿你们用美好的心灵去感悟生命的真谛，愿你们用灵动的双手执生花妙笔，去谱写属于自己的华彩篇章。

五、布置作业

1. 修改课上小练笔。

2. 补充题目，请以《牵动我的情思》为题，写一篇作文，不少于600字。

学生作品

片段一：

向日葵，传说中的太阳花，它总是笑对太阳，如同母亲关注孩子一样，将太阳的一丝一毫都关注在眼中。无论它与太阳离得有多远，都一直随着太阳转动，心思都放在太阳上。当太阳落在西边山头，洒下点点余晖，向日葵又缓缓地转到西边焦急地等待太阳，如同慈母等候游子归来，令我深深感动——母亲啊！你是向日葵，我是阳光。当我从远方归家时，除了你，谁还会如此焦急地等我归来？

片段二：

向日葵，花如其名，完美地概括了它的特点。无论身处何时何地，都会面朝太阳，随着太阳的迁移而改变方向。正因如此，它们展示的总是一副笑脸，风吹雨打，它们只是一笑而过，仍注视着太阳。秋风中它们没有一丝羞涩，尽情绽放属于自己的那份美好。人生不要过于在乎别人对自己的意见与评价，勇敢地展示自己，绽放自己，彰显个人魅力，于茫茫人海之中，脱颖而出。

片段三：

广袤的田野中，朵朵向日葵向着天空的旭日，等待着花开的刹那。然而，花朵已然绽放，粲然美丽之际，它们却毅然转向东方，不再面向太阳。当花朵灿烂芬芳时，向日葵展开了它们与众不同的一世情缘，告别普通平凡的花朵的一生，独自踏上富有个性的道路。它们远离太阳的抚摩，尽情舒展自己美丽的衣裳，曼妙万分。阳光随时光逝去，它们永远面向东方，将自己的背影留给日光。花如此，人亦然。人生不应甘于平凡，更重要的是张扬自己的个性，拥有自己人生的主张。注视着蔚蓝的天空下，那金黄的、粲然的如同经年珍藏的老酒那般醇香的向日葵，不由得心生赞意。

（此课例荣获“新作文杯”全国首届中小学作文教学“创课”比赛一等奖）

一朵玫瑰的哲思

——借物说理类散文教学设计

四川成都·邵　蓓

创课缘起

教师节，我收到一朵美丽的玫瑰，仔细端详，灵感顿生。之前一直困扰于如何打通记叙文与议论文之间的障壁，引导学生沟通形象思维与逻辑思维，让他们自然而然地从对具体事物的观察转移到对抽象道理的哲思，而今这朵玫瑰不正是一把钥匙吗？

如果能进行借物说理类散文的练习，就可以帮助学生通过对事物或景物的观察，发现事物的特征，从而引发学生的思考。这美丽的鲜花不仅可以激发学生观察事物的内在之美，更可以帮助学生发现其外在美，从而获得审美意识和审美情趣的培养。故展开此次作文指导课。

创课思路

本课聚焦在对一朵玫瑰及其他鲜花的观察和哲思，旨在激发学生观察事物的兴趣，引导他们通过观察，生动形象地描绘出事物的特征，并思考这种特征背后蕴含的象征意义，或带给人的启发和思考，帮助学生构建从具体事物到抽象哲理的思维模式，培养其思维的深刻性和独创性。

首先，教师从梅兰竹菊为何被称为“四君子”这样简单的问题入手，引发学生的思考，帮助其架构事物的客观特征与人的主观体会的桥梁，进而发现事物的特征会引发人的哲思，联想到品质、象征意义、哲理等。

其次，教师运用图片引导学生观察、感悟，让学生深入细致地观察一朵玫瑰的特征，发挥联想，思考这些特征能引发怎样的思考。通过小组合作、教师点拨，帮助学生在实际练习中明白如何在事物中挖掘哲理的象征意义。

再次，通过在不同情境下赠送朋友一段花语的趣味写作活动，让学生在创设的情境中活学活用，自然而然地练习挖掘不同事物中可能蕴含的哲理，打通具体世界与抽象世界之间的障壁，教师在随后的点拨中帮助学生完善文段，提高其写作能力。

最后，学生课后独立完成一篇借物说理的散文，是对整节课所学知识的综合运用。

教学现场

一、清雅淡泊，四君品格

（屏显）

梅兰竹菊为何被称为“四君子”？

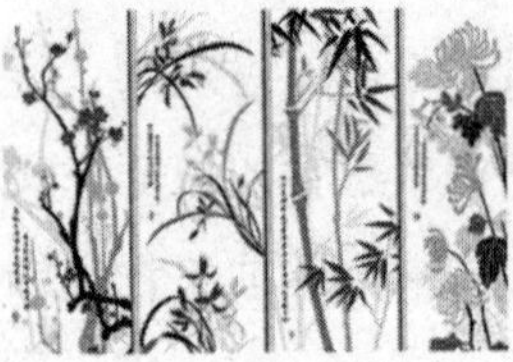

师：同学们，在中国传统文化中，梅兰竹菊为何被称为“四君子”？

生：它们分别代表君子拥有的几种优秀品格。

师：“代表”一词用得不太准确，应该用什么词更好？

生：象征。

师：很好。那么，它们具体象征着怎样的优秀品格呢？

生：梅花和菊花可以在寒冷的冬天生存，表现了它们坚强的品格。竹子也有坚韧的品格。兰花在幽谷中散发着清香，表现了它高洁的秉性。

师：说得不错。梅兰竹菊“四君子”，千百年来以其清雅淡泊的品质为人们所喜爱，成为一种人格品性的象征，梅花高洁傲岸、迎冬而开、美艳绝俗；兰花幽雅空灵、幽芳高洁；竹子虚心有节、节节高升；菊花冷艳清贞、清丽淡雅、芳香袭人，其傲霜斗雪的气节和清雅淡泊的品质为世人所喜爱，它们被称为“四君子”。正如王安石所言：古人之观于天地、山川、草木、虫鱼、鸟兽，往往有得，以其求思之深而无不在也。一朵小小的鲜花，不仅装点了世界，其中更蕴含精深的哲思，今天就让我们走进一朵花的世界。

二、细察玫瑰，格物致知

师：请同学们观察图片上的这朵美丽的玫瑰，思考一下它有哪些特征？

（屏显）

生：美丽。

生：芬芳。

生：有刺。

师（追问）：“美丽”这个特征能引发你怎样的思考吗？比如，让你联想到现实生活中的什么现象、道理，或者什么象征意义吗？

生：美好的事物。

师：请你举例说明。

生：比如，爱情。

师：那刚刚还有同学说它有刺呢？

生：爱情会让人受伤。（学生大笑）

师：请坐，这也是一种联想。不过算不上哲理或者品质。比如莲花，象征高洁的君子，就是一种品质。竹子有很多节让人联想到人要及时总结回顾才能不断修正自己，才能像竹子一样，正直挺立，稳步沉着，这就是哲理。同学们，请你们运用多种感官仔细地观察玫瑰的各个部分，并思考玫瑰不同的部位都有怎样的特征，带给你怎样的哲思。注意既可以单独观察某个部位，比如茎上有刺；也可以把多个部位组合起来，比如绿叶和鲜花的搭配。

生：玫瑰有刺象征着任何事物都有两面性。

师：象征着哪两面呢？

生：优点和缺点。

师：我们要怎样面对呢？

生：要学会接受别人的缺点才能领悟到别人的优点。

师：就像是欣赏美丽的玫瑰就要忍受它的刺吗？不错。我们把“忍受”换成“接受”会不会更好一点？请坐。

生：玫瑰的刺也象征要想得到美好的事物，必定会经历坎坷。

师：哦，为了实现一个美好的目标，我们应当做什么呢？

生：克服困难。

师：好的。

（小组合作，讨论5分钟后学生代表发言）

生：我想到《小王子》里，小王子和玫瑰花的故事。

师：能不能说得具体些。

生：那个故事引起了我强烈的共鸣感，在我读初中的时候，之前一直和我关系很好的朋友跟我疏远了，当时，我正在读《小王子》里小王子和玫瑰花的故事，顿时觉得他们之间的关系跟我和我的好朋友一样，油然而生一种难以言表的感觉。

师：对，我也读过《小王子》，也经历过朋友在生命中的退场，确实是这种怅然若失的感觉。

生：确实是怅然若失的感觉。

师：你觉得玫瑰能不能象征这种感觉呢？

生：在这篇小说里可以。

师：所以你说的，是一篇小说中的角色带给你的感受，很美、很深刻，但是这不是咱们今天说的玫瑰带给你的哲思，我们改天再讨论。好吗？（学生点头，坐下）

师：大家之前都局限于玫瑰的刺，有没有小组看到玫瑰其他部位的特征呢？

生：我们组讨论了玫瑰的叶子和花，给以一种红花还需绿叶衬的感觉，这说明任何时候配角都重要。

师：说得太好了。不过我倒觉得，玫瑰除了叶子外，还有一个部位虽更普通但是更重要，你们能想到吗？

……

师：图上不一定有。

生：是根，对不对？

师：对的，很好。你们看是不是大家很少会在图片上画，也很少会想到玫瑰花的根，但是没有根哪里来的花呢？深埋在泥土里的根才能让玫瑰开得艳丽，所以，同学们，就像你们学习一样，只有平时打好基础，才能厚积薄发啊？

生：是的。

三、赠友花语，心萦芬芳

师：美丽的玫瑰引发了同学们如此多的思考，真是让人惊叹！一朵小小的花不仅仅是象征着柔弱，其中蕴含的哲思往往能给人以鼓舞。前不久，老师坐在办公室看着一朵玫瑰，也有所领悟和感触，便给最近困惑的朋友写了一段花语，这个朋友是我第一届的学生，刚刚走上教学岗位，我看她有困惑，就感觉是看着年轻时候的自己，我这样对她说——

（屏显）

•亲爱的朋友：还记得我们都喜爱的玫瑰吗？它有着无比娇艳的花朵，绽放时炫目得如同深红的火焰；可是，它有伤人的刺。接受玫瑰，就要接受它的刺，因为这就是它的一部分，换一个角度看，刺也同样很美，也让爱玫瑰的人体会到一种更加野性和奔放的美感。

•淘气的孩子不也是这样吗？他桀骜的个性，可能会让你受伤，却正是他天性中率直活泼、富有创造力的一面，何必怨恨玫瑰有刺呢？接纳这样的个性，修剪引导，发挥它的长处吧，我们的工作，不就是修剪培植，等待“玫瑰”的盛放吗？

师：同学们，当你们的朋友面对不同的情境时，你们会选择怎样的花语鼓舞或者帮助他呢？什么花所象征的品质、所引发的哲思，可能会对他有帮助呢？请你们选择一个场景和一种适当的花卡，为你的朋友写一段150字左右的花语。

（屏显）

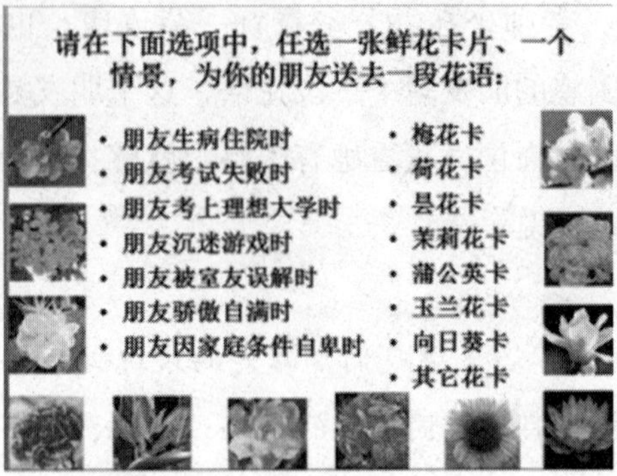

（15分钟后，教师选择学生作品，当场点拨）

（屏显）

学生作品1：还记得那年我们一起去看向日葵花田吗？太阳缓缓升起，我们站在向日葵的背后，看着一个个挺直的花朵沐浴着清晨的阳光在微风中轻轻摇曳，温暖驱走早晨的寒意，我们顺着田埂向前走，向日葵的花正开得灿烂，每一片花瓣都在尽力舒展着自己的身姿，巨大的花盘内结满了还未成熟的瓜子，在阳光的照耀下，相信过不了多久，这些瓜子就会给花农带来不菲的收益。

如今的你正如同沐浴着阳光的向日葵，充满希望，充满着未知的一往无前，希望你如同这花一样，在你未来的大学四年里收获属于自己的珍贵的果实。

师：同学们，他写得怎么样？谁来点评一下？

生：挺好的，语言比较优美。

师：你能不能具体说说哪些句子让你觉得他写得优美？

生：比如，“每一片花瓣都在尽力舒展着自己的身姿，巨大的花盘内结满了还未成熟的瓜子”，运用了拟人的修辞手法，将向日葵赋予人的特征，生动地展现了向日葵积极向上的生活态度。

师：不错，这种态度和她写信给朋友的目的一致吗？

生：比较一致，因为是朋友考上大学，要鼓励朋友继续努力。

师：也就是要朋友保持旺盛的生机与活力，很好。你觉得哪个词最能表现向日葵生机与活力呢？

生：尽力舒展。

师：好，确实写得不错。如果我是她的朋友，我一定会被这充满生机与活力的向日葵花田鼓舞。只不过，“这些瓜子就会给花农带来不菲的收益”是不是与整个作品的文风不太一样啊？我建议你将此句改成“相信过不了多久，这些向日葵就会结出沉甸甸的瓜子”，好不好？

生：好！

（屏显）

学生作品2：哦，我亲爱的朋友，还记得那花田里一簇簇的向日葵吗？

它或许没有像玫瑰一样美丽，没有像昙花与荷花一样清新，它有的只是那个像太阳光一样明亮的花瓣，有着一颗时刻朝向太阳的心，它不如其他花美丽，但换个角度来看，它那并不美丽的突出的花蕊，反而可体现出它的阳光和积极向上的追求，你接受了它，它或许没有接到玫瑰时的高兴，却可以潜移默化地让你不断追求更好的自我。

这看似不太好的家境也是一样，它可能会让你暂时得不到想要的，但是在不知不觉中培养了你节俭、耐心以及决心等美好品德，你并不喜欢向日葵的外貌，却让它比其他花长得更高，望得更远，接纳这些，你就会成为一个更好的自己。

师：这段话的主题是鼓励家境贫困的朋友。同学们，你们觉得他写得怎么样？

生：我觉得他写出了一种励志的感觉。

师：为什么这样说呢？

生：因为向日葵给人一种阳光、积极向上的感觉。

师：好，你读出了同学笔下向日葵的阳光、向上，很好。他是鼓励什么处境下的朋友呢？

生：家境贫困的学生。

师：那么，你觉得，这有没有表现出贫困呢？或者说，这里的向日葵是不是“贫困的”？

生：好像没有。

师：对了。同学们，这就是我们写作时需要特别注意的问题，要注意中心，不能偏离。所以，在这个写作练习中，我们选择的花要符合朋友的实际情况，它象征或者蕴含的精神，可以鼓励朋友。而这段话，虽然阳光、向上是可以鼓励朋友的，但是向日葵却并不能让人联想到贫困。同学们，想一想，哪种花更适合呢？

生：梅花。

师：好，是因为梅花凌寒独自开。寒冷，是一种困境；贫困，也是一种困境，两者可以相互对应。还有吗？

生：蒲公英。

师：为什么？

生：因为蒲公英不论处在任何艰难的环境，都可以扎根，播撒生命的种子。

师：不错。写向日葵的同学课后再修改一下。

（屏显）

学生作品3：亲爱的好友，展信佳。还记得我们曾在江南见过的梅花吗？不同桃李混芳尘的梅花，没有和煦春风的吹拂，没有融融暖阳的安抚，更没有松软湿润的土地和珍贵如油的春雨供它汲取养分，唯有寒天霜冻伴着它凌寒独自开。可是，它的清气与傲骨使漫天飞舞如絮的雪花甘心做它的陪衬；万古长青的松柏伫立，衬托出它的桀骜与至真。

在我心里，你如同这身负傲骨独自绽放的梅花一般。你坚韧自立的品质，为他人着想的温柔，坚持不懈的精神，一部分亦是这样的环境塑造的吧？不理想的家庭条件不会成为你人生路上的阻碍，反而会使你未来的人生旅途更有味道，在寒冬时节实现最美的绽放。

所以，相信自己，未来必有山花烂漫时。

师：这段话是用梅花的口吻来送给贫困的朋友的。大家看看，写得怎么样呢？

生：特别好。语言特别优美。

师：你能不能具体说一说？（学生沉默）比如，她用了什么手法？

生：她用了对比、衬托的写作手法，重点描写了梅花生长环境的恶劣，侧面衬托出梅花坚毅的品格。

师： 很好，那么，哪一句话最打动你呢？

生： 这段话有些地方触动了我。比如，“它的清气与傲骨使漫天飞舞如絮的雪花甘心做它的陪衬”，写出了梅花勇敢地面对风雪，最终战胜了风雪。

师： 很好。

生： 我觉得“不同桃李混芳尘的梅花”化用了诗句，很好。

师： 对，我们在文章中化用诗句，能够增加文章的文化意蕴。她确实写得不错，语言功底深厚，平时热爱读书，写出来的文字就会不同，值得表扬！时间有限，马上要下课了，我们只能展示到这里，你们可以下课后彼此再继续交换阅读、交流修改。

四、课堂小结

师： 同学们，今天我们从一朵玫瑰的哲思，发现了一花一草中都蕴含着深刻的哲理。荷花不仅有“小荷才露尖尖角，早有蜻蜓立上头”的趣味，更有“出淤泥而不染，濯清涟而不妖”的高贵品格；菊花不仅是“东篱把酒黄昏后，有暗香盈袖”的愁绪，更有“宁可枝头抱香死，何曾吹落北风中”的坚贞气节；桂花不仅是“叶密千层绿，花开万点黄”的可爱，更有温柔敦厚的芳洁美质。这万紫千红的世界中，有哪一种花给了你最深的触动？请同学们课后以它为素材，写一篇借物说理类的散文，作为本周的家庭作业。最后，送给同学们一首我自己创作的小诗，结束今天的课堂。这首诗写的是我最喜欢的一种花——

（屏显）

桂 花

身合泥土色，骨有沁芳魂。

不恋广寒袖，何惧归暖尘。

学生作品

残缺的“整体”

刚从土中被主人拔出的那一朵玫瑰，在主人手中唤发出火红的光彩，红得美丽动人，红得特立独行，红得热情似火，红得芳香沁人，仿佛周围的一切都在她的光彩面前黯然失色。

“咔嚓咔嚓”，那一朵花的根部被主人干净利落地剪下，根部落入泥土。主人拿着玫瑰，高高兴兴地离去，只留下我伫立在前，静静地观察着玫瑰那被主人抛弃的根。上天似乎开了个玩笑，玫瑰的花美得特立独行，它的根却是奇丑无比，就连在其他丑陋的根中，也无比的刺眼，张牙舞爪的根须混乱如同怪物，漆黑的颜色覆盖在根上死气沉沉，压抑了我原来愉快的内心。

正是“一年之计在于春，一日之计在于晨”，阳春三月，清晨时分，我迈着轻快的步伐，来到了楼下的花园，看见了那一朵红艳动人的玫瑰。

回过神来，我依然伫立在此，这根须充实了我的内心，我的心坚定了起来，对它的喜爱胜过于对花的喜爱，我的内心清楚明白着，这朵玫瑰花终究不能芳香持久，只有它能成为一个整体式芳香才能永恒。人们认为花就是那一枝花，但这完全是残缺的“整体”。

我缓缓地走近，伸出手，触碰到了那奇丑无比的根须，一块块泥土从中脱落，根须露出它那朴实无华的黄色，震撼了我的心，将我内心深处积压的阴霾一层层抖落。这抹黄色冲击着黑色的泥土，证明自己仍然活着。即使被毫不留情地抛弃遗忘，也仍旧朴实无华的行使着自己的责任：默默地汲取养分，供给他人。这种坚定的信念，区区黑暗如何能掩盖信念之光呢？我看着那张牙舞爪的根须，渐渐地生出了密密麻麻的根须，仿佛汇聚成一双手，伸向天空，对花园主人表示了感谢。

正如人们看待花儿一样，在现实社会中，我们总会忽略成功者背后的付出，这残缺的“整体”，既属于社会，也属于自然，社会属于自然，万物与自然合一，而一双双无私的手掌，捧出了我那颗心，那颗对自然万物平等而敬畏的心。

（此课例荣获“新作文杯”全国首届中小学作文教学“创课”比赛一等奖）

这也是幸福

江苏江阴·陈寿义

创课缘起

八年级上学期，我们进行了一次题为《这也是幸福》的作文练习。从全班45名学生交上的作文来看，其中有7名学生的作文完成得出色，有15名学生基本达成本次作文目标。但由于本次作文具有一定的思辨性，虽然写作前已经做了一些指导，但是学生在实际写作中，还是出现了一些偏差。其主要问题是对“也”字拿捏不准，具体体现在以下三个方面：第一，有14名学生把“也”写成了“就”“本来”“才”；第二，有4名学生写了多件事，致使主题偏离，不能体现“也”；第三，有5名学生在“抑”或“扬”方面写得不够充分。为了让每个学生在作文提升课中都有具体的训练目标，让每个学生都有所提升，我设计了本节作后讲评课，力求让每个学生在这节课中都有所收获。

创课思路

一、基于不同层次学生的需求，分别给予一定的训练

作文教学不仅是给那些存在问题的学生以帮助，也对那些基本达成本次作文写作目标的学生进行优化。对特别优秀的学生，则提出更高的要求，让他们在本次作文训练中将思维提升到一个新的

水平。

二、了解学生作文中存在的问题，给出“治疗”的参考方法

在这节作后讲评课前，我仔细阅读了班上45名同学的作文，然后将他们的作文素材加以概括，诊断出问题，并给出一些“治疗”方法。当然，教师在给学生“治疗方案”时，要摒弃“包办”与“权威性”，你所给出的“治疗方案”只是一种建议，学生如果有能力“自行疗伤”，那是最佳方案。如果不能，或能按照你所给的方法解决问题，或能受到你的启示找到解决途径，那就说明你所提供的“治疗方案”具有一定的参考价值。

三、慧眼发现最有教学价值的例文，牵“一篇”而动“全班”

讲评课上，我精心挑选了一篇“病文”，这篇“病文”具有本次作文存在的两个共性问题：一、写了多件事，最后的点题却落在一个比较简略的事件上，致使点题不当；二、文中“抑”的部分还有待完善，“扬”的部分中自己的幸福感描写得不充分。通过对“病文”的讨论及问题的解决，给学生提供了一个很好的示范，放手让他们自行解决作文中的“也”字问题。

教学现场

一、回眸幸福

师：同学们好！今天我们来上一节作后讲评课。喜欢上作文课的同学请举手。（只有少数学生举手）看来绝大多数同学不喜欢上作文课，能说说原因吗？

生：作文难写，它带来的只有痛苦、折磨……

师：这种感受老师也经常有，被写作折磨得茶饭不思，但你们上次作文写得不错，让老师很感动！

（屏显）

不同的人有不同的幸福观。以前我认为每天自由自在，不学习，没人管，才是幸福。后来有一天，我与妈妈互相调换了一下角色，我才明白，原来上学，也是一种幸福！

——36号学生作品

提笔，又放下。揉了揉酸痛的腰，许久的踌躇，却只换来一道道生硬的涂鸦，一个个苍白的纸团。淅淅沥沥的小雨令人烦躁，静谧幸福的周末，却被一场作文竞赛扰得焦虑不安。

——39号学生作品

天空像被染过的画布，夕阳下的云像随手抹上的色块。暮色下的阳光被凤凰花树叶剪碎了撒向地面。我看着窗外的景色，手中是早已写完的试卷。这是小学最后一次考试了。想到这儿，心中不禁漫上悲伤，就好像昨日的凤凰花，离开了树，但它会找到归宿，幸福地直到枯败。太阳要落下了，但它明天又会升起。我呢？我也要开始新的生活。这也是一种幸福。

——42号学生作品

师：这时候，你们感觉还痛苦吗？（教师请上面展示作品的学生谈他们的写作感受）经历了一番折磨、痛苦后，终于写出了一篇佳作，得到了老师和同学的认同，这时候，先前的折磨、痛苦也是

一种幸福。如果把我们刚才的感受真实、细腻地描写出来，就达成了我们上次作文的要求——这也是幸福。

二、诊断幸福

（一）读作品，找问题，开处方

师： 咱们班上的45名同学，用自己细腻的感受描绘了不同的幸福。美中不足的是，有25名同学不小心把“也”字冷落了，于是这“也”字就玩起了变身魔法。下面我们一起来阅读15号学生的作品，看看他的幸福之行留下了哪些遗憾。

这也是幸福

15号学生

①终于等到放学了。我急匆匆地跑出校门，目光在人群中来回地扫视着。可是，终究还是找不到。

②那天是星期五。好不容易等到放学，我在校门口徘徊，却还是找不到妈妈，只能看着同学一个一个地离开。我背着书包，双手插在口袋里，等待着妈妈的到来。可是过了很久，妈妈还没来，我不情愿地向家的方向走去，无数辆载着同学的电瓶车飞驰而过，卷起的冷风，让我不禁打了个寒战。

③道路两旁的树枝，像舞动的群魔爪牙，显得阴森恐怖。不知不觉已走到楼下，我飞速地奔向电梯。我拿出钥匙，打开门。“咦，怎么没有开灯？”我向屋内大喊，过了几秒钟，没有听到回应。我想，真奇怪，家里怎么会没人呢？

④我看了看时间，这个时候妈妈应该下班了。“难道厂里还有

事？算了，我还是先写作业吧。”时间一分一秒地过去，已经五点半了。“妈妈怎么还没回来，难道她去学校找我了？”我急忙跑去学校，终于在学校附近的十字路口看见了妈妈的身影。她正跟班主任交谈着，神情看起来很着急。这时妈妈也看到了我，紧张的表情轻松下来。只见她向我飞奔过来，拉住我的手，问了一句：“你怎么不在学校等我，自己走了呢？下次一定要等我来接你。”

⑤我还没来得及回答，妈妈就拉着我的手向家的方向走去。一路上，我们什么也没说，似乎在用心灵对话。

⑥到家了，妈妈难得叫我去看会儿电视剧。不一会儿，妈妈烧的番茄面出锅了，我的肚子也正好饿了。没几分钟，我就把那一大碗番茄面全吃光了。感觉那面，竟是前所未有的香。

⑦这碗面，也是一种幸福。

师：你们能看出这篇作文中的一些不足吗？

（学生讨论，师生达成共识）

生：第⑥段将吃面作为文章中心，有些不妥。我建议要么删去，要么作为第一个事件的一部分。

师：非常好。这是由写多个事件造成中心不明确。存在类似情况的有3位同学：10号、16号、17号。

生：如果按照原文思路，“妈妈放学时未接到我，很担心。我因这感受到了母爱”，就变成了“这就是幸福”。

师：出现类似情况的还有16位同学：1号、3号、5号、6号、7号、11号、12号、19号、20号、22号、23号、24号、25号、26号、27号、28号。

生：我觉得“抑”或“扬”处理得不够好。

师：是的，“抑”或“扬”处理得不够稳妥，老师在批改你们的作文时，发现这5位同学的作文还需要再加工一下：2号、4号、9号、14号、21号。

（二）做小结，明方向，拓思路

师：经过我们的讨论，交流，我们可得出三点要求：第一，“这”暗示了要想突出中心，只需写好一件事即可。多件事容易造成中心不明确。第二，“也”表示同样的意思，不能偷换成“就”“本来”“才”等。因此，“这”指代的是“这”，要与我们认识的一般幸福有些不同。它或在生活中不为人们所留意，或是未被人们发现，与传统意义上的幸福不相协调的对象，比如痛苦、唠叨、放弃、吃亏、等待、宽恕、平淡、失败、争吵、孤独等，都可以进入写作视野。第三，它要通过写作者个体独特的感悟、认识、升华才会感受到。写作手法上要借助欲扬先抑或者前后对比的方法来落实。15号同学，我建议你以等待为线索，先写因等待妈妈而产生的失望、抱怨，再写你看见妈妈见到你后的焦急、欣喜之情，然后直接点题，写在失望与抱怨的等待中，你感受到浓浓的母爱，这也是一种幸福。

三、体味幸福

师：下面我们再来欣赏一下在这次作文中老师认为写得很不错的一篇文章。

（教师给学生下发45号学生的作品，学生边阅读边标注本文的优点，为交流做准确）

这也是幸福

45号学生

①烦，烦，烦，究竟是犯了什么错？怎么唠叨个没完！

②放假期间，我与朋友玩畅快了，终于分开各自回家，却不承想，时间已超出预定的半小时。当我走进小区时，正看到一个急匆匆的身影向我赶来。走近才发现，原来是母亲，她连围裙都没有换下。“你知道现在几点了吗？”意料之中的责备又开始了。可谁知，母亲这一开口，却无法停下。走路时、坐电梯时、开门时都在说。我不知该如何反驳，毕竟是我的不是，心中却燃起无名之火。

③最终，我再也不能承受心中的烦乱，跑进自己的卧室，将门一甩，便把母亲连同那无休止的唠叨关在门外。我想，后天便是夏令营开营的日子，到了那时，就可以暂时不用再听母亲的唠叨。想到这里，我不禁畅怀，懒得在意门外那微弱的抽泣声。

④很快，我便带着行李来到韩国，开始我的夏令营！我与朋友们尽情欢乐，早已把母亲的叮嘱抛到九霄云外。可好景不长，当我自己铺床时，怎么也铺不整齐；当我洗澡时，也没有人帮我拿衣服，准备好洗漱用品；当我独自洗衣服时，却感到无从下手……渐渐地，我越发想念我的母亲，想念她的叮嘱，想念唠叨中的幸福。

⑤漫长的夏令营终于结束了。母亲来韩国接我，看着我凌乱的床铺，她又开始了她的唠叨：“这么乱，平时让你自己铺，要我说多少遍……”母亲一边这么说着，一边却又帮我整理行李。此时，我不再觉得厌烦，而是从内心感到温暖，难道唠叨也能让人幸福？

⑥路上，骄阳似火，炙烤着大地，我却忘记将防晒霜带上。母

亲一边责备我的粗心，一边将她的帽子戴在了我的头上。我感到一阵清凉，莫非这也是幸福的感觉？这里距离停车场还有些路程，所有的行李，母亲一个人扛。她念叨我不该带哪些东西，哪些东西用处不大，却始终不让我出力。她的背被行李压弯了，手提袋分明勒红了她的手。我抢过母亲手里拎的行李，那么沉，我却乐意。幸福，也是这么沉吧。

⑦回到家，母亲为我做了许多美味的菜肴，一顿丰盛的晚餐就这样摆在眼前，香喷喷，热腾腾。母亲又开始唠叨了，让我别挑食……幸福，蔓延全身。

⑧唠叨，唠叨，唠叨没完；幸福，幸福，幸福不尽。

师：请同学们说说这篇文章好在哪里？

（学生讨论后达成共识）

生：选材方面，或亲情或友情，体验匠心独运；立意方面，因情感的细腻而耐人寻味；结构方面，抑和扬都写得很充分，引人入胜。

四、完善幸福

（一）画范围，定方向，再升格

（屏显）

1. 请以下作品号的同学要针对“也”字进行修改：1号、2号、3号、4号、5号、6号、7号、9号、10号、11号、12号、14号、15号、16号、17号、19号、20号、21号、22号、23号、24号、25号、26号、27号、28号。

2. 请以下作品号的同学读读自己的文章，看看哪些地方还可以进一步优化：8号、13号、18号、29号、30号、31号、32号、

33号、34号、35号、36号、37号、38号。

如果我们在题目后面加个“吗”字，将如何审题并进行写作？请38号作品的同学和39号作品的同学写下对这个题目的理解，并列出写作提纲。

(二) 展示修改成果，寻找前后变化

学生作品

这也是幸福

①终于等到放学了。我急匆匆地跑出校门，目光在人群中来回地扫视着。可是，终究还是找不到。

②那天是星期五。已是深冬，天气阴冷。一天紧张的学习，让我感到很疲倦。好不容易等到放学，想快点回家，好好休息一下。逃出教室，寒风钻进脖子，直袭前胸后背，我不禁打了个寒战。直奔校门口，却寻不到妈妈的身影。

③我无奈地站在校门口，眼巴巴地在家长的车流中找寻妈妈的那辆电瓶车。可是，我背着书包，缩着脖子，双手插在口袋里，只能看着同学或是钻进自己父母亲开来的暖如春天的轿车里，或是躲在自己父母亲电瓶车的背后，像小鸟似的依偎在温暖的大衣后面。只有我，孤零零地站在寒风里，没有人来接，笑声、问候声与车流声仿佛都是别人的，唯有失望与怨恨，慢慢地爬上我的心头。过了很久，妈妈还没来，我不情愿地向家的方向走去。数不清的车辆载着同学飞驰而过，卷起的冷风，让我更加心冷。

④道路两旁的树枝，像舞动的群魔爪牙，显得阴森恐怖。不知不觉已走到楼下，我飞速地奔向电梯。我拿出钥匙，打开门。“咦，怎么没有开灯？”我向屋内大喊，过了几秒钟，没有听到回应。我想，真奇怪，家里怎么会没人呢？

⑤我看了看时间，这个时候妈妈应该下班了。“难道厂里还有事？算了，我还是先写作业吧。”时间一分一秒地过去，已经五点半了。“妈妈怎么还没回来，难道她去学校找我了？”我急忙跑去学校，终于在学校附近的十字路口看见了妈妈的身影。宽大的工作服穿在她瘦小的身上，在寒风里略显单薄，只见她站在班主任面前，两手着急地在空中比画着，还不时地左右张望着。我赶紧跑过去，妈妈一见到我，两手就紧紧地拉着我，生怕我飞了似的，还不停地数落着：“妈妈今天在厂里有点事，来迟了一点，你怎么不在学校等我，自己走了呢？下次一定要等我来接你……”我的心顿时被融化了，妈妈不是不在意我，我在她的心中任何人都无法取代！

⑥我还没来得及回答，妈妈就拉着我的手向她的电瓶车走去。一路上，我们什么也没说，我把脸依偎在妈妈的后背，妈妈的背很瘦小，我的心很温暖。

⑦到家了，妈妈叫我去看会儿电视剧。不一会儿，妈妈烧的番茄面出锅了，我的肚子也正好饿了。没几分钟，我就把那一大碗番茄面全吃光了。感觉那面，竟是前所未有的香。

⑧等待，让我对母爱有了深切的理解。等待，原来也是一种幸福！

（此课例荣获“新作文杯”全国首届中小学作文教学“创课”比赛一等奖）

给思维的野马拴上缰绳

湖南湘潭·肖劲松

创课缘起

有一次考试，大部分学生的作文都偏离题意，特别是几个语文成绩一向很好的学生也偏题了。这让我感到很意外，于是我就和学生交流，让他们说说写作的整个思维过程，由此我了解到有的学生对近似概念或相似话题往往不会加以辨别，还有的学生思维很有跳跃性。如何针对学生的思维误区对症下药呢？这是我重点思考的问题。于是，我想到了要让学生掌握同一律，给他们思维的野马拴上缰绳。

创课思路

高中生需要掌握一定的逻辑规律，需要懂得逻辑与语文学习之间的关系，但大多数教师并未重视这些内容。如果让学生懂得作文需遵守同一律，给思维的野马拴上缰绳，偏题现象应该就会减少。当然，如果只告诉学生一些同一律的理论，是不能真正解决问题的。教师必须要在学生理解同一律的基础上，精心设计循序渐进的阶梯训练，让学生从作文标题、提纲、段落、全篇等不同角度去思考如何在写作中遵守同一律。这节课的具体步骤如下：创设情境，引入课题—了解什么是同一律—理解违反同一律的常见错误类型—

辨析幽默故事中的逻辑错误—列举混淆概念、偷换概念和偷换论题的例子—综合运用—布置作业。

教学现场

一、创设情境，引入课题

（一）引入

师：同学们，请你们思考这样一个问题，我们写作文为什么会偏离题意？

生：粗心，没有看懂题意。

生：没有看清楚题目要求。

生：一开始审题是正确的，但不知道为什么写着写着就跑题了。

生：题目出得太难，考场上审题时间太短。

师：我们写作文为什么会偏离题意？同学们说了很多原因，其实还有一个很重要的原因——不懂得思维规律。今天，我们要学习一点逻辑学知识。逻辑学是哲学的一个分支，是专门研究思维的形式与规律的。老师建议大家将来自学一下逻辑学知识。

（二）分析小幽默，引出同一律

师：同学们，请你们看屏幕上这则小幽默故事，说一说，它为什么会产生幽默的效果。

（屏显）

有一只老虎感冒了，想要吃掉熊猫，熊猫哭着说：“你感冒了，为什么要吃掉我呢？”老虎回答道：“我感冒了，广告上说要吃白加黑。”

生：这是典型的偷换概念，熊猫身上的黑白颜色，被偷换成了“白加黑”。

二、了解什么是同一律

（一）请同学们阅读下面的材料，思考为什么说姓张的盐务官违反了同一律？

（屏显）

材料一：

同一律是一条思维规律，它指的是在同一时间、同一方面对同一个问题，思想反映什么就反映什么，肯定什么就肯定什么，否定什么就否定什么。同一律可以用“A是A”或“是A就是A”这样的公式来表示。它要求人们的思想必须具有确定性和前后同一。人们常说的“一是一，二是二，丁是丁，卯是卯”和同一律的要求是符合的。张三就是张三，李四就是李四，不能张冠李戴；李子树就是李子树，桃树就是桃树，不能李代桃僵，这是同一律对人们进行的思维活动提出的基本要求。不管是谁，只要他在思考问题或表达思想时违反了同一律的要求，那么他的思想肯定是不明确的，是混淆不清的，将会使人感到无法理解，更谈不上使别人信服和接受了。

材料二：

有个姓张的盐务官，谈吐非常风趣。有一天，他坐轿回家，走到半路上，忽然被一个妇女拦轿告状说她丈夫喜新厌旧，整天在外面拈花惹草。这个盐务官听了笑着说：“要告你到衙门里去，我是朝廷的卖盐官，不管人间的吃醋事。”

（二）教师小结

“清官难断家务事”，这位姓张的盐务官很幽默，巧妙地摆脱了这件很棘手的事，但他犯了偷换概念的错误，违背了同一律。故事中告状的女子因丈夫移情别恋而吃醋，这里的“吃醋”，指的是男女关系上的嫉妒情绪，是从食用醋后产生酸溜溜的味觉引申出来的，而盐务官把“吃醋”跟卖盐相提并论，用的是吃醋的本义（食用醋），显然违背了同一律的要求。

三、理解违反同一律的常见错误类型

（一）混淆概念或偷换概念

师：混淆概念是指在同一思维过程中，由于认识不清，无意识、不自觉地把有某些联系或有某些表面相似之处的不同概念，当作相同的概念来使用，或者把同一个概念在不同含义下使用。偷换概念是指在同一思维过程中，把本来不同的概念混淆起来，故意制造概念混乱。两者不同的是，混淆概念是无意的，而偷换概念则是有意的。请同学们阅读下面一则材料，说说材料中的姑娘偷换了什么概念。

（屏显）

小伙子：“你老是要这要那，不怕人家说你是高价姑娘吗？”

姑娘：“怕什么？裴多菲都说了，‘生命诚可贵，爱情价更高’嘛，价钱低了，行吗？”

生：这位答话的姑娘故意偷换概念。我们知道，所谓“高价姑娘”的“价”是“价格”的“价”，是贬义词，人们是用“高价姑娘”来贬斥那些把爱情当作商品加以买卖的姑娘。而裴多菲诗中

“爱情价更高”的“价”是“价值”的“价”，是褒义词，它赞美真正的爱情比生命还要宝贵。因此，同一个词语“价”在不同的语境中表达的是不同的概念，但答话的姑娘却故意将它们混淆起来，用前者偷换后者，这明显是一种违反同一律的逻辑错误。

师：分析得特别好！我们在工作、学习中有时也会犯混淆概念的错误，那是因为我们在思维过程中有时会出现思维混乱的情况，但如果为了达到某种目的而故意偷换概念，那就是诡辩了。

（二）偷换论题（转移论题）

师：在同一思维过程中必须保持论题自身的同一，否则就会犯偷换论题或转移论题的错误。这种错误是在论证过程中把两个不同的论题（判断或命题）这样或那样地混淆或等同起来，从而用一个论题去代替原来所论证的论题。比如，有人在讨论学生需不需要学习地理时讲过这样一段话，你们想想谈话者最初提出的论题是什么？他随后论述的又是一个怎样的论题？

（屏显）

我认为中学生没有必要学习地理。某个国家的地形和位置完全可以和这个国家的历史同时学习。我主张把历史课和地理课合并，因为这样做对学生来说，所占用的时间较少，而且学习的效果也很好，否则就会出现这样的情况：这个国家的地理归地理，历史归历史，它们彼此各自为政，互不关联。

生：谈话者最初提出的论题是“中学生没有必要学习地理”，而随后论述的论题却是“把历史课和地理课合并”。显然，谈话者是把后一个论题与前一个论题混淆了。

师： 为什么会出现偷换论题的现象呢？有时是故意为之，有时是因缺乏逻辑意识和监控意识而不自觉地偷换论题。在写文章、做报告和辩论问题时，有的人下笔千言、离题万里，或东拉西扯、节外生枝，或各讲各的、互不交锋，或瞎争强辩、胡搅蛮缠，这些现象从逻辑上来说，都是违反了同一律的要求。

四、辨析幽默故事的逻辑错误

师： 下面请同学们分析大屏幕上显示的语段，说说它们有没有违反同一律。如果违反了，是哪一种情况，并说明理由。

（屏显）

第一则：

妈妈："这小伙儿很帅，人品好，收入也高，你偏不同意，你到底要找一个什么样的对象？"

女儿："我要找一个有共同语言的。"

妈妈："他又不是外国人，怎么会没有共同语言呢？"

第二则：

爷爷带孙子上街，孙子看到街边有人用气枪打气球，就问："爷爷，为什么打枪的人要睁一只眼闭一只眼呢？"爷爷说："如果把两只眼睛都闭上了，就什么也看不见了。"

生： 第一则语段为偷换概念。女儿说的"共同语言"是指相同的思想、认识和生活情趣等，妈妈说的"共同语言"是指母语相同，在生产生活中彼此之间交流思想感情和交往所共同使用的言语。第二则语段为偷换论题（转移论题）。这里，孙子问爷爷打枪为何要睁一只眼闭一只眼，实际包含了这样一个问题，那就是打枪的时候为何不是两只眼睛都睁开，而是要闭上一只眼睛？结果爷爷回答说如果把两只眼睛都闭上了，就什么也看不见了。这明显是回避了问题的本质，转移了论题。

五、列举混淆概念、偷换概念和偷换论题的例子

请分别举出一个混淆概念、偷换概念和偷换论题的例子。

（说明：学生思考后写出例子，小组相互点评。此步骤旨在让学生熟练掌握同一律的相关知识。）

六、综合运用

（一）任务一：在这次语文月考中，有两位同学分别拟了这样的作文题目，请你用同一律的相关知识分析这样的题目是否妥当

（屏显）

阅读下面的文字，根据要求作文。

有一个人白手起家，成了富翁。他为人慷慨，热心于慈善事业。一天，他了解到有三个贫困家庭，生活难以为继。他同情这几个家庭的处境，决定向他们提供捐助。一个家庭十分感激，高兴地接受了他的帮助。一个家庭犹豫地接受了，但声明一定会偿还。一个家庭谢谢他的好意，但认为这是一种施舍，拒绝了他的捐助。

要求：1. 自选角度，确定立意，自拟题目，文体不限；2. 不要脱离材料内容及含意的范围；3. 不少于800字。4. 不得套作，不得抄袭。

1. 讨论、分析甲同学所拟的题目《正确面对施舍》。

小结：这个题目为混淆概念。施舍不同于捐助。施舍原意是指把财物送给穷人或出家人，但是这个词现在常表示施舍者带有居高临下的姿态。捐助是指拿出财物来帮助他人，不带附加条件。

2. 讨论、分析乙同学所拟的题目《用平常的眼光看待人生》。

小结：这个题目为偷换论题。材料谈的是“慈善”“捐助”“受捐助”，所以，只能从这几个角度来写，可是乙同学写的却是“用平常的眼光看待人生”，完全偏离了题意。

（二） 任务二：有位同学拟了以下提纲，请你用同一律的相关知识分析其是否妥当

（屏显）

题目：《拒绝别人的捐助也是一剂良药》

中心论点：我们要学会谢绝别人的帮助，在自己的努力下一步步走向成功。

分论点一：接受还是谢绝别人的帮助，是受助者的一项权力。

分论点二：谢绝别人的帮助，可以把自己培养成有坚强意志的人。

分论点三：谢绝别人的帮助，有助于增长自己的才干。

小结：这个题目为混淆概念。题目中是“拒绝”，提纲却变成了“谢绝”，这两个词的意思存在明显的差别。此外，还犯了偷换论题的错误，题目应能揭示文章主旨，可中心论点、分论点中根本没有提到“良药”为何物。

（三） 任务三：请你用同一律的相关知识分析下面的议论文片段

（屏显）

作为官员应该更有公共道德，他是官员，所以，他必须更有公共道德。

小结：此为混淆概念或偷换概念。语段中提到的“应该更有”与“必须更有”所表达的意思不同。

（四）任务四：请你用同一律的相关知识分析下面的文章

（屏显）

文章题目：《与你为邻》

文章大意：写我的邻居，通过写他所做的三件事来表现他是一个热心公益、敢于坚持原则的人。

小结：这个题目为偷换论题。“与你为邻”的意思是我与你做邻居，着眼点是“我”与“你”为邻居之间发生了什么事情，邻居间应该怎样相处，而此文写成了“我的邻居”，是将“我与你做邻居”换成了“我的邻居”。

七、布置写作

（屏显）

阅读下面的材料，根据要求作文。

地里的萝卜，一个季度就可以长得又大又白，重的可达几斤；野人参，需几十年甚至上百年的历练才能长成，几两重的就算个大了。

理解上面材料的含意，由此展开联想和思考，联系实际，自拟题目，写一篇不少于800字的记叙文或议论文。

学生作品

提升自身的价值

论及自然界植物生长的速度，萝卜可以算是速生品种，一斤重的萝卜不到一个季度就可以长成，而野人参则堪比动物界的乌龟，几两的重量需要几十年甚至上百年的历练。乍看，人参的效率低得吓人，然而仔细分析两者的价值，一斤萝卜仅值几个铜板，而野人参的价值堪比黄金。从小萝卜长成大萝卜，不过是从几分钱变成几毛钱，野人参的长成则是自身价值的极大提升。

无疑，大多数人更乐意成为野人参而非随处可见的一筐一筐被贱卖的萝卜。然而，自身价值的提升需要漫长的等待和艰苦的付出，这绝非易事。

不要害怕等待。现代人处事心浮气躁，耐不住寂寞，守不住繁华。一夜成名是许多人梦寐以求的事。这个不现实的梦催生了不少荒唐、病态的行为。前有××姐姐以丑为美抢镜头，后又有“×老虎”用纸老虎骗钱财、×姐高调征婚，大有前赴后继之态。蝉为一夏的高歌而伏于地底下数十年，沙漠中的小花为一夕的绚丽而日日夜夜地等待。这类事件似乎已难为人类社会所见到。然而想要成为“野人参”，就要无视“萝卜”的白眼，自顾自地等待，才会有长成的一天。

不要害怕付出。人们总是愿意收获，而不愿意付出。可纵观古今，成才之人谁不曾付出？马克思、恩格斯为科学社会主义付出了在图书馆的日日夜夜；居里夫人为放射元素的科研成果付出了女子应有的美丽甚至生命；享誉世界的地球物理学家黄大年毅然放弃国外的优越条件回到祖国贡献力量，八年间只争朝夕、刻苦钻研，带领科研团队勇于创新、顽强攻关，取得了一系列重大科技成果，在人们心中树立起一座巍然屹立的精神丰碑……每一个被我们记住的名字背后都隐藏着艰辛的付出。野人参又何曾不是如此呢？森林里的清冷冻坏了它的筋骨，无名小虫的噬咬损伤了它的血肉，然而当它长成的时候，当它被装在锦盒之中标以高价的时候，谁还会说它的付出不值呢？没有一次次付出所换回的养料，野人参、萝卜的价值又有何异呢？

价值提升之路并不平坦，然而耐心与付出，将使你一步一个脚印地走下去，直至遍览风景的顶峰。

（此课例荣获“新作文杯”全国第二届作文教学“创课”比赛特等奖）

意象写作法：从一座“桥”说起

四川成都·刘小芳

创课缘起

学生行文写作，思维感受易停留在浅层面。如何给学生一个抓手，可以思得深、拓得宽，是我长期思考探索的问题。在广泛阅读中，我发现天下文章莫不以物象表达为上。我们是通过物象来认识世界、表达世界的。于是我就引领学生探索实践，指导学生认识、掌握和感悟物象，选用恰当的物象作为文章的线索，并取其相关意义或相似意义，来寄托情思、启发某种哲理认识，从而更好地表达主题。我把这类写作命名为“意象写作法”，其目的是给文章注入诗意的清流，为运载内容提供一个精妙的载体。这样，文章既有骨骼的闪光，又有灵魂的芬芳。本节课是用“桥”来连接丰富的世界，打通学生多层面的认识。

创课思路

学生的认知过程是由此及彼、由表及里、由浅入深的。沿着这个路径，我把课堂设置为四个环节：“唤醒记忆，激发联想”“脑洞大开，拓展眼界”“由实而虚，助其飞跃”“探讨本质，融会贯通”。这样，聊自己熟悉的经历，述说更多桥的情况，联想关于桥的文化，打通生活中桥的连接，在层层推进中，帮助学生打开相关联想和相似联想的翅膀，在发散思维中引领学生走向自我认识的世界——熟悉的、独特的、深刻的、新颖的世界，帮助学生写出有“我”的佳作。

教学现场

师：同学们，“一花一世界，一叶一菩提”，昔时佛祖拈花，唯迦叶微笑，既而步往极乐世界。那是因为佛祖从一朵花中悟出了整个世界！今天，我们一起来试试，从一座“桥”能看到什么呢？

一、唤醒记忆，激发联想

（屏显）

聊一聊，你记忆中的那座桥。

师：同桌之间相互聊一聊让你印象深刻的那座桥，并整理一下你们之间聊的内容，按照以下句式与大家分享。

（屏显）

那是__________（时间），_________（地点）的一座桥，我想起_______（人、事、物）。

生：那是孩提时，我们村里的一座桥，我想起小时候那些伙伴，那段快乐的时光。

生：那是上初中时，上学路上的一座桥，我想起有一个下雨天我摔倒了，一个隔壁班的同学把我扶起来送到班上。

师：同学们，与我们自己相关的这些桥，可称为“经验的桥”。它承载的是一段记忆、一段时光、一些故事、一些人。这里我们主要用了相关联想的方法联想与桥相关的那些人、事、物，表达对他们的感恩、怀念之情。

二、脑洞大开，拓展眼界

（屏显）

说一说，你还知道哪些桥？

生：石拱桥。

生：吊桥。

生：立交桥。

生：天桥。

师：不错，大家知道的真不少啊！从桥型看，有梁桥、浮桥、索桥、拱桥这四种基本类型；从建筑材料和构造形式看，就更丰富多彩了。请看——

（屏显）

木桥、石桥、砖桥、竹桥、盐桥、冰桥、藤桥、铁桥、苇桥、漫水桥、廊桥、溜索桥、尖拱桥、圆拱桥、连拱桥、渠道桥、十字桥……

师：现在我们来认识一下这些桥。请你们看看图一是什么桥？

（屏显）

图一

生：这是赵州桥。

师：大家由此想到了什么呢？

生：想到了我国的历史。

生：想到了文明。

（屏显）

图二

师：请你们再看看图二是什么桥？

生：这是索桥。

师：你看到了什么呢？

生：看到了高山险崖。

生：看到当地人的智慧和勇气。

生：看到人们处境的艰险，生活的不易。

生：看到造桥的惊险和造桥者的奉献精神。

师：漂亮。这就是由表及里的联想，从表面看到更深层的内涵。下面请你们再看看图三是什么桥？

（屏显）

图三

生：这是张家界的玻璃桥。

师：面对这座桥，请大家用以下句式来表达你的感激之情。

（屏显）

感谢你，让我看到＿＿＿＿＿＿，更感谢＿＿＿＿＿＿。

生：感谢你，让我看到高空之下的人间仙境，更感谢踏出那一步的自己，让我看到自己的勇气。

生：感谢你，让我看到山川之美、自然之险，更感谢那些智慧的人们，把我内心深处的勇气激发了出来。

生：感谢你，让我懂得了生命的渺小，让我了解到世界的奇妙，更感谢这座桥的设计者和建造者，他们更加让我懂得应该敬畏自然。

生：感谢你，让更多的人克服了内心的恐惧，让大自然与人类紧密相连，更感谢建桥的人们，让我看到祖国的壮丽河山，看到人类科技的进步和无穷的智慧。

师：大家的认识很丰富，也很深刻。从实物的桥，看到一方山水的特点，看到一方人生命的状态，看到科技的发展、文明的进程，甚至民族的精神。

三、由实而虚，助其飞跃

（屏显）

想一想，还有哪些桥？

师：除了能看见的这些桥之外，还有什么桥呢？

生：鹊桥。

生：奈何桥。

生：康桥。

师：对，这些桥经常出现在哪里呢？

生：书中。

生：故事里。

师：是的，它们经常出现在文艺作品中，是根植在歌曲里的《外婆桥》《月亮桥》，是根植在电影里的《廊桥遗梦》，是根植在诗歌里的康桥、鹊桥！那么，这些桥又有什么内涵呢？

生：康桥表达的是告别、留恋。

生：鹊桥表达的是爱情。

师：表达爱情的什么呢？

生：爱情不容易，一年才见一次。

生：爱情的忠贞，哪怕一年只见一次。

师：很好，那奈何桥有什么内涵呢？

（学生犹豫，没有人发言。教师引导）

师：奈何桥的两头连接的是什么？

生：生和死。

生：不对，是死和生。

师：哦，那怎么才能从死抵达生呢？

生：喝孟婆汤，使人忘记。

师：对。只要忘记，放下，就会获得重生！

（屏显）

康桥——离别之时——留恋

鹊桥——相见之处——爱情

彩虹桥——灾难之后——希望

奈何桥——死与生之间——重生

师：同学们，这些文艺作品中的桥，可以称为“文化的桥”，我们主要运用了相关、相似、由表及里的方式进行联想，得出它承载的是一种情怀、一种精神、一种文明。

四、探讨本质，融会贯通

师：说了这么多，那桥的本质特点是什么，或者说桥的作用是什么呢？是联系、连接、沟通、抵达。也就是说，二者之间有了割裂，就需要桥帮助我们抵达彼岸，那彼岸是什么呢？

生：成功之桥、心灵之桥、智慧之桥、理想之桥、希望之桥、知识之桥、文化之桥、爱之桥等。

师：现在我们要想一想，哪些人、事、物具有桥的这个作用呢？

（屏显）

一本书，便是一座桥，连通着知识与智慧。

一座城，便是一座桥，连接着不同地方的文化。

一种语言，便是一座桥，连通着不同民族的文化。

一张照片，便是一座桥，连通了记忆。

一个名字，便是一座桥，连通了一段时光，一些故事。

一种方法，便是一座桥，抵达了成功的彼岸。

一个人，便是一座桥，帮助我们渡过人生难关，带来希望。

……

师：同学们，我们整个世界都是由有形的桥和无形的桥连接起来的。万事万物都可以是一座桥，你、我、我们，也可以成为一座桥，连通文化、传递文明，去抵达真、善、美！今天我们通过“桥”来展开我们的联想和想象，从而掌握物象不同层面的内涵：一是自我的经验层面；二是社会的实物层面；三是抽象的精神文化层面。学习借助一个恰当的物象，表达我们独特的、深刻的、新颖的认知和感悟，写出真正“我”的文章！

五、水到渠成，学以致用

（屏显）

请选择“桥、树、路”中某一个物象作为话题，写一篇不少于800字的文章。

学生作品

心灵之桥

天地之桥，勾勒出绚丽的色彩；人间之桥，连接繁华的城市；心灵之桥，则让你我共享世间的温暖。桥，有有形的桥，也有无形的桥。有形的桥，是面无表情的石砖、竹木、铁链等；而无形的桥，则是暖暖的温情，深深的关爱，在一言一行中流淌。初晴雨后的虹，连着天地，向着梦的方向，是希望的光点。绚烂的色彩，一条优美的弧线，这便是虹，是罗曼·罗兰用手中之笔勾勒出的美丽世界。笔尖流淌出的故事，让我感受到他对未来寄寓的美好希望，如彩虹般美丽，他笔下的文字便是我与他之间的心灵之桥，抛开了时代的距离，心灵之桥让我读懂了罗曼·罗兰的美好愿望。

江南水乡，烟雨迷蒙下的桥，两岸柳条依依，是梦幻般的浪漫色彩。站在历史的桥上，想起庄周在濠梁之上的赏鱼，他的话语似乎是荒诞无用的，却充满了逍遥的自由。他的故事，让我与他之间建起了一座心灵之桥。通过这座桥，我窥到了他的思想，并与之产生共鸣。于是，我也想像庄周一样，飞翔在蓝天白云之中，回归自然，感受他那深邃的思想，没有名利的追逐，只有自由的快乐。那些无形的桥很近，眼前有形的桥却很远。繁华的城市，辉煌的灯光，五彩的霓虹灯照耀着水上的桥，美丽而繁忙的桥，却掩饰不住城市的寂寥。匆忙的步伐，木然的表情，一边看行人匆匆而过，一边寥落地看桥下流水东去，深感人与人心灵的隔阂越来越深，情感越来越疏离，一道壕沟越来越宽。是的，我们需要建造心灵之桥。

那桥，可以是一个纯净的笑容，便能明媚隐晦的心灵；那桥，可以是一声真情的关怀，便能温暖荒凉的内心；那桥，可以是一双援助的手，便能拯救生命绝望的冬天！是的，心灵之桥，在举手投足之间，亦长亦短，横架在一些琐事上，让我们感觉居住在牢固的人间。心灵之桥，让心飞翔，远离往日的迷茫和孤独；心灵之桥，构建和谐，少了些许名利的纠葛；心灵之桥，拉近你我，感受世界的美好。当文字的交流多了，当心灵的沟通多了，当彼此眼中有了深情，心灵之桥便构建了起来。因为有了心灵这座桥，便可以横跨时空，便可以咫尺天涯！天地之桥，是梦的光点；人间之桥，是思想的变迁；心灵之桥，则是心的流动。

（此课例荣获“新作文杯”全国第二届作文教学“创课”比赛特等奖）

辩护之道探索

四川成都·陈剑泉

创课缘起

在表态式议论文的写作过程中，学生作文常常会出现以下一些问题：不能就材料的中心事件、核心人物表态，而是对次要事件、次要人物进行表态，这就导致偏题；常常采用第二人称“你”的写法，把文章变成了直接与材料中的人物进行对话，这既不符合试题要求，也不能做到就事论事，于是写着写着就偏离了材料所提出的问题。学生作文出现这样的问题，实际上是不理解人们在相互争论过程中，如何提出自己的观点，并为自己的观点进行有力辩护的思维过程，因此，我选择了表态式议论文的写作思维训练，力求为学生写作此类文章提供思维工具。

创课思路

教师以学生自主评卷作为导入情境。首先，学生评卷时，教师要指导学生将答题内容与标准答案进行比对，然后评分。这个过程实际上是一个浓缩了的为自己观点辩护的思维过程，由此引出表态式议论文的概念。其次，根据《两小儿辩日》中两个小孩各自所持的事实依据和判断标准，得出的立论依据要符合事实，判断标准是具有科学性或权威性的结论。再次，归纳出表态式议论文的思维环节：鲜明表态—事实依据—判断标准—标准论证—得出结论。最后，以另一则材料的写作来验证、巩固这种思维方式。

教学现场

一、导入

师：同学们，你们评过试卷吗？

生（齐）：评过。

师：你们是如何评诗歌鉴赏问答题的？

生：将试卷上答题的内容与标准答案一一进行比较，然后按照给的分值进行打分。

师：为什么要这样评？

生：只有这样评，才能做到“给分有理，扣分有据”，才能使所评的分数被认可。

师：你做事真仔细。同学们，其实评卷的过程，就是一个浓缩了的为自己观点辩护的思维过程。你们评卷时所评判的分，便如同写议论文时所表明的态度；将试卷上的答题内容与给出的标准答案一一进行比对的过程，便如同写议论文时为自己所坚持的态度进行辩护。其实，我们高中生很多时候是需要写作这种表态式议论文的。什么是表态式议论文呢？下面我们来看一道作文题。

二、什么是表态式议论文

（屏显）

（2017·全国Ⅲ卷）今年是我国恢复高考40周年。40年来，高考为国选材，推动了教育改革与社会进步，取得了举世瞩目的成

就。40年来，高考激扬梦想，凝聚着几代青年的集体记忆与个人情感，饱含着无数家庭的泪水汗水与欢声笑语。想当年，1977的高考标志着一个时代的拐点；看今天，你正与全国千万考生一起，奋战在2017的高考考场上……

请以“我看高考”或“我的高考”为副标题，写一篇文章。要求：选好角度，确定立意；明确文体，自拟标题；不要套作，不得抄袭；不少于800字。

师：这是2017年我们四川省的高考作文题，如果以“我看高考”为副标题来写，首先需要表态，即在“支持高考”与“反对高考”之间做选择，然后为自己的选择做辩护。下面我们再看看下一道作文题。

（屏显）

阅读下面的材料，根据自己的感悟和联想，写一篇不少于800字的文章。

在2015年度“十大流行语”中，“颜值”“创客”“主要看气质”榜上有名。如果能“颜值爆表”“有创新理念、能自主创业”，并且“气质上佳”三者兼而有之，那当然是人间极品，但芸芸众生往往不可兼得。

如果三者之间必须要舍弃其中两个的话，你会怎样取舍？请综合材料内容及含意作文，体现你的思考、权衡与选择。要求：选好角度，明确立意；明确文体，自拟标题；不要套作，不得抄袭。

（全班学生齐读以上内容）

师：同学们，假如老师要求你们根据以上材料来写一篇议论文，那么你们首先会做什么呢？

生： 做选择。首先要在“颜值”“创客”“主要看气质”之间选择其中的一个作为自己写作的指向。

师： 对。这种选择就是一种表态，然后才是交代自己这样选择的理由。一般来说，这类作文题给出的材料，预留给学生几个方面的思考，这几个方面往往又是矛盾的，学生写作时对几个方面必然要进行取舍、表态，不能兼而有之。这类作文写作需要作者在给出材料的基础上做出明确的选择，确定立场，表明态度，然后进行论证，所以，我们把这类作文称为“表态式议论文”。

三、表态式议论文写作的思维过程

师： 同学们，对于表态式议论文，我们该如何思考呢？下面我们通过《两小儿辩日》来一起探讨。

（屏显）

孔子东游，见两小儿辩斗，问其故。

（甲）一儿曰：“我以日始出时去人近，而日中时远也。”

（乙）一儿曰：“我以日初出远，而日中时近也。”

（甲）一儿曰：“日初出大如车盖，及日中则如盘盂，此不为远者小而近者大乎？”

（乙）一儿曰：“日初出沧沧凉凉，及其日中如探汤，此不为近者热而远者凉乎？”

（两位学生分角色朗读）

师： 同学们，你们能看出甲、乙两个小孩为自己观点辩护的思路吗？他们的辩护过程有没有漏洞？请按照你们评卷的思路来回答：甲、乙两个小孩的观点是什么？他们分别是用什么样的事实和什么样的判断标准来为自己所持的观点进行辩护的？请你们先填写下面的表格。

（屏显）

	观点（或态度）	事实依据	判断标准
甲			
乙			

（学生在草稿纸上勾画，大约2分钟，有学生举手）

生：我先说甲吧。甲的观点是早上太阳离我们近，中午太阳离我们远。依据的事实是早上太阳大些，中午太阳小些。判断标准是只有近的才大些，远的小些。

师：同学们，你们认为他找得准确吗？

生（齐）：准确。

师：你认为甲说得对不对？

生：我感觉甲说得不对，但又不知道他错在哪里。

师：我也跟你一样感到迷惑。这个问题稍后我们再讨论，现在我们先把乙的观点及辩护过程找出来。

生：乙的观点是太阳早上远中午近。依据的事实是太阳早上凉中午热。判断标准是远凉近热。

（屏显）

	观点(或态度)	事实依据	判断标准
甲	日初出时近，日中时远	日初出时大，日中时小	远小近大
乙	日初出时远，日中时近	日初出时凉，日中时热	远凉近热

（学生纷纷议论，大约2分钟，有的学生已举手）

生：我认为两个人说得都有道理，而且他们都又有自己的理由，但两个人的观点又是矛盾的，显然不可能都正确，但究竟问题出在哪里，我也说不上来。

生：我认为两个人的观点都是错误的。春夏秋冬不同的季节，地球与太阳的距离是不同的，夏天的早晨比冬天的中午太阳离我们要近些，所以乙是错误的，同样，夏天的中午也比冬天的早晨太阳离我们要近些，所以甲也是错误的。

师：大家认为他讲得对不对？

生：不对。文中明显指的是同一天的早上和中午，而不是他所说的不同季节。

师：我赞成你的观点。文中虽然没有明确说，但从对话的背景以及后面的辩护过程来看，双方都明确指的是同一天的早上和中午。同学们还有什么看法，请大胆地讲出来。（此时教室里立刻安静了下来，谁都不举手）同学们，甲、乙两个人的观点是矛盾的，不可能都正确，但究竟谁是错误的呢？我们不妨从他们所持的事实依据和判断标准来思考，看看事实依据是不是真实的，判断标准是不是科学的。我们先来看甲辩护时所持的事实依据是不是真实的？

生：甲的事实依据是“日初出时大，日中时小”，我觉得这个依据是不真实的，有时我们从不同的角度等距离看同一种东西，大小是不一样的。早上太阳刚出来，我们斜对着太阳，所以太阳看起来要大一些；中午我们正对着太阳，所以太阳看起来要小一些。其实，早上和中午太阳都是一样大的。

（教室里响起了掌声）

师：你讲得真好。我很佩服你，我都没有想到。看来甲所持事实依据是不真实的，所以甲的观点是站不住脚的。除此之外，你认为甲的判断标准是不是科学的呢？

生：不科学。因为看起来小的东西未必就远，看起来大的东西也未必就近。这里存在着一个看的视角的问题，远的东西斜着去看也可能很大，近的东西正对着看也可能很小。

（教室里又响起了掌声）

师：不错。这样看来，甲的判断标准也是错误的。看来，只有乙的观点是正确的，对不对？

生：也不对。

师：为什么？

生：乙的判断标准是不科学的。因为太阳远时未必凉，近时未必热。正对着太阳时，太阳即使远，我们也可能感觉热，斜对着太阳时，太阳即使近，我们也可能感觉凉。再者，如果有云层遮挡，太阳即使近也可能感觉凉，反之，如果没有遮挡物，太阳即使远也可能感觉热。

（教室里再次响起了掌声）

师：你太棒了。看来乙所持的判断标准是错误的，乙的观点也是站不住脚的。同学们，这说明为了要让自己的观点站住脚，所持的事实依据要有真实性，所持的判断标准要有科学性、权威性，只有这样得出的结论才具有说服力。同学们，想一想，如何才能保证事实依据的真实性呢？

生：不能道听途说。

生：消息来源的渠道要真实可靠。

生：细节要真实。

师：同学们思维活跃，你们提的这些观点确实能保证事实依据的真实性。我希望大家今后在写作中，尽量采用真实可靠的依据，不仅自己认为可靠，也要让读者相信你的依据是可靠的，切不可胡编乱造。那么该如何保证所持的判断标准的科学性或权威性呢？

生：用名人或者专家所确定的标准。

生：用实践检验已经被公认为正确的标准。

生：用国家的、法律的标准。

师：看来，要让大家相信我们所持标准的正确性或权威性，在写作议论文时很有必要对这个标准的正确性或者权威性进行论证。下面我们来归纳一下。

（屏显）

第一，立论的依据要符合事实。

第二，判断标准要具有科学性或权威性。

师：无论选择哪一种观点，都必须对自己提出的依据的真实性进行论证（大家公认的事实不必论证）；深刻者还要指出对方依据的虚假性，对自己所持的判断标准进行论证；更深刻者还要揭露对方标准的局限性、危害性，以此来强有力地维护自己的观点。所谓依据的真实性，就是要把事物的实际情况叙述出来，不能道听途说，获得信息的途径和来源要具有可靠性和权威性。标准不能是个人标准，而应是公共标准，比如民族标准、国家标准等，或者是大家公认的权威人士、权威机构确定的标准。要杜绝“我以为”“我觉得”等说法。

四、表态式议论文的写作思维环节

师：看来，表态式议论文写作思维环节包括：第一，表态；第二，指出事实依据；第三，提出判断标准；第四，对判断标准的科学性或权威性进行论证；第五，将事实依据与判断标准进行比较，得出结论。

（屏显）

鲜明表态—事实依据—判断标准—标准论证—得出结论

1. 表态要鲜明，不能模棱两可。

2. 依据要真实，不能道听途说。

3. 标准要权威，不能是个人标准。

4. 论证要有力，不能蜻蜓点水。

5. 结论要自然，不能无中生有。

师：以上五个环节中，第三、四环节所提到的判断标准，往往能体现出作者的价值观，也是全文的中心论点。同学们，这时就可以给文章拟题目了。为什么呢?

生：因为只有根据中心论点给文章拟标题，才是恰当的。

师：同学们的悟性不错，下面我们牛刀小试。

五、学以致用

请你们阅读下面的材料，按照表态式议论文的思维方式，先填表，再拟标题，然后写作。

（屏显）

某网络女主播与朋友骑共享单车出行，无奈发现不少车被挂了私锁，无法使用。性格刚直的女主播表示不能向这种无赖行为妥协，一定要带头抵制这种行为，随即向附近的五金店老板借来电锯，在朋友的帮助下，不仅将自己需要的两辆车锁锯掉，还将另外一辆上私锁的车锁一并锯掉。女主播把这个过程拍成视频发到网上，受到众多网友的支持，在短短的20分钟内有数万网友围观，收到超过1万元人民币的打赏。

阅读上面的材料后，你有怎样的看法？请结合自己的感受和思考写一篇文章。要求：任选角度，确定立意；明确文体，自拟标题；不要套作，不得抄袭；不少于800字。

（屏显）

	观点（或态度）	事实依据	判断标准
自己			
对方			

学生作品

1. 学生所填表格选登。

	观点(或态度)	事实依据	判断标准
自己	支持女主播的行为	女主播锯掉私锁	反对野蛮，维护文明，是普通人应尽的职责
对方	反对女主播的行为	女主播锯掉私锁	只有执法者才能处理违法行为

2. 学生作文选登。

让文明扎根于心

当你骑车飞驰过街道时，应该感受到骑行世界里增添了不少色彩吧！共享单车为我们的生活带来了便利，同时也暴露了我们国民身上存在的恶习。最近，女主播带头锯掉私锁的视频在网上引发热议，但我认为，这样的做法不能真正使不文明的行为得到遏制。

很多网友都赞成女主播的做法，认为她为大家出了口恶气，可不文明行为会因为锯掉私锁而画上一个句号吗？我欣赏这位女主播的勇气，她敢于向不文明行为挑战，但她这样的做法并不是最好的，也不是最理智的。她不是一名执法者，却做了执法者应做的事。正如你在路上发现有酒驾司机，你应向交警举报这位司机，而不是对司机进行刑事拘留。作为公民，我们应该履行好自己的义务和责任，也应该明白，社会是由多个部分组成的，公民是一部分，执法者也是一部分，各部分都应做好自己分内的事，相互合作，才能使社会变得更加和谐。

当然，我们也不能向不文明行为低头，因为不文明行为使人类潜藏的劣根性和道德沦丧暴露于大众眼中，而不文明行为也对一些人造成了伤害。就拿“悟空单车”来说，这个公司去年就已经倒闭了，原因在于单车被大量的偷窃和故意毁坏，公司创始人几年的心血，员工们日日夜夜的努力全部付之东流。所以我们应该用正确的做法来抑制不文明行为。

当我们看到不文明现象时，可以拨打相应共享单车公司的号码，举报不文明行为；也可以向附近的交警寻求帮助，使不文明行为得到惩罚；还可以上前劝说不文明者，希望他们不要做不文明的事，但不能因此与他们发生激烈的争吵，甚至肢体接触，以免自身利益受到损害。

要想使不文明行为得到真正的抑制甚至消失，国家和政府发挥着重要作用。国家除制定相关的法律法规，对盗用或损毁单车之人进行严厉的追究甚至法律制裁外，还应加强国民素养建设和文化建设，使中国成为真正的文明强国。而政府应落实好每一步工作，加大执法力度，用一视同仁的标准来真正抑制不文明行为。我相信，在自身素养的提升和外界严厉的制裁下，每个人心中都会开出一朵纯洁无瑕的文明之花。

（此课例荣获“新作文杯”全国第二届作文教学“创课”比赛特等奖）

两篇“经典”撑起一堂课

四川成都·易华秀

创课缘起

记得我女儿读一年级时，数学老师给孩子们出了一个分类的题：图片中有围巾、鞋子，还有衣服，但是围巾中有丝巾、羊毛围巾，鞋子有凉鞋、单鞋、毛皮鞋，衣服中也有短袖、衬衣、毛衣、羽绒服等，女儿凭直觉把这些围巾、鞋子、衣服按照春、夏、秋、冬分为四类，当时我也赞成孩子按照季节分类的方式（答案是分为围巾、鞋子、衣服三类）。作业交到学校，女儿的数学老师给女儿的作业本上打了个“×”。为此，我和老师讨论整理与分类有没有单一的标准，答案当然是没有，事物的类别可以从不同的角度划分，只要划分的“标准同一”即可。我敏锐地捕捉到这一教学良机并将它应用到说明文的写作教学中。只要写作者对事物按“标准同一”的原则有序而准确地介绍，成文必然脉络清晰。

创课思路

本课的教学目标是让学生初步掌握关于“划分”的基本理性认知，通过理性认知帮助学生清晰地认识事物性质，从而把事物明明白白地介绍给读者。要达到这样的目标，教师就需通过引导学生逐步掌握由感知体验到理论的认识，然后再把对理论的认识诉诸写作的认知实践过程。

为达到此目标，首先，教师展示清代画家李世倬所作的《仿李龙眠罗汉图》，要求学生把画中的罗汉条理清晰地介绍给大家，以此创设情境，通过此步骤，激发学生探究的兴趣，并为学生打开写作思路奠基；其次，通过学习课文让学生对于如何有序介绍事物有真切的体验，学生获得了对划分知识的真切感受；再次，展示贾平凹的《皇陵柏》，让学生通过阅读初步了解作家对黄陵柏的划分的标准，继而通过讨论，学生认识到就算是名家写作也有不恰当之处；最后，教师趁着学生已产生挑战权威的激情，让学生改动名家的文章，从而激发学生创新写作的热情。

教学现场

一、创设情境，试说经典

（说明：教师一边在屏幕上投放《仿李龙眠罗汉图》，一边介绍图。此处图略。）

师：这幅画是清代画家李世倬所作，你们能条理清晰地介绍给大家吗？（学生沉默）请先自己思考分析，整理语言，然后再小组讨论，并推荐发言人介绍。

（发言人介绍画面内容）

生：画的左边没有渡江的有五个人，中间河里的有九个人，要上岸的有两个人，右边河岸边有两个人。

师：同学们，你们觉得这位同学的介绍清晰吗？他的观察点在哪里？（教师补充何为观察点）他是按照什么顺序介绍的？介绍得生动吗？为什么？

生：感觉很清晰。他的观察点应该在远处，是按照从左到右的顺序介绍的。但介绍得不太生动，他只是概括地介绍。

师：我们再听听其他同学的介绍。

生：中间有个长相奇特的罗汉被两个仆人抬着，他们的左边有……他们的右边有……

师：这位同学的介绍清晰吗？他的观察点在哪里？他是按照什么顺序介绍的？介绍得生动吗？为什么？

生：比较清晰。他的观察点是长相奇特的罗汉，但感觉顺序有些乱。因为他的介绍很粗略，所以不太生动。

师：看来，同学们还是习惯从左到右的顺序介绍事物，这是一种思维定式。在介绍的时候，大家往往习惯于先介绍最吸引眼球的人或物，却忽略了对事物进行介绍时一定要思路清晰。那我们怎么才能克服自己的思维定式，创新自己观察事物的方式呢？在解决这个问题之前，我们先看看明末进士黄淳耀是如何给我们介绍李龙眠所画的《罗汉渡江图》的。

二、活动体验，学习经典

（屏显）

李龙眠画罗汉记

黄淳耀

①李龙眠画罗汉渡江，凡十有八人。一角漫灭，存十五人有半，及童子三人。

②凡未渡者五人：一人值坏纸，仅见腰足。一人戴笠携杖，衣袂翩然，若将渡而无意者。一人凝立远望，开口自语。一人跽左足，蹲右足，以手捧膝，作缠结状；双屦脱置足旁，回顾微哂。一人坐岸上，以手踞地，伸足入水，如测浅深者。

③方渡者九人：一人以手揭衣，一人左手策杖，目皆下视，口呿不合。一人脱衣，双手捧之，而承以首。一人前其杖，回首视捧衣者。两童子首发鬅鬙，共舁一人以渡。所舁者，长眉覆颊面，面怪伟如秋潭老蛟。一人仰面视长眉者。一人貌亦老苍，伛偻策杖，去岸无几，若幸其将至者。一人附童子背，童子瞪目闭口，以手反负之，若重不能胜者。一人貌老过于伛偻者，右足登岸，左足在水，若起未能。而已渡者一人，捉其右臂，作势起之。老者努其喙，缬纹皆见。又一人已渡者，双足尚跣，出其履将纳之，而仰视石壁，以一指探鼻孔，轩渠自得。

④按罗汉于佛氏为得道之称，后世所传高僧，犹云锡飞杯渡。而为渡江，艰辛乃尔，殊可怪也。推画者之意，岂以佛氏之作止语默，皆与人同，而世之学佛者，徒求卓诡变幻、可喜可愕之迹，故为此图，以警发之欤？昔人谓太清楼所藏吕真人画像，俨若孔、老，与他画师作轻扬状者不同，当即此意。

师：请同学们预习并朗读上面这篇文章，注意生字生词，特别是要注意“屦（jù）”“履（lǚ）”。然后根据注释梳理文章的意思，不懂的地方请提出来。（翻译环节略）刚才我们对黄淳耀的《李龙眠画罗汉记》的文意已经基本疏通了，现在我们先齐读文章，然后你们说说这篇文章主要介绍了什么内容。

生：主要介绍了李龙眠所画的罗汉渡江的情景。

师：对。文章描绘了李龙眠所画的一幅十八罗汉渡江图，但同学们有没有发现，这幅十八罗汉渡江图人物众多，层次冗杂，作者是如何把这样的画面明明白白、清清楚楚地展现在读者面前的呢？要注意多方面、多角度分析。

（学生先单独思考分析，然后小组讨论分析，最后小组推荐代表发言）

生：他是按照没有渡江的、正渡江的、已经渡江的介绍的。

师：对，你非常善于抓住关键信息。作者把十八罗汉渡江的画面分成三种情况来介绍，而他的介绍之所以能够让我们对这冗杂的画面有一目了然之感，是因为这三种变化的情况中有一个不变的要素，你们知道是什么吗？

（学生脸上呈现茫然的表情）

师：现在我们用物理学的知识来阐释这个问题。十八罗汉是移动的“物”，他们是变化的要素，而十八个移动的“物”又可以分为三种情况：没有渡江的，正渡江的，已经渡江的。但在画面中还有一个不会变化的与画面中的十八罗汉紧密结合的“物”，十八罗汉动，但它不动，物理学中把它称作“参照物”（板书：参照物），它是什么？

生（积极踊跃）：河流。

师（竖起大拇指）：真聪明！但这么简单的介绍，让渡河的十八罗汉变成了十八个会移动的人形轮廓，你们觉得作者笔下的十八罗汉只是十八个移动的人形轮廓吗？

生： 不是，非常生动形象，给人以身临其境之感。

师： 为什么会给人这样的感觉？请你列举文章原句进行说明。

生： 作者善于抓住罗汉们的动作、神态进行生动细腻的描写。比如“一人附童子背，童子瞪目闭口，以手反负之，若重不能胜者”，这句话细致入微地描写了背罗汉渡江的童子的外貌神情——眼睛瞪得大大的，嘴巴抿得紧紧的，同时侧面烘托出童子的艰辛。

师： 徒手渡江已是艰辛，更何况是背负一人而渡，真是不堪其苦、不堪其重啊。还有没有其他的原因？

生： 作者把人物之间的相互关系介绍得非常清楚。比如“一人脱衣，双手捧之，而承以首。一人前其杖，回首视捧衣者”，这句话旨在说明一个人把脱下来的衣服托在手上，另一个人把拐杖拄在身前，回头看两手托衣的那个人。

师： 两个人关系的关联点在哪个词上？

生： “回首”这个词。

师： 确实，这一“回首”倾注了他们之间的多少关心和担忧啊！十八个罗汉渡河，就如人们面对漫漫人生路，能不苦能不累吗？既然一起渡河，他们之间肯定也是相互关心的，而作者就把这种关心作为一个链条把十八个人串联起来，这样他们之间的相互关系就清清楚楚地展现在读者面前。看来，作者之所以能把李龙眠所画的这幅冗杂的、层次不清的十八罗汉渡江图明明白白、清清楚楚地展现在读者面前，是因为作者对“渡江罗汉”这一整体进行了恰当的划分：文章以“河”为参照物，按此岸之“未渡者”、河中之“方渡者”、彼岸之“已渡者”三种类型，生动细致地勾勒出画中人物的不同神态和动作以及他们之间的相互关系，展现了画家深厚的艺术功力。

（屏显）

划分，指把某一内括较大的概念所反映的对象按照某种同一的标准分成若干内括较小的类，从而清晰地揭示这一对象内在组成元素及其相关性质。

师：下面你们来说说对“人”该如何划分？

生：按性别可以分为男人、女人。

生：按年龄可以分为老年人、中年人、青年人、少年、儿童、婴儿。

师：可不可以分为老师、医生、白种人、亚裔人？

生：不可以。

师：为什么？

生：因为老师和医生是按职业来划分的，白种人是按肤色来划分的，亚裔人是按区域来划分的。

师：那就提醒我们在划分概念的时候一定要注意什么？

生：要注意标准的同一性，概念不能交叉包容。

师：确实，我们在学习、生活中都要避免犯这样的错误。是不是只有普通人才会犯这样的错误呢？下面让我们带着这个问题一起在名家作品中寻找我们想要的答案。

三、展示反例，否定经典

师：现在请同学们跳读著名作家贾平凹的散文《黄陵柏》，分析贾平凹对黄陵柏的归类问题。

（屏显）

黄陵柏

贾平凹

从铜川往北数百里，全是赤裸裸的荒山秃岭，到了桥山，出奇地却长满了柏树。一棵树一个绿的波浪，层层叠叠卷上去，像一个立体的湖泊。天放晴的时候，湖泊纹丝不动，绿得隐隐透蓝；逢着刮风下雨了，满山就温柔地拂动，绿深起来，碧碧的，青青的，末了，似乎愈晶莹了，在这黄褐褐的世界里，像一颗偌大的绿宝石，灿灿地要映照出一切。

山上有一条小路，曲曲折折爬上去，山顶就有丘土堆，活脱是一个山上的山：这便是黄帝陵了。站在陵墓往下看，才知满山没有一眼流泉，也不见飞禽走兽，柏子在倏忽落地，簌簌地如洒起细雨，满鼻满口都是柏的荃香了。最有趣的，那柏全都枝叶瑟瑟缩缩，如一根一根桩的模样，肉肉的，依山而微微趋身，似乎是向陵墓肃然静默，立即使游客失去了轻狂和浮华，刹那间入了庄重、虔诚的境界，再不敢有了言辞，只提了脚步儿在厚厚的落针上悄悄起落。

我三次上过桥山，每次都在这窸窣的柏林里静观，一待半日，于是看出柏的好多妙事。回来用笔记下，归类十多余种，竟成了一本柏谱。

柏谱这么记载：

山下柏：阴面少枝无叶，阳面枝叶却繁极密极，腰身弓弓的，如负重载。顶端是一丛柏朵的三角形状，似乎是拉长了脖子，向山上仰望着什么；下边的柏枝便垂垂下来，又像在做着无可奈何的手势。它奋命地向上长着，但终没有山上的一棵草高，于是，寄希望于后代，枝头累累的，都是些柏子。

伞柏：这柏如伞一样，光光的身子上，突然顶一蓬枝叶，圆圆坨坨的。从上看不见干，从下望不着天；树下从不见雨，亦不见光，数丈之地，不长出一棵小草。一早一晚，山风拂来，伞顶嘎嘎作响，如雷电爆裂。

坡坎柏：它处在险恶之中。似乎永远没有安全感，但却正如此十分地安全。根从坎壁上横出，然后突然崛上，形成一个直角，每一条枝，每一根节，都表现着十分的努力，以致全扭歪了。柏叶却很丰腴。临风袅袅浮动。如悠悠的云，日光下泄，倩影便款款落地，如动画一般，显出如狮，如虎，如隼的万般形象。

平地柏：因为得天独厚，身一出地，便肆意横生，干少而叶多，不为高大，但求雍容。风很少刮过来，雨水却得到满足，每一弱枝，必结柏子，子小花大，瓣裂四片五片，但却不能发芽：大半被松鼠拉去，小半被麻雀叼走。

风头柏：分明是一座塔的形象，经营着庄严，建筑着气势。枝叶全相对展开，一朵一朵，呈蒲扇状；在四面来风之中，执着八方盾牌，步步为营地向空间进军。

屈柏：如弓一样俯在地上，背上暴露着一个接一个的疙瘩，似人的脊骨，身下却裂开来，是蚂蚁的天国。仅仅几朵枝叶，落地时却平面伸来，作求拜状。游客便以其身为椅，男者，女者，全骑上去，一压一摇，作晃板的快乐。

桩柏：枝叶于它是多余的，全然一个赤身，数十丈高，纹沟从上到下，不弯不屈。头顶三丝四丝柏朵，宣布着自己并未死去，安详得却如停驻的云。

朽柏：只剩下半个身子，其实仅仅是半圈空空的皮壳，被护林人用石头砌起，补了缺，毛老鼠便拉来了大量的柏子，在那头的穴孔里做起一个仓库。

挤柏：它们存心是来拥挤的，目标就在天空，比试谁第一个到达，狭窄的面积，刺激着它们生存的竞争；生存的竞争，使它们一起成为山上最高最直的代表。

孤柏：太富裕了，使它养成东拐西歪的懒散习气；太自在了，左顾右盼地尽长了岔枝。

石缝柏：实在没地方了，就到石崖上去，只要有一条细根伸进去，便要石崖挤出缝来，再抱住它，把根织成个密网。用力太过度了，根如淤了血的手指，青而黑，黑如铁。虽然比别人长得慢，浑身却成了油心，摸摸粘手，敲之丁丁，投一块石子砸去，立即反弹回来，身上不留一点儿痕迹。

柏中柏：一棵小柏长在一棵老柏的空心里。老者已断上身，小者一身浅绿，风里便作媚态。

夹石柏：也许是一块石头突然从山上滚下，将它砸断了，石头就永远坐在疤坑里，宣告着它的死亡。但疤沿一愈合起来，就又从四周一起往上长，竟抽出新枝，死死将石头夹住了。从此，再不能取下，或许夹成碎末，或许就成了它身体里的一部分。

山顶柏：以为是最高的了，其实不过三尺，又都秃了顶。

芽柏：一个什么动物的骨头，用什么力量也不能使其分开，被遗弃在这里了。一颗小小的柏子落下来，静静地躺在头骨里，一场雨后，它发芽了。那么一小点儿绿，但它迅速地从骨缝里长起来，头骨竟神奇地分裂了。它似乎是与生命开个玩笑，以短暂的生存证明了它的无比的力。

默默地从这无数的柏中走过，我总要站在黄帝陵前肃立片刻，作我的幼稚而荒唐的遐想。最后那次上山，是在夜晚，月亮就在天上，林中远影憧憧，近处迷离，陡然间，产生异样的感觉：我站在这里，也是一棵柏吗？面对着我民族的始祖，我会是一棵什么样的柏呢？

师：同学们，你们觉得这篇文章美吗？

生：很美。

师：它美在哪里呢？请你引用文章原句说明。

生：本文语言优美，描写细腻，让人如身临其境。比如，写满山的黄陵柏，“一棵树一个绿的波浪，层层叠叠卷上去，像一个立体的湖泊”，运用比喻的修辞手法，把一棵棵柏树比喻成绿的波浪，把一片柏树林比喻成一个立体的湖泊。

生：我们从黄陵柏的身上还感受到精神的美，比如，写山下柏，“它奋命地向上长着，但终没有山上的一棵草高，于是，寄希望于后代，枝头累累的，都是些柏子”，这句话让我们感受到它们不屈不挠的精神之美。

师： 从散文的角度来说，这篇文章确实优美，但是百密必有一疏；从说明文的角度来说，这篇文章确实有问题。同学们，你们能看出这篇文章存在什么问题吗？

生： 黄陵柏的柏谱写得乱七八糟。

师： 请举个例子说说。

生： 按地域来分，山下柏、坡坎柏、平地柏、山顶柏可以分为一类。

师： 其他的柏树我们又可以怎么划分呢？

生： 可以按柏树体现的精神来分类：石缝柏、柏中柏、夹石柏、孤柏、芽柏、挤柏。

师： 这些柏树是如何体现其精神的？

生： 如挤柏，是“目标就在天空，比试谁第一个到达”的代表，是“生存的竞争，使它们一起成为山上最高最直的代表”。

师： 你们说的石缝柏、柏中柏、夹石柏、孤柏、芽柏等柏树，作者在赞美其体现的优秀品质，那挤柏呢？老师感觉作者对此类柏树的情感态度好像有些不一样哦。

生： 是不一样的。

生： 还有可以以形状来分类，比如伞柏、风头柏、屈柏、桩柏、朽柏。

师： 既然同学们已看出贾平凹老师文章中柏树类别划分的错误，现在我们把贾平凹老师的这个名篇修改一下，你们很可能会说，我们怎么有能力修改名家的文章！牛顿曾说，“如果说我能看得更远一些，那是因为我站在巨人的肩膀上”，现在就让我们站在贾平凹老师这个巨人的肩膀上，克服贾平凹老师的缺陷，将贾平凹老师的黄陵柏谱改写成我们自己的黄陵柏谱吧。

四、利用反例，打造经典

（屏显）

以贾平凹的《黄陵柏》为参考，克服贾平凹的缺陷，以《黄陵柏介绍》为题，将其改写成一篇不少于400字的说明文。

师：这节课就到这里，下课！

学生作品

黄陵柏介绍

从铜川往北数百里，几乎都是赤裸裸的荒山秃岭，到了桥山，柏树却几乎长遍它的每一处地方。一棵树一个绿的波浪，层层叠叠卷上去，像一个立体的湖泊。天放晴的时候，湖泊纹丝不动，绿得隐隐透蓝，蓝得如宝石诱人；逢刮风下雨，满山就温柔地拂动，绿深起来，碧碧的，青青的，末了，似乎愈晶莹了，在这黄褐色的世界里，像一块偌大的绿宝石，灿灿地要映照出一切。

桥山有近十五种柏树，它们位置不一，形状特异，且有与人相同的精神品质！从位置来看，我们可以把它们归为平地柏、山下柏、坡坎柏、山顶柏。从各个特异的形状来说，有伞柏、风头柏、曲柏、桩柏、朽柏。从与人相同的精神品质的角度，可分为挤柏、石缝柏、夹石柏、芽柏、孤柏、柏中柏。默默地从这无数的柏中走过，我总要站在黄帝陵前肃立片刻，作我的幼稚而荒唐的遐想：我站在这里，也是一棵柏吗？面对着中华民族的始祖，我会是一棵什么样的柏呢？也许，我会是一棵芽柏吧，即使面对再艰难的环境，经历再艰险的困难，我依旧能够面对，能够成功，开出人生最灿烂的枝芽！

（此课例荣获“新作文杯”全国第二届作文教学“创课”比赛特等奖）

故事中的弧线叙事

江苏苏州·段厚永

创课缘起

每个孩子心中都有一颗故事的种子，睡前讲故事时间是大部分孩子成长的必经过程。每个孩子也都乐于和别人分享故事，但日常分享的故事往往支离破碎，缺少逻辑性和故事的趣味性。弧线叙事的重点在于培养学生如何把故事讲得更有趣，更有味道，更吸引听众；创新之处在于在故事的虚构性和记叙文的真实性之间找到一个桥梁，用故事内在的逻辑性和真实性来引导学生懂得记叙文中的因果逻辑和铺垫蓄势；独到之处在于让学生在不知不觉中轻松愉快地掌握记叙文的写作技法。

创课思路

要想学会记叙文写作，必须先学会讲故事，但能够把故事讲好的学生并不多。对中学生而言，大多数学生感觉没有故事可讲。此外，即便有了好的选材，许多学生也不能把故事讲好。一次偶然的机会，教师阅读到《清兵卫与葫芦》这篇小小说，觉得故事设计得非常好，而且是发生在课堂中的故事，只要稍加改编就会贴近学生的生活。因此，教师决定利用这篇文章上一节好故事作文课，主要以猜故事和讲故事的方式进行，通过这种方式不断提升学生的讲故事能力。

教师让学生看《清兵卫与葫芦》这个题目，猜想这篇小小说可能会发生的故事，大多数学生都能猜到清兵卫喜欢葫芦，学生也通过自己的阅读经验猜测出最后清兵卫因为某种原因不得不放弃自己喜欢的葫芦。讲故事的氛围很浓厚，学生也非常感兴趣。在学生猜想到清兵卫不得不放弃葫芦之后，教师在课堂上又让学生看了故事的前半部分，顺势让学生猜测清兵卫为什么要放弃自己最喜欢的葫芦？学生猜到很多理由，但学生的经验大都离不开学校、课堂和家长，甚至有的学生推测出可能是因为喜欢葫芦影响到了学习，被班主任和家长联合“修理”了，最后不得不放弃葫芦。也有部分学生猜测因为葫芦引起一些不必要的麻烦。在看完原故事之后，学生恍然大悟。

葫芦只是课堂的一个引子，教师以此为依托，引导学生回忆自己的生活，是不是有许多类似“葫芦”的经历，将学生从故事拉回到自己的现实生活，他们生活中的故事忽然就多了起来，诸如课堂上玩橡皮、看小说、画漫画、吃零食、聊天等各种各样的情况都出现了。也有学生从自己的爱好出发，谈到自己一路上遇到的阻力、挫折、坚持，学生的故事慢慢被唤醒了，但在叙述的时候，还不能像《清兵卫与葫芦》一样叙述得波澜起伏，因而，教师以弧线板书的形式，让学生按照示例叙述故事，许多简单的故事也有了波澜。最后在学生的笔下，许多精彩的故事汩汩而出。

教学现场

一、导入

同学们，小时候睡觉前，妈妈都要给你们讲故事吧？如果抛开游戏，最能引起大家兴趣的应该就是故事了，估计你们平时最喜欢跟人分享的也是谁谁谁的故事。那么，今天我们就一起来读故事，讲故事。

（屏显大标题《清兵卫与葫芦》）

二、唤醒故事

（一）从兴趣出发，唤醒故事

问题：请大家一起朗读这个题目，猜猜它可能会讲什么故事？

明确：清兵卫和葫芦的故事。

（二）从虚到实，唤醒创作的种子

（屏显）

这是一个叫清兵卫的孩子跟葫芦的故事。自从发生了这件事以后，清兵卫和葫芦就断了关系。过了不久，他又有了代替葫芦的东西，那便是绘画。正如他过去热衷于葫芦一样，现在他正热衷着绘画……

看完文章的开头，根据你的经验，充分发挥你的想象，大胆猜测，清兵卫到底经历了什么才会放弃葫芦，爱上绘画？需注意的是故事必须符合生活逻辑上的真实性。

三、我讲故事

（一）把故事讲得更“真实”

问题：放弃葫芦可能有很多原因，每一种原因都会成为一个故事。作者设定的原因是清兵卫把葫芦带到了课堂上，被老师没收了。我们接下来的重点就是沿着这条线索和作家一起讲故事。故事情节既要符合清兵卫学生的身份，又要符合故事逻辑上的真实性，这是写作中非常重要的要求，但是这个猜想概括得太粗略了，缺少了前因后果。对于这样的概括性的故事，你想不想知道更多呢？你想不想知道为什么会造成这种局面？

明确：学生可能会问清兵卫怎么会突然把葫芦带到课堂上，怎么被老师发现的以及发现之后会怎么样等问题，其间，教师可引导学生按照自己提出问题的思路把故事讲下去。学生可能会说，清兵卫因为特别爱葫芦，才会忍不住把葫芦带到课堂上来，又恰好遇上班主任的课，班主任极为严厉，同时也是个观察极为细致的人。引导学生沿着这样的思路去讲故事，则故事的逻辑性会更加完整，同时让学生自由发言，教师根据学生的发言理出更有逻辑性、更有故事性的内容，做到层层推进，螺旋式上升，并在恰当的时间出示原文，相互比照。

小结：同学们讲的故事不乏精彩之处，如趣味性、生动性、波折性。作者编故事的高妙之处在于层层推进，通过外在故事的不断推进，在内在心灵的摧残程度上逐渐加重砝码，直到心里防卫之墙彻底坍塌。这种叙事方式恰好构成了一条不断上升的弧线。

（板书：弧线图）

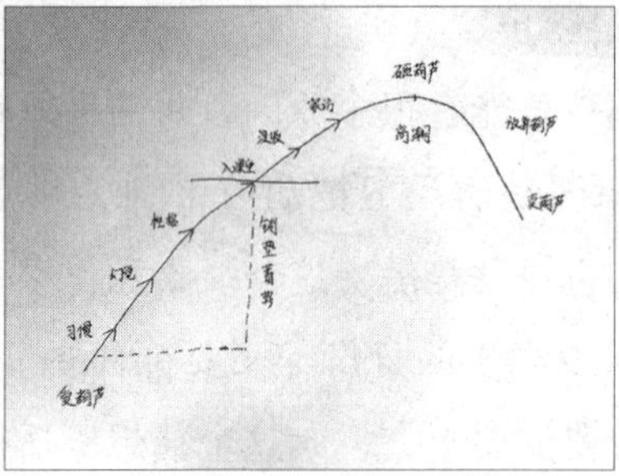

（二）把故事讲得更“生活”

问题：一次没收就会让清兵卫彻底放弃自己喜欢的葫芦，这不太科学。许多学生酷爱游戏，不知道被“修理”过多少次也“玩性不改”，清兵卫怎么可能一下子就放弃葫芦？请调动一下我们的生活经验，想一想，要想彻底摧毁清兵卫对葫芦的痴爱，老师还应该做些什么呢？

明确：葫芦被没收之后，老师可能会惩罚、训斥清兵卫，甚至会家访。家访之后他可能会被父母训斥、惩戒，甚至“混合双打”等。在多重打压之下，清兵卫会彻底放弃葫芦。

小结：写作源于生活，我们的故事虽然是故事，但是也应遵循生活的逻辑，这样的故事才能更吸引人。因为老师没收葫芦、家访，父母的惩戒，清兵卫才可能会放弃葫芦。清兵卫爱葫芦，却和整个世界产生了冲突、矛盾，正因为这些冲突和矛盾的存在，才让故事有了足够吸引人的魅力。而作家这种层层推进的讲故事方法，不仅能够充分地展现人物内心冲突挣扎的过程，也能够有力抓住读者的内心。

四、质疑故事

问题：故事到这里已经很精彩了，但是整个故事的基础是建立在清兵卫把葫芦带入课堂这个偶然因素上的，这样的故事不具有普遍性。我们都明白，上课玩葫芦是不可取的，需要付出相当大的代价，就像大家虽然爱玩手机，但大多都不敢带入课堂、带入学校一样，所以清兵卫的故事发生的概率实在太小了。下面请小组讨论怎样设定情节才能让清兵卫把葫芦带入课堂的故事合情合理，符合生活实际。

明确：这一环节在于引导学生明白清兵卫对葫芦的爱已经超越了理性，爱到疯狂，甚至爱到无法自控，只有这样才可能把葫芦带入课堂。然后再引导学生思考，怎样讲才能把清兵卫对葫芦的这种独特的爱表现出来。

问题：我们刚刚看了原文故事，感受到这种层层加码、层层推进的讲故事的方式的力量。我们能不能也用这种讲故事方式，想象如何才能把清兵卫爱葫芦的章节写得震撼人心呢？

明确：此环节重在引导学生明白层层推进式故事的写作方式。可以从细节、习惯、幻觉、性格等角度，引导学生去讲故事，然后和原作作比较。

小结：和原作比较后会发现，作家是从爱葫芦的习惯、动作、细节、性格，甚至幻觉等多层次去把对葫芦的爱写足。因为这样的爱，才会有忍不住带入课堂事件的发生，继而才会发生后面的故事。这就是铺垫蓄势的力量，也正因为有前面这些文字的铺垫，才会使原本偶然的故事成为必然，让故事更有真实性，更有逻辑性！在此基础上，我们来欣赏结尾——最终葫芦被卖出了六万元的高价。这个故事对教育、对家长的讽刺主题也就一目了然了。

五、续写故事

问题：在层层重压之下，在家校合力“摧残”下，清兵卫这个葫芦天才彻底放弃了葫芦，开始爱上了画画。大家可以想象接下来又会发生什么故事？注意故事要讲得真实，要有逻辑性，而且必须合情合理。

明确：首先，学生需考虑到的是几乎和爱葫芦一样的内容。爱画画，在课堂上被老师没收，最后被家校合力“摧残”而放弃。在学生讲述故事的过程中，教师要适当提醒学生注意细节，引导学生把故事讲得更生动，更有波澜。

其次，在引导之后，学生的故事会有更多的发展。有的说因为画画要花钱，而吝啬的父亲又觉得没用，结果清兵卫因为偷同学钱买画笔和颜料被学校和家长联合“教育”，结局是清兵卫放弃了画画。也有的说清兵卫后来成为流浪艺术家等。通过这样的故事叙述，学生的思维就会被慢慢打开。

最后，有的学生对故事的结尾进行了改编。比如，清兵卫后来经历了各种挫折，但最终也没有放弃画画，成了一位了不起的画家等。

六、讲我的故事

（一）故事小变形

问题：大多数人都可能有过清兵卫的这种经历，即使没有经历过，也见过。恰好清兵卫遇到的老师是个讨厌葫芦的人，恰好清兵卫父母也是位不懂教育孩子的人。故事终究是故事，充满了太多的偶然性。我们真实的生活会是这样的吗？比如大家课上玩手机，或者看小说、动漫等，被老师发现是否一定会被没收、训斥、惩罚、家访？即便如此，父母是否一定会来个“混合双打”？你的父母、老师都如此吗？你回想一下你曾见过的故事，或者发生在你身上的故事，并试着用这种弧线叙事方式把故事讲出来，可以和原故事相似，也可以不同，但要注意故事细节的真实性。

明确：学生可能会有相似的故事，也可能会有不同的故事。有人在课堂上看课外书被老师发现，不同的老师会用不同的方式去引导学生，这恰好体现了老师的良苦用心，这样的记叙文自然会成为好文章。如果被老师家访，有的家长可能会很重视，想办法去教育孩子，有的家长可能会完全忽视。每个家庭的教育方式不同，孩子的性格、习惯等也会不同，自然成长经历也会不同，其结果往往千变万化。在此基础上产生的文章自然也会千变万化。在听故事和讲故事中，我们基本学会了这种弧线叙事方式。在高潮处骤然下落，故事的震撼力才能充分展现出来，同时在抛物线上升之前，故事要层层推进、层层铺垫。

总之，叙述这样的故事，就需用弧线叙事的方式讲述从喜欢到不喜欢的故事。

（二）故事大反转

问题：前面我们学会了如何用弧线叙事的方式讲述自己由喜欢到不喜欢的故事，其实这个方式还可以反过来用。比如，自己原本不喜欢或者是讨厌的东西，可能因为某些特殊的经历，最后变成自己喜欢的了。

明确：这一次反转是对课堂教学内容的进一步提升，也是让故事真正和作文接轨。在讲故事的过程中，教师要提醒学生，对不喜欢的不需要铺垫太多，对特殊的经历需要浓墨重彩地描述。这样，学生在不知不觉中便学会了如何写好记叙文。

（屏显）

布置作业：

1. 完成自己课堂上参与的故事，形成文字稿，尽量注意用弧线叙事的方式。

2. 运用今天学到的方法，以《我和________的故事》为题，写一篇不少于600字的文章。

学生作品

我和漫画的故事

我从小就喜欢画画，家里的墙壁都成了我涂抹想象的巨大画板。

上课的时候，老师在黑板上画的几何图形成了一个个舞动着的绘画模型；同学们一起站立喊“老师好”时整齐划一的姿态在我眼中仿佛是俊美的雕塑。

终于，一次数学课上，我忍不住画了起来。忽然听到老师喊我的名字，我本能地站了起来答道：“不知道。”班级里的其他同学一阵哄堂大笑。我面红耳赤低着头站着，同桌悄悄告诉我要好好听课。也不知什么时候数学老师走到我的身旁，我想藏起画已经来不及了。

我根本不敢抬头，也不敢听，因为我把数学老师画成了一个矮冬瓜，矮矮胖胖的身子，一个大大的脑袋，在教室里挥舞着粗壮的冬瓜手臂，嘴里释放着一堆乱码。教室里一群小冬瓜都两眼无神，耷拉着脑袋，痛苦地趴在桌子上。

除了训斥我的声音之外，我只记得课堂静悄悄地，直到下课铃声响起，我和罪证一起被带到了班主任那里。他宽慰了数学老师几句，便让数学老师走了。办公室里的空气像是凝固一般。“你先去上课吧！”我有些不敢相信地抬起头望着王老师帅气的脸庞。

“你先去上课吧！”他重复道。

一整个下午我忐忑不安，感觉自己就像站在悬崖边上，随时有可能被推下去，摔得粉身碎骨。

终于挨到了放学，残阳如血，浸染着走廊，斜射在教室里，像一把把冰冷的沾满鲜血的剑，寒气逼人的光让人瑟瑟发抖着。

“请××同学留一下！”该来的终于来了。我跟在王老师后面。

“难道你不想对我说点什么吗？”班主任问我。

“对不起，老师，我应该好好学习，不应该去画画，而且画的还是数学老师，我太不尊重老师了……”我羞愧地低着头回答。

“你很有想象力，是不是喜欢看动漫、画漫画？”班主任又追问着我。

我还没来得及回应，班主任接着说：“没那么严重，我也喜欢画漫画，数学老师年纪比较大可能不大能明白，以为你不尊重他，可我明白，但不能在课上画……”

第二天，按照班主任的提醒，我自己找数学老师道了歉。从此我不断努力着，努力处理好画画和学习的时间分配。

（此课例荣获“新作文杯”全国第二届作文教学“创课”比赛一等奖）

读联之悟

湖北武汉·彭　丹

创课缘起

学生在写作《读联之悟》中遇到的最大问题是积累的对联不够多，如何让学生将对联进行分类积累进而形成品读文字，写出自己的真情实感呢？我先引导学生展开对对联的综合性学习，学生搜集资料的过程其实就是搜集写作素材的过程；展示搜集到的资料的过程其实就是对材料进行分类并筛选的过程。然后进行口语交际，口语交际展示的过程其实就是口述作文训练的过程。说是写的基础，只有流利、准确地叙述，才有可能较好地把它写出来，因此，口语表达能力也是作文训练之一。在此基础上，指导学生模仿、临写作文。在教学内容的选择上，主要选取课内文本和学生习作，运用思维导图的方式展示范文，让学生掌握基本的写作方法，理清写作思路，思维才能够得以训练。最后再选择自己感悟最深的内容来作文。

创课思路

要想让学生条分缕析地将对对联的感悟写出来，教师就要针对学生的思维给予一定的训练。首先是教师设计了一个前置性活动——综合性学习，侧重点在于对学生分析与综合思维的训练，让学生从大量的对联中总结出对联的基本文化知识，积累初步的写作素材。接着是口述作文，侧重点在于对学生进行比较与分类思维的训练，学生要把自己预备介绍的对联用口头表达清楚，必然要经历一个删选的过程，此过程就是精选写作主题与内容的过程。最后是教师展示三篇例文的思维导图，让学生学会运用抽象与概括的思维方法，帮助他们理解抒情阐理的点，以及与之相支撑的具体对联。

教学现场

一、笑一笑·学一学

师：上课之前，老师先请同学们看一个视频，这个视频的主要内容讲的是宁王打算以对不出对联为借口向华府施威，千钧一发之际，周星驰所饰演的唐伯虎巧妙地对上了对联，这部分内容十分精彩，可见唐伯虎对对联的水平之高。在古代社会，评价文人一个很重要的标准就是对对联的水平，因为从对联中可以看出一个人的文学底蕴。对联是我国的文化瑰宝，它言简意赅，能带给我们很多启示，那么，下面我们先来了解一下有关对联的基本知识。

（教师出示微课《对联的知识》）

师：我们刚刚学习过的《读联之悟》，作者是从哪几个方面介绍对联的？其中谈了自己的哪些感悟？作者是如何谈自己的感悟的？

（屏显）

“对联”是中华传统文化的精髓，当代作家于沙的作品《读联之悟》中，通过对几则对联的分析和感悟，指出对联在读书、写作、做人、养生等方面的启示。他谈到的感悟有：读书要勤奋、要质疑，写作要言简意赅，要珍惜时间，做人要踏实，养生要心胸开阔少忧愁。表达了作者对对联的喜爱之情。文章语言清丽，用语精练，耐人寻味，是一篇学生模仿写作的好范本。

作者在谈自己的感悟时是先介绍对联的内涵，再结合自己的实际来谈的。

二、探一探·玩一玩

1. 对联大多都有一定的出处，请你查阅相关资料，就对联的来源做探究，并对研究的结果进行分析，然后交流。

2. 对联的内容包罗万象，你可以试着以《对联中的春节》《对联中的婚庆》《对联中的治学》《对联中的励志》等为题进行探究。

3. 对联具有很强的表现力，因而人们都喜欢对对联。请你选取一个角度，调查对联的使用情况，向人们提出几条运用对联的注意事项。

4. 可以围绕对联开展丰富多彩的活动，如对联接句、表演动作猜对联、对联填字游戏等。

5. 组织一次对联探秘成果汇报会，将你搜集到的资料以图片的形式张贴在展示区域，分小组编辑一份介绍对联知识、展示对联艺术的手抄报，要求给手抄报取一个有趣的名字，版面设计美观，栏目多样，文章短小精悍，图文并茂。

6. 开一次对联欣赏会，可以鉴赏对联名作，可以请书法爱好者现场示范，还可以讲述有关对联的故事，也可以展示自己的对联作品。

三、忆一忆·议一议

师： 怎么才能把读对联的感悟写得清晰可感呢？以于沙的《读联之悟》、冰心的《我家的对联》和刘成峰的《读联品情》为例，我们一起来看看他们是怎么做的。

（屏显）

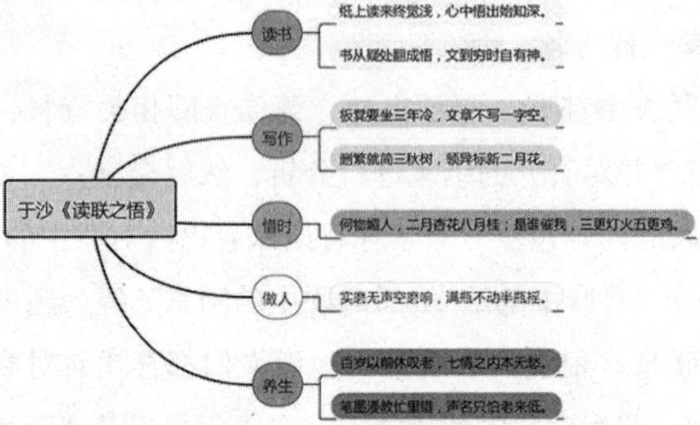

师： 于沙的《读联之悟》是将几副对联分成了读书、写作、惜时、做人、养生几个方面。

（屏显）

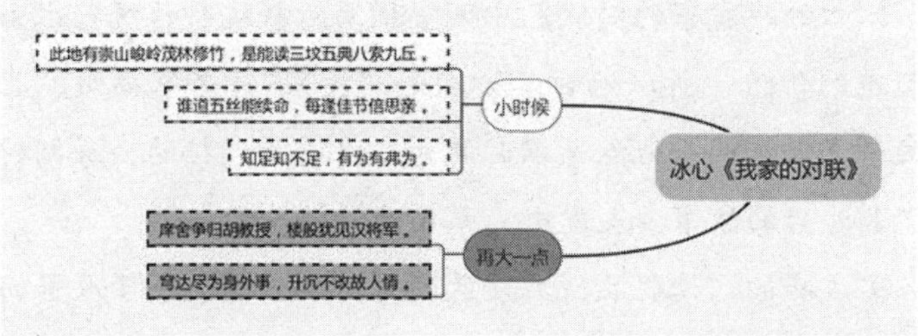

师：冰心的《我家的对联》，是按照时间的先后顺序写的。

（屏显）

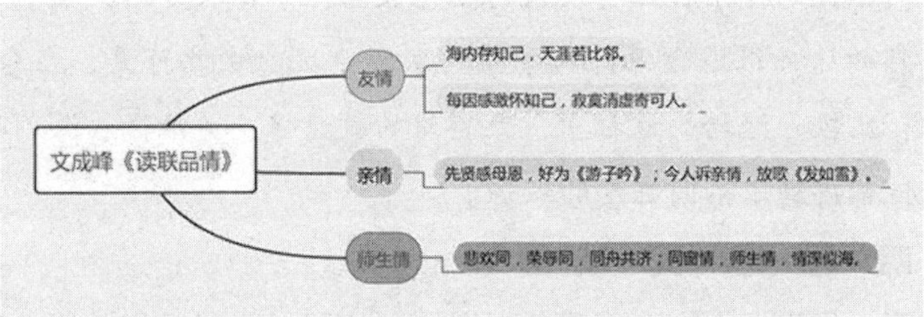

师：我们班文成峰的《读联品情》是从对联中的友情、亲情、师生情为着眼点行文的。这说明，我们在写作时要有一个总体的规划，需要先确定文章的行文思路，才能将其写得清晰可感。

（屏显）

三篇文章的行文都有两条线：一条情感线（暗线），一条内容线（明线）。

于沙的《读联之悟》情感线是赞美对联具有言简义丰、文学意趣、审美价值的特点，于是，他在内容线上选择了与这十二字较吻合的几副对联。为避免内容混乱，还将这八副对联分为五类。在写作上并没有按照每一类两副来平均用力，而是根据自己的感悟程度深浅来选择写作详略。

冰心的《我家的对联》中侧重描写对联这种传统艺术形式对家风塑造的价值，所以她的落脚点是“我家”：老家福州、北京剪子巷父亲家。这两个地点是以时间为线索进行连接的，每副对联都讲述了其背后的故事，表现出父辈们的精神风骨。

文成峰的《读联品情》表达的是对联里面包含了人世间很多真挚情感，他只撷取了其中的三种情感，分别是对真正友情的理解、对亲情的感恩、对师生情的怀念。他用了较多笔墨写对联里表达友情的内容，阐释了自己对友情价值意义的认识以及如何交友。这个侧重点的选择很适合他作为学生的实际情况。由此可见，在分析、综合、比较、概括的过程中，他思维的敏捷性、灵活性、深刻性和独创性都得到了不同程度的锻炼。

四、想一想·试一试

师：你想向大家介绍哪些对联？与这些对联背后相关的人和事有哪些？这些对联给你怎样的感悟和启迪？你想从哪些方面来介绍这些对联？哪些详叙，哪些略叙？

（屏显）

1. 首先将自己搜集到的对联放在一起，找出里面自己最喜欢的。

2. 然后进行分类，分类的依据就是你写作的主线。全文就围绕这个分类来展开，例如，对联的功能，对联的发展等。可以从修辞手法与写作的技巧、内涵、表达感情等角度简要分析所选对联。

3. 再结合自己学习、生活等方面的实际谈谈自己的感受。

4. 在详略安排上，选择最喜欢的、最能表现真情实感的详写，其余的略写。

5. 在对联总数的选择上，一篇600字左右的习作，所选对联不要少于3副，不宜超过8副。

学生作品

读联品情

“人间自有真情在。”无论是一幅油画，还是一首歌曲，都包含着创作者的情，而对联也不例外，甚至更胜一筹。

对联，言简义丰，作者认真地推敲每一个字，使得每一个字都如同一束烟花，点燃便会绽开五彩缤纷的花瓣，人间真情也便蕴藏在这美丽的花瓣之中。每次有所读，有所品，便有所悟，有所感。

“海内存知己，天涯若比邻。”它点出了友情之伟大，甚至打破了空间的界限，人一生若得一知己，那么，即使是在天涯海角，彼此的心也会始终在一起。还有一联“每因感激怀知己，为乐清虚寄可人”。这也是谈友情的，意为与友人同享欢乐，倾诉心中愁绪。人为什么要拥有友情？因为人与人之间是需要交流的，其中有些人与你志同道合，你便会与他结伴为友，共诉衷肠。这告诉我们，无论是心中的欢乐，还是心中的愁苦，都要学会与友人分享，而当我们成为一个倾诉者的同时，也应当做一名倾听者，共同分享同伴的欢愉并分担苦痛。

友情是世界上最普遍的情，而世间最真挚的情是伟大的亲情，它蕴含于浓浓的血液之中，穿插在深厚的羁绊之上，诚如“先贤感

母恩，好为《游子吟》；今人诉亲情，放歌《发如雪》”，这副对联就很接地气。先贤今人，都作词作曲以称颂亲情，可见，亲情是这个世界永恒不变的话题。

师生情，一种独特的情感，以知识为纽带串联着。有道是“悲欢同，荣辱同，同舟共济；同窗情，师生情，情深似海”。在学习的道路上，我们有过成功，也有过失败。如今，我们即将毕业，但当初那些风雨同舟的日子仍印刻在心上。在学习知识的道路上，我将不断前进，但在度过了我数年青春的教室中，我愿留下一丝心绪，永怀那美丽的师生情。

“纸上得来终觉浅，绝知此事要躬行。”人间真情，三言两语难以诉清，对联的奥秘品读几遍，仍难以全悟。我们需要用现实给自己上一堂情感大课，品联大课，而后才能真正做到读联品情。

（此课例荣获“新作文杯”全国第二届作文教学“创课”比赛一等奖）

深刻说理，透辟解材

四川成都·杨　辉

创课缘起

多次参加四川省高考作文阅卷，尽管每年都有一些优秀作文，但大部分考生或肤浅、或空泛、或陈旧、或人云亦云，都缺乏真实的思考，未能真实地写作。本月月考，学生作文分数普遍较低，很难找出优秀的作文，无论作文内容、作文思想，都难跳出“陈腐”的藩篱。近几年的高考作文愈来愈倾向于考查学生的整体观照能力、挖掘能力和思辨能力。高考佳作，无不闪耀着智慧的理性之光与令人心悦诚服的思辨色彩。因此，考场作文要想得高分，就得在“深刻”上下功夫。要想做到“深刻”，除了多读理论性文章和学会辩证思考问题外，最主要的是要掌握一些使议论文“深刻”的思维方法——如何拓展思维的面，如何加深思维的度。

创课思路

首先要让学生认识到自己作文存在的主要问题，进而全面理解“深刻”的含义。教师通过引导学生对作文材料进行辨析及例文分析，并对比自我作文，让学生认识到如何达到让作文深刻的要求，在此基础上总结使作文深刻的思维方法，进而提高学生的立意和透辟说理的能力。

学生作品

一、导入

师：同学们，高三的月考就像是一场一场汇报演出，无论精彩还是黯然，都要认真总结反省。只有如此，我们才会有所收获、有所启迪，成功开启高考之门。不少同学对作文感到十分困惑：怎么我的作文分数这么低呢？的确！大多数人的作文得分不高，50分的作文极少。为什么？你们想过吗？作文到底该怎么写呢？今天，我们就作文的“深刻”这个话题与大家做个简单的交流。

二、自我评价

师：要想解决问题，首先是要认识问题。如果连自己的作文问题出在哪里都不清楚，糊里糊涂地，岂有出头之日？

（学生自主反思）

生：内容空洞，论证不严密。

生：观点不新颖，没有用以小见大的方法分析问题。

生：没有去思考它的深层次原因，更没去关注它的影响。

……

（屏显）

立意：流于表面，就事论事；思想肤浅，认识不高。

说理：浅尝辄止，不会挖掘；说理不透，不会分析。

师：那么，考纲是怎样阐释作文之“深刻”的呢？

三、考纲解读

（屏显）

1. 深刻，指作文中所阐发的思想，所表达的观点能达到事物或问题的本质，能揭示出问题产生的原因，使人受到启发，内心深处有所感。

2. 考纲要求：①透过现象深入本质；②揭示事物内在的因果关系；③观点具有启发性。

3. 深刻的多样性：或深入本质，或揭示原因，或说明结果，或指出规律，或预示发展，或抓住要害，或给人启发，等等。

4. 议论文深刻要求：论点新颖独到，说理透彻深刻。

四、考题回放

（屏显）

孟子曰："挟泰山以超北海，语人曰：'我不能。'是诚不能也。为长者折枝，语人曰：'我不能。'是不为也，非不能也。"在日常生活中，我们常常看到这样的镜头：公园里的垃圾桶就在身边，但就有人将果皮或其他垃圾随手丢在地上；最后一个走出教室，电风扇还在呼呼地吹，但就是不去拧一下开关……凡此种种生活细节，本为举手之劳，但就是没有人愿意去"为"。这到底是由什么造成的呢？

请以《"不为"与"不能"》为题，写一篇文章，文体不限，立意自定，不少于800字。

师：面对这样的话题，我想人人都感觉到有话要说，但是要想说得精彩，恐怕就不那么容易了。我们很多同学是这样构思的：对

“不能”与“不为”做简要的对比，将话题材料中的现象重新复述一遍，然后再列举现实生活中一两个类似于话题材料中的例子，进行一番描述，最后再对“不能”与“不为”的诸多现象批判一番。如此，我们的文章虽然成型了，但是这样就事论事式的构思，使文章难以摆脱平淡的“面相”。实际上，话题材料的最后一句对写作“倾向”已经做了限定，也就是说，不能就“不为”与“不能”的表面来做文章，而应该深究造成“不为”与“不能”的原因，这才是文章立意的“眼睛”所在。

（屏显）

1. 什么是“不为”？什么是“不能”？

2. 生活中还有哪些“不为”的事发生？

3. 为什么“不为”？

4.“不为”会产生怎样的结果？

5. 怎样消除“不为”的怪现象？

6. 生活中我们“不能”的事是什么？

7. 为什么“不能”？

8. 面对“不能”该怎样？

师：请你们先独立思考，然后小组间交流讨论以上问题。

生：能为且应该为的而不为，称为“不为”；对人的客观能力受到限制的，称为“不能”。

……

师：“不为”蕴涵着“该为能为”，选择“不为”实际上体现了人性中“恶”的倾向，是人的思想态度、修养、文明与习惯养成的问题，反映了一个社会的教化与风尚，于人于己都不利，让其泯灭，有赖于教化。“不能”是一种客观能力的受限，“不能”或许不可避免，但我们应该积极寻找解决的办法，努力改变客观现实，或正确面对。当然，该话题的重心在“不为”，但可以用“不能”来陪衬能为、可为而“不为”。

师：这样一分析，似乎能写的东西就有很多。问题分析得透彻了，思想变得深刻了，分析论证不就游刃有余了吗？你们认为此话题的最关键之处在哪里？

生：分析问题一定要用发散思维。

生：分析问题一定要学会以小见大，见微知著。

生：要展开横向和纵向的联想及思考。

……

师：同学们都说得很好！写好作文，思维是关键。掌握恰当的思维方法，有助于提升思维品质。

五、课堂实战

（屏显）

阅读下面的材料，根据要求写作。

仰视：向上，可以放眼星河，又或者顶礼膜拜……

俯视：向下，可以俯瞰大地，又或者居高临下……

平视：向前，可以平等对话，又或者视野局限……

要求：结合上述材料，请从整体上或任选一个角度立意，明确文体，自拟标题；不得套作、抄袭；不少于800字。

生1：不同的视角运用不同的感官。

生2：每一种视角都有相反的感受。

生3：每一种视角都有不足或缺陷，所以我们看待事物或问题要学会多角度结合。（全班学生报以热烈的掌声）

师：掌声响起来，我心在澎湃！（教师发出轻微的笑声）这是怎样一个思维过程呢？同学们梳理梳理！（学生交流）细读每则材料，我们都可以看出每则材料都在说一种视角“可以……又或者”，既有优势又有劣势……材料告诉我们不能用一种视角看待事物或问题，而要学会多角度结合。这个过程是求同的过程，求同或求异的思维过程其实就是在回答“是什么”，有些地方又称其为“本质探求法”。

（屏显）

求同求异—是什么—本质探求

师：除此之外，这三则材料还可以从哪些角度思考？（学生思考良久，没有发现要点）这三则材料，从视角的角度进行分类，可分为俯仰一类、平视一类，俯仰视野开阔而不能平视，平视虽能给人一种平等的感觉但视野并不开阔，可见，俯仰是平视的前提，仰视是追求进步，俯视是以包容开放的心态面对一切……（学生发出惊叹声）这个思维过程又是怎样的呢？

生：找相互关系。

生：思考“怎么办”的问题。

生：分类也是区分关系……

（屏显）

找寻关联（关系）—为什么？怎么办？—因果思维

师：其实思维一点也不玄妙，关键是要找到深入点。

六、范文分析

（范文一：全国Ⅰ卷漫画材料作文的满分作文《进步与退步》，原文略）

师：这是一篇考场作文，请你仔细阅读后，说说你对它的看法。

生：角度新颖。从寓意立意的角度看，进步与退步看似两个截然相反的趋势，实则在某种程度上有相同的方向。

生：论述辩证，家长教育孩子时，既要给进步的孩子以鼓励，也应给退步的孩子以空间。

生：进步是一个人能力发掘的过程，而退步是一个人缺陷暴露的过程，从这个角度看，进步与退步是相离相生的一对。

师：好作文的独到之处都被你们看出来了，那么自己的作文问题该怎样解决呢？

（屏显）

独辟蹊径，求新求异；由表及里，入木三分。

（范文二：高考江苏卷的优秀作文《烟火蓝边碗》，原文略）

师：此文为议论性散文，朴素而有韵味，寓丰腴于平淡之中。构思不可谓不独特，主旨不可谓不深刻。作者是怎样做到的呢？

生：作者想得多，想得远，由此及彼，由碗想到人。

生：作者运用由小见大的写法，发幽微而显现。

生：本文语言韵味十足。

师：正如我们刚才分析的月考作文，你要学会发散思维，纵横发难，由此及彼，由小见大，才能使你的文章深刻透辟。

（屏显）

纵横开掘，多向思维；一叶知秋，见微知著。

七、方法总结

师：要想使你的议论文深刻透辟，关键在于你要善于发现问题并找准角度切入问题的本质，揭示问题产生的原因及其作用或意义（后果）。要学会朝大处想，朝深处想，朝远处想，朝不同方向去想。

（屏显）

透过现象，抓住本质，由表及里。

摆出现象，由果溯因，由此及彼。

提出疑问，正反对照，由近及远。

联系生活，针对现实，由小及大。

学生作品

补水一时，开源万世

一河干涸，或运水补之，或为之开源。补水速效而难久，开源虽耗时力，但可保其长清长流。如此而然，与其补水，不如开源。补水解一时之急，开源成万世之流。

解决问题，当长计，从根本入手，切不可寸光之见，只顾眼前。

当下，处于脱贫攻坚的关键时期，各方出力，方法各异，成效显著，但要从根本上解决贫困地区脱贫的难题，增强贫困地区的内生动能才是脱贫长远之计。扶贫当扶志，使人产生内在觉悟，振奋精神，发力拼搏。扶贫更需扶智，使人拥有实在本领，掌握技能，便能立业立家，继而带领大家发家致富。反之，为贫困地区长期提供大量援助物资，这些援助对于人们短期内摆脱困难作用甚大，但不合理使用或过度使用均伤害甚大，甚至可能导致产生贫困依赖症。不通过奋斗就有收获，如果这一思想被激发，如何能达到真正助人脱贫之目的？

管仲曾言：滥予之害，甚于饥荒。不正确地帮助他人害处甚大。外在的帮助可得一时之利，内在的强大方固根本之繁荣。打赢脱贫攻坚战必须重视内生动能机制创构。

脱贫攻坚不能仅仅着眼于单纯物质上的脱贫，而是要始终秉持着“绿水青山就是金山银山”的生态文明发展观点，立足可持续发展战略。绝对避免“产业兴而生态亡”之类的“暴力扶贫”方法，要在创造经济增长点、拓宽扶贫产业链的过程中充分尊重自然，摒弃“靠山吃山、靠水吃水”的错误观念，善于挖掘地方生态资源特色，让贫困户依托绿色产业，吃上香喷喷的“绿色饭”。 打赢脱贫攻坚战，必须注入生态内生动能。

面对困难与挑战，创新永远是最强大的武器。在当今的5G新时代，“直播带货”等方式日渐走红，新颖的“直播+”的创新带货方式，既方便又快捷，不仅为经济发展提供了新动能，而且为助农扶贫开创了新局面、新平台。“网络+扶贫”模式持续深入发展，帮助贫困人群创财致富。打赢脱贫攻坚战，必须注入创新的内生动能。

与其补水，不如开源。脱贫攻坚如是！难道我们的教育高质量发展不应这样吗？难道我们企业科技创新不应这样吗？难道大国崛起、民族复兴不应这样吗？

利趋短，如一时补水；功千秋，当万世开源。

（此课例荣获“新作文杯”全国第二届作文教学“创课”比赛一等奖）

化文成图再成诗，诗成细化始成文

山西晋城 · 赵淑敏

创课缘起

统编版语文教材七年级上册第一单元的主题是“四季美景”，所选用的现代文篇目都是结构清晰、语言优美的经典文章。在学生朗读《春》自然而然地读出文章文脉时，教师想如果将思维导图应用在阅读教学中，会产生怎样的教学效果呢？于是，教师就大胆放手让学生去“图说课文”。从《春》到《济南的冬天》，从《雨的四季》到《古代诗歌四首》，学生把课文图说成了一首首简洁优美的诗歌，于是，就有了“诗说课文”。后来，教师忽然发现：从文到图再到诗，再从诗逆推到图再逆推到文，正好形成了一条清晰的写作思路。这个发现让教师开始思考怎样去构建一堂写作课并把这个发现传递给学生？所以，教师结合单元主题，以“秋”为切入点，带领学生进行了这次写作构思尝试。

创课思路

人的思维各有不同，却也有着相似之处，正如学生用思维导图梳理同一篇课文的共性和差异性一样。因此，教师利用学生的思维特点设计如下步聚：首先，教师从学生梳理《雨的四季》的两张思维导图入手，归纳出思维导图分支越详细，越能推演出文中的具体内容这个认知作为突破口；其次，教师引导学生当堂进行“秋”的写作实践：先画思维导图，再变成小诗，继而在班内精选一篇作品，组织学生以其“图、诗”为蓝本，进行分工写作；最后，全班学生合力完成作文接龙游戏，从而将一种写作思维落实成了一场实实在在的写作实践。

教学现场

一、温故而知新，激发思维之花

师： 同学们，你们还记得我们学习第一单元时的画的那些“图说诗说”吗？（学生齐答记得）来，我们一起来回顾那些精美的图片。请你们先看《雨的四季》里这张“图说诗说”图，你们能从中推演出文章的主要内容吗？

（屏显）

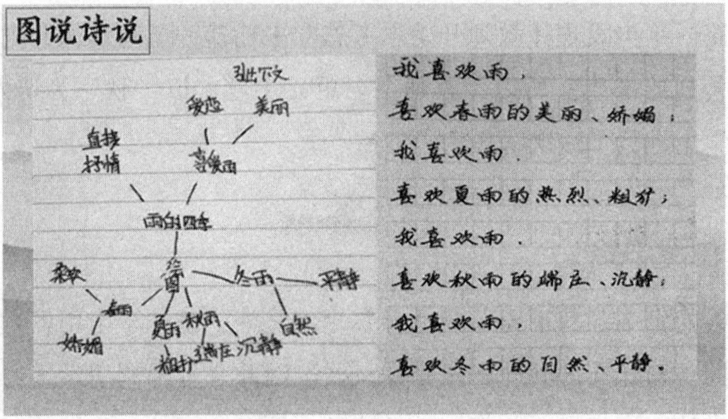

生： 不能。我只能概括地知道作者写了四季的雨及其特点，但具体写了哪些内容推演不出来。

师：对，这张“图说诗说”图画得太简单了。那么，我们再看下面这张“图说诗说”图，你们能不能从中推演出作者具体写了哪些内容？

（屏显）

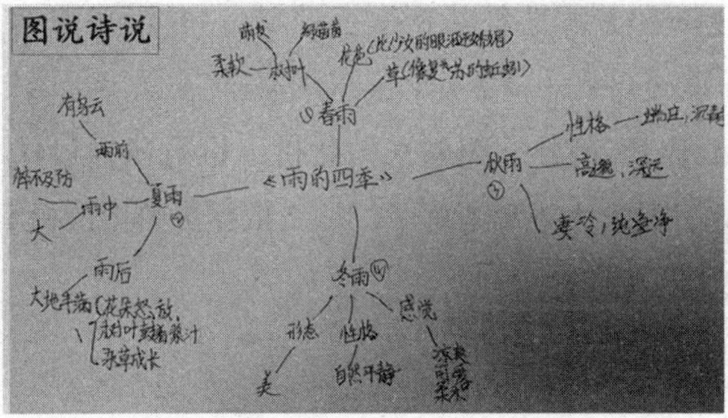

生：能。因为这张思维导图的分支比较多，比如“春雨”中有“树叶、花苞、草”三个小分支，而在“树叶”这个小分支上同样还有三个分支，所以我能从中推演出文中所写的具体内容。

师：你说得真好。大家听出他发言的关键点了吗？（学生答分支多）对，思维导图的分支越详细，越能推演出文中的具体内容。大家快速把这句话读三遍，争取背下来！

（说明：学生速读背记。）

二、联系实际，图说题目，化图成诗

（屏显）

以《秋》为题，写一首小诗。

方向与建议：

1. 你想一想现在及之前所经历过的秋天，用思维导图选定内容，然后写一首小诗。

2. 写小诗不必在意结构、意象之美，表达自己想表达的内容即可。

3. 三五行，五六行，多多益善。

（说明：学生画思维导图、写小诗，预设10分钟；教师板书——秋。）

三、最佳PK最佳，超越式大比拼，推选班内最佳

师：好，看来大家都写好了。那么依据屏幕上的提示，你们开始分享、交流、推荐。

（屏显）

分享交流

1. 小组内分享交流，推荐本组最佳诗作。

2. 纵行大组间就小组最佳诗作分享交流，选出组间最优诗作。

3. 各小组派代表将组间最佳诗作同步填写在作品推荐卡上。

师：填好作品推荐卡了吗？（学生齐答已经填好）下面我们三个大组按并列位置交换看推荐的诗作，确保每个纵行大组同时持有三份不同的推荐卡，然后在大组间循环轮流看，让这三份最佳推荐卡上的诗作互相评比，最后推选出班内最佳诗作。

（屏显）

1. 秉承公平正义原则，推选出班内最佳诗作。

2. 汇集各组意见，派小组代表填写推荐理由。（原则：求同存异）

3. 其他人要完善自己的诗作。

（说明：学生交流推荐，预设5分钟。）

四、导图助力，化诗成文，合力成篇

（说明：教师用投影仪向全班学生展示班内最佳诗作。）

师：好，这么统一！连理由都很相似。你们都推荐了咱们班3000米金牌得主元奕分写的诗。看来，你们不仅少年情怀总是诗，还都很有英雄情结呢！那么，我们一起来朗读元奕分写的诗吧！

秋

秋天的一切我都喜欢
大豆咧开了嘴在笑
玉米露出了褐色的胡须
家里的苹果树也开始涂上腮红

地里的庄稼成熟了
他们就会回来
赛道上的我拼命奔跑
听不见周围的加油声

3000米的金牌
全班荣辱与共的骄傲
但我只想听到他们的一句夸奖
因为他们回来了

一起掰玉米、捆麻袋、捡豆子

还可以坐在爸爸三轮车的侧座上

嘿！我与大人想法不一样

我很希望秋天收获时能多下些雨

（说明：当学生读投影展示的小诗时，教师利用小诗作者的思维导图在黑板上补全“秋”的思维导图。）

板书：

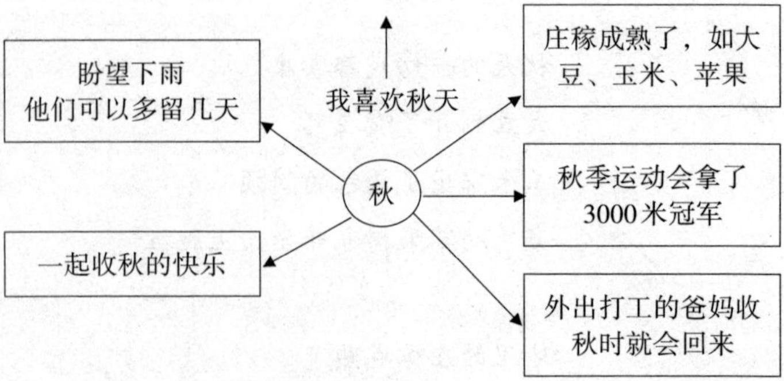

师：黑板上呈现的是奕分的导图构思。就像你们写的推荐理由一样：“这首诗很感人。不仅有秋天的收获，还有自己赛场上的收获，更有能和父母在一起的满足！对父母的眷念之情萦绕诗间。”下面我们再次展开想象，化诗成文，给这首诗进行细化描写，就像我们扩写《天净沙·秋思》一样，把这首小诗扩写成一篇大约600字的文章。

（说明：教师要求学生在纸上写小诗关键句，预设2分钟。）

（屏显）

合力扩写

1. 教师负责开头、结尾。

2. 小组分工完成主体部分。（原则：人人写作，最后推优）

师：这首诗总共四个部分，但思维导图显示的是五个部分。我们还是按纵行的大组分工，从门口这列开始，一组负责一个部分。来，让我们先看一下写作提示。然后抓住奕分要表达的情感，变身作者，来完成写作任务吧！写好后小组内成员交流，推荐本组最佳作品进行接龙游戏。

（说明：师生同写。教师仿照《春》和《济南的冬天》写了一个简单的开头和结尾。）

师：你们准备好了吗？（学生齐答准备好了）那么，接下来让我们一起进行作文接龙游戏吧！没有被推荐的同学要一边听一边想自己的作品怎样就能修改到被推荐。来，我先读我的标题和开头。

我喜欢秋天

盼望着，盼望着，秋天来了，田间立刻变成了金黄色！

有的大豆笑得咧掉了几颗牙齿，玉米们都急不可待地露出了褐色的胡须，家里苹果树上的苹果也慢慢涂上了腮红。秋天，学校还会开运动会，外出打工的爸妈也会回来。总之，秋天的一切我都喜欢。

师：我一读出“盼望着，盼望着”，几个同学就笑了。是的，老师化用了《春》的开头。要知道会化用也是一种写作能力哦！以后，大家要多多化用经典句段。来，写“秋季运动会”的组，你们来分享一下。

（说明：投影仪展示学生作品。）

最近两周，晚自习后我都要到操场上跑15圈。因为运动会上我报了七八年级男子混合3000米的比赛，许多人对我的能力表示质疑。还有人当面对我说：“看你那么羸弱，能跑下全程来吗？”“3000米呢！而且还是和八年级的同学一起比。兄弟，千万不要逞能！”可我知道，我不是在逞能。我从小就在地里奔跑。在一眼望不到边的田地里，我跟在爸妈身后从这块地快乐地跑到那块地，不知跑了多少年。区区一个3000米我还是不畏惧的。

比赛开始了，跑到第5圈我就知道我一定是第一。我本来就是想拿金牌让爸妈看……

师：全文感情基调很统一，写秋季运动会上自己的准备，是为了让父母在收获的季节里多一分喜悦。下面就请写“想听父母夸奖”的组分享一下你们的作品。

生：老师，我们要稍微修改一下，我们觉得应该再加一个过渡句。

师：太让老师惊喜了！你们把我一直最担心的衔接问题解决了。

（说明：投影仪展示学生作品。）

运动会后，同学们英雄式的簇拥让我很高兴，可是却比不上爸妈一句夸奖带来的快乐。我上四年级时，他俩就去外地打工了，每年只有过年和收秋的时候才会回来，就算是回来也没有时间陪我。有了这张奖状，他们就会和我单独说一些话了。因为收完秋他们就会马上走，有时连一个星期也待不够。为了能和他们待在一起，我自告奋勇跟着去帮忙。虽然真的很累，但是我很高兴，因为在地里，抬头就能看到他们。

唉，和他们单独待的时间实在太少了！

师：很不错，情感不减反而更加浓烈，衔接得也很自然。好，下面“收秋篇”组来分享一下你们的组品。

（说明：投影仪展示学生作品。）

于是，我最喜欢的事情就是收秋了。坐在爸爸开着的三轮车上，伴着特有的“突突”声，一会儿就到了地里。可惜爸妈一到地里就开始分工劳动，不肯多闲聊。记得我第一次去地里时，卖力地学着他俩的样子掰玉米，结果把手弄破了。爷爷看到我的手流血了，下午就不让我去了，这让我很是懊恼，但从去年开始，我长高了，掰玉米的速度也比以前快了，捡豆子这样的小事已经归弟弟了。中间休息时，我和弟弟都紧挨着妈妈坐着，即使累得说不动话，也觉得很好。

每次收秋，爸妈总是担心收秋的时候会下雨，说这样就得延长回厂的时间，但我听了，就会在心里期盼着：快点下雨吧！最好连下三个月！

师：很不错，情感和事件都有了，就是把我准备的结尾中“盼下雨”给用了，怎么办？我又得改了。唉！那我就让弟弟出一下场吧！听好了——

其实我不喜欢收秋，我只是喜欢秋天里和爸妈在一起的日子。我最喜欢看到收完秋后的这一幕：院子里弟弟在摊晒的玉米堆上爬来爬去玩儿；爸妈呢，正倚着墙根，晒着太阳，疲惫而满足地瞅着一院的丰收；而我，只是微笑着在旁边看着他俩……

师：好，现在，一篇作文是不是在你面前变得具体可感了？它很好地证明了一个结论：思维导图的分支越详细，越能推演出文中的具体内容。利用思维导图的分支，充分展开想象，再加一些细节描写，可形成一篇不错的作文。在此过程中，我发现在进行作文接龙游戏时，很多同学一边听一边在自己的纸上进行圈点批画，非常好。聆听，本身就是学习能力的一种，这能让你从别人的言谈中领悟到自己作品的不足。从现在开始，我们要学会换个角度去看待写作文。来，大家一起朗读屏幕上这句话，读完后再记在笔记本上。

（屏显）

化文成图再成诗，诗成细化始成文。

布置作业：

以“秋”为话题，图说成诗，诗化成文；自拟题目，自选叙述视角；不少于600字。

学生作品

秋天，有种味道叫作“家”

从四年级开始我就住校了，到今年已是第四年。爸爸妈妈都在南方打工，家里只有爷爷奶奶、我和弟弟。前年爷爷突然生病，大部分时间需要卧床休息。无论在哪个学校，老师在询问过我的家庭情况后，都会在我的名字那栏的最后写下四个字——留守儿童。弟弟和我一样。许多时候，觉得自己和弟弟就是两个被遗弃在学校里的孤儿，根本没有家。

我很爱发呆，发呆时总幻想着爸爸妈妈和同学们的爸爸妈妈一样每天都能待在家里，但实际上他俩只有过年和收秋的时候才会待在家里。他俩在外面工作很辛苦。听爷爷说，一天除了吃饭睡觉外，就一直在车间里站着，一站就是十几个小时，住的地方也很不好。为了节省来回几百元钱的路费，他们一般都不轻易回家。过年时，他们得走亲戚、陪亲戚，只有除夕和大年初一这两天才真正属于我们一家人。收秋时就不一样了，爸爸妈妈至少会在家里待两周。所以我就特别喜欢秋天，只有秋天收秋的时候，家才最像家。

每到秋天，学校就会开运动会。每次运动会我都会报跑步的比赛，每次跑，我都是第一名。每次运动会后就会放假，每次放假回到家，爸爸妈妈肯定在家里。每次他俩都会拿着我的奖状看半天，还会开心地夸我。

今年运动会我报了好几个跑步比赛项目，让我没想到的是3000米和八年级一块儿跑，但我还是得了个第一！真是开心。爸爸妈妈把我的奖状、奖品和金牌拍成照片，晒在他们的朋友圈里。妈妈和我说了好多好多话，说希望我将来考上大学到大城市里工作，不要像他俩只能在大城市边郊的厂区里不分昼夜、不分节假日地工作；说希望我能考上北京体育大学，成为国家运动员，或者将来当个健身教练；说看我能得这么多奖状，她很高兴……

妈妈总是说着说着就流下了眼泪，爸爸总在一旁跟着叹气。

其实，他俩回来收秋时也很忙。自家地一收完，就会去帮姥姥

家收，还要去一些亲戚家帮忙。为了能和他俩待在一起，他俩去哪家收秋，我总是跟到哪家的田地里。从9岁到12岁，从往麻袋里捡玉米到掰玉米，从捆麻袋到割玉米秆……不知不觉间，我就能跟上大人收秋的节奏了。当坐在爸爸开着的三轮车的侧座上满载而归时，觉得自己又像回到了小时候，仿佛自己就是威风凛凛的大将军，妈妈还像以前一样坐在车厢的玉米堆上笑着。真是难得的时光，难得的家的感觉……

收秋时爸爸妈妈每天都在关注天气情况。怕下雨，怕田地里的庄稼收不回来，怕收回来的不及时晾晒发霉，怕忙着照顾爷爷的奶奶在家里顾不来这些事……而我却希望能多下些雨。这样记忆里收秋等雨停的温馨画面就能重现：一家人围坐在一起看电视、聊天、吃着自家地里煮出来的嫩玉米、毛豆角，那萦绕齿间的香甜味道，就是家的味道……

的确，收秋时节才是我一年里最欢喜的时节，因为有种味道叫作“家”。

（此课例荣获“新作文杯”全国第三届作文教学“创课”比赛特等奖）

入情入境，合情合理

江苏南京·曹金枝

创课缘起

常年在九年级毕业班教学，翻看中考作文题，研究中考作文命题趋势，已成为我的习惯。在研究中，我发现近年来在全国各地中考语文试卷上，情境作文题犹如雨后春笋，纷纷崭露头角，以其内容丰富、形式新颖、要求开放、贴近生活而备受关注。情境作文题所给定的情境既有可能是学生所熟悉的某种生活情境，也有可能是与学生的现实生活有一定差距的文本生活。它重在考查学生思维的发散能力，有颇强的选拔性，因而，赢得了许多命题者的青睐；但在实际教学中，很多学生对情境作文的写作充满畏难情绪，由此可见，要想指导学生写好情境作文，审题立意是写作的第一步。

创课思路

首先，教师由往年的情境作文题引入，通过对作文题中关键信息的解读，指导学生了解情境作文的特点。其实，情境作文并不是什么新鲜事物，在初中语文教材各册中一直都有情境作文的写作训练。教师需做的就是梳理教材中的范例，消除学生对情境作文的陌生感和畏惧感。其次，教师通过对具体的情境作文题分析，解密情境作文审题立意的一般规律和方法。最后，教师给学生呈现情境作

文的其他几种试题类型，让学生对情境作文的考查方式有全面、清晰而完整的认识。

教学现场

一、了解特点

(一)《义务教育语文课程标准（2011年版）》对写作的要求

（屏显）

1. 写作要有真情实感，力求表达自己对自然、社会、人生的感受、体验和思考。

2. 多角度观察生活，发现生活的丰富多彩，能抓住事物的特征，有自己的感受和认识，表达力求有创意。

3. 注重写作过程中搜集素材、构思立意、列纲起草、修改加工等环节，提高独立写作的能力。

4. 写作时考虑不同的目的和对象。根据表达的需要，围绕表达中心，选择恰当的表达方式。合理安排内容的先后和详略，条理清楚地表达自己的意思。运用联想和想象，丰富表达的内容。正确使用常用的标点符号。

5. 能从文章中提取主要信息，进行缩写；能根据文章的基本内容和自己的合理想象，进行扩写；能变换文章的文体或表达方式等，进行改写。

——《义务教育语文课程标准（2011版）》

(二) 原题呈现

师：下面我们一起来读一下2017年南京中考语文作文题。

（屏显）

2047年6月17日，30年后的今天，同学们相约回初中母校聚会，要求每人发言。请你发挥想象，以《无情岁月有味诗》为题，写一篇发言稿。不少于600字。不得出现真实的校名、人名。

（三）引导学生分析作文题的关键信息

师： 通过读这道作文题，我们可以分析出题目中隐含着以下四点信息：

（屏显）

1. 同学们相约回初中母校聚会——有情境。
2. 2047年6月17日，30年后的今天——有想象。
3. 写一篇发言稿——有任务。
4. 以《无情岁月有味诗》为题——有题目。

（四）阅卷扫描

师： 老师参与了当年的中考作文阅卷工作。在阅卷中，我发现同学们写作存在着以下问题：抛弃情境、不符合情境、缺乏想象、没有主题、任务不清等，这些问题都说明同学们对情境作文的特点还不够了解，如何进行情境作文的审题立意还不知如何下手。今天我们就一起来学习如何进行情境作文的审题立意。

（五）分析情境作文及其写作特点

师： 什么是情境作文呢？简单地说，就是命题人根据学生的生活实际、思想实际和作文的教学目标，为学生创设的一种特定的情景、境况和氛围，要求学生根据文题所创设的情境中的特定因素和写作要求行文、立意、构思（联想和想象），所有写作要与情境因素保持一致。下面我们一起来看看情境作文的写作有哪些特点？

（屏显）

1. 情境作文受“情境”严格制约。

2. 需要调动生活经验，进行想象和联想。

3. 需要续写、补写、改写、扩写……能力。

二、解密审题立意

（一）指导训练材料

（屏显）

春节，我们一家人逛秦淮灯会。奶奶看见传统纸艺的荷花灯、兔子灯，开心地说：“哎呀，这些都是我们小时候玩的呀。”她二话不说就给我的小表弟买了一个兔子灯。谁知小表弟偏偏喜欢新型的电动灯，哭着闹着就是不要奶奶送的兔子灯。假如你是其中的“我”，请你以《逛灯会》为题，写一篇600字左右的文章。

（二）走进情境，审题立意

师：这个材料设置了一个怎样的特定情境？

生：春节，我们一家人逛秦淮灯会。春节是具有喜庆欢乐祥和氛围的节日。秦淮灯会呈现出一派流光溢彩、五彩斑斓、让人目不暇接的景象，秦淮河畔水波荡漾、晚风习习，怡人欢乐。

师：由“我们一家人”，你会想到有哪些人？

生：有奶奶、小表弟、爸爸妈妈，可能还有小表弟的爸爸妈妈，或许还会有卖花灯的人。

师：这些人物设置都可以，如果是“我”的爸爸妈妈，或是小表弟的爸爸妈妈，那么我们需要建构人物关系，设置人物称呼，比如可能是舅舅舅妈，或许是姑妈姑父、叔叔阿姨等。

（板书：想象人物关系，让内容更加丰满）

师：奶奶喜欢传统的兔子灯，小表弟喜欢新型的电动灯，由此奶奶和小表弟之间产生了矛盾。那么如何续写，如何给文章立意呢？也就是如何解决矛盾呢？在这个情境中，解决矛盾的方式就是这篇文章的立意。这看起来像是想象，其实需要调动学生的生活经验，联系生活。如果把这个场景、这个情境迁移到你平时的生活，你和你的家人之间也应该产生过类似的矛盾，比如买鞋子、买衣服、买手机，那么你们家是怎么解决的？

生：有一次妈妈和我买衣服时，我看中了一件好看、款式新潮的衣服，而妈妈偏偏喜欢那件保暖又有点老土的衣服，我劝说了妈妈好长时间，妈妈才答应给我买了那件好看、款式新潮的衣服。

……

师：大家都列举了自己家的真实事例，有的是爸爸妈妈妥协，有的是自己让步，有的是爷爷奶奶来说情，有的是双方商量，最后意见达成一致，这些事情都和大家的生活实际紧密相连。所以我们在想象解决矛盾的方式——文章的立意时，需要调动我们的生活经验，让联想更为合理。

（板书：调动生活经验，让联想更为合理）

师：回到这个作文情境，如果你目睹了这一幕，那么你准备怎么解决奶奶和小表弟之间的矛盾呢？

生：我支持奶奶选择传统的兔子灯，会劝说小表弟放弃新型的电动灯。

生：我支持小表弟选择新型的电动灯，会劝说奶奶放弃传统的兔子灯。

生：我支持双方的选择，给奶奶买个传统的兔子灯，给小表弟买个新型的电动灯。

生：爸爸妈妈应出面劝说小表弟，并告诉小表弟奶奶喜欢传统的兔子灯的原因。

生：我会劝说奶奶主动放弃自己喜欢的兔子灯，支持小表弟选择新型的电动灯。

……

（板书：想象事件发展趋向，让思考更有方向）

师：我们刚才说矛盾解决的方式就是文章的立意。在刚才同学们想象的矛盾解决方式中，哪些是故事的立意和中心呢？总结概括如下：

（屏显）

1. 传统文化与现代元素兼容并蓄。

2. 感受传统文化的魅力。

3. 欣赏现代科技的精彩。

4. 亲情——奶奶对小表弟的疼爱、宠爱。

5. 孝心、孝敬是一种美德……

（板书：融入思考感悟，让想象更具意义）

师：我们一起来总结一下，如何进行情境作文的审题立意。

（屏显）

想象人物关系，让内容更加丰满。

调动生活经验，让联想更为合理。

想象事件发展趋向，让思考更有方向。

融入思考感悟，让想象更具意义。

三、分析试题类型

师： 这节课我们进行了情境作文的审题立意指导，但每一道情境作文题都有不一样的类型，同样每一种情境都有不一样的类型，诸如——

（屏显）

示例一：

这是全民阅读的时代，这是人人使用微信朋友圈的时代。在生活中，我们常常可以见到以下情景：S想好好读些书，回到家，S却点开了微信朋友圈……请依据这个情景进行写作。

提示：①你可以用任何一种人称代替S。②你可以就这个情景链接生活，叙述故事；也可以根据这个情景展开想象，进行文学创作；还可以针对情景中反映的现象展开论述……

——2018年浙江省温州市中考作文题

示例二：

你现在正置身于一个美丽的大自然王国，那里有美丽的花草树木相依相随，可爱的飞鸟鱼虫深情交谈，欢快的泉水山石友好对话，还有各种各样的动物互帮互助，和谐相处……你在那里会有怎样的故事发生呢？请你放飞想象，自拟题目，写一篇记叙文。

——2018年湖南省邵阳市中考作文题

示例三：

端午节，奶奶像往年一样送来了端午食品——绿豆糕，你却不领情，对奶奶说："这是你喜欢的，不是我喜欢的。"事后，这引起了你的联想和深思……请你以《你的和我的》为题，写一篇文章，向校刊投稿。

要求：①不少于600字；②不得出现真实的校名、人名。

——2019年南京市中考作文题

示例四：

请你用上"伙伴""困境""成长"这三个词语，以"在幽深的峡谷里"为开头，发挥想象，写一篇故事。题目自拟。

要求：①请将作文题目抄写在答题卡上；②字数在600-800之间；③不要出现所在学校的校名或师生姓名。

——2018年北京市中考作文题

师：以上是老师为同学们呈现的几种情境作文类型，此外，情境作文还有很多其他类型。在情境作文越来越成为中考宠儿的当下，学习并了解情境作文还是极为必要的。

（屏显）

1. 根据特定情境的扩写。
2. 限定开头或结尾的补写。
3. 围绕一个或几个字词的情境要素。
4. 任务型情境写作。

学生作品

逛灯会

“我不要嘛，我不喜欢这个！”小表弟站在原地急得直跺脚，双手一直挥动着，想要拒绝奶奶递来的传统纸艺兔子灯。他又指着另一个被花灯装饰得五彩斑斓的小店铺说：“我想要那个电动灯，这个不太好玩，既不能用手提着，也不能动！”小表弟仿佛要哭出了声，生怕奶奶硬塞给他那个无聊的纸艺兔子灯。

在人头攒动、流光溢彩的秦淮灯会上，似乎我们所在的小巷里连空气都静止了。奶奶默默站在原地，在我们一家人的注视下，显得有些尴尬，不知如何是好，低着头。

刚才逛灯会的路上，很少能见到几家做传统花灯的店铺，总算见到了一家，奶奶就驻足不前了。

她一直出神地看着，我们也停下了脚步：那个扎灯老人在低头忙着，他用竹子做着模型，然后仔细地糊着纸，不论做到哪一步，他都会聚精会神地完成，在喧闹的人群中，仿佛正在做着一件神圣的事，不容打扰。也许正是这一幕，勾起奶奶记忆中的童年时光。她才不由分说地给小表弟买这盏精致的兔子灯。

“这盏兔子灯多么可爱啊，身子看起来毛茸茸的，翘起来的耳朵和红红的眼睛多好看。我小时候啊，可喜欢了，不知我这孙子辈为什么不喜欢啊，唉——”奶奶感叹道。

“走吧，走吧，继续走吧。”爸爸催促道。爸爸很孝顺，一直不答应帮小表弟买电动灯，我们一家人继续向秦淮河边走去。我牵着小表弟，他一路上没哭没闹，只是一直嘟着嘴，显得很委屈。

眼前尴尬的气氛让人感觉很憋闷，我看到奶奶手里的兔子灯居然有四个小轮子，顿时有了主意！我拍了拍小表弟的头，笑着说："乐乐，你见过会跑的兔子灯吗？"我小心翼翼地把兔子灯递给他看，他有些狐疑地摸了摸"小兔子"的头。"其实啊，这盏纸艺兔子灯也可以跑呢！"我拿起兔子灯，放在地上，用绳子牵着这个小白兔"吱呀呀"向前跑了起来。小表弟的视线追随着那盏兔子灯，然后吵着说："真好玩，我来，我来牵"小兔子"。"他牵着那盏兔子灯，满脸的笑容，就像那盏花灯一样灿烂，边跑边激动地喊着："原来，它真的可以跑啊！"

我看了看奶奶，奶奶看了看大家，大家都笑了，仿佛眼底尽是这美好的场景。

我们跟着小表弟，小表弟牵着纸艺兔子灯，花灯向着前方缓慢地走着。我们一家人又其乐融融地向着前方依旧流光溢彩的秦淮灯会走去……

（此课例荣获"新作文杯"全国第三届作文教学"创课"比赛特等奖）

先定两端，后编中间

河北廊坊·商　慧

创课缘起

在网络发达的今天，这个流行人人都是自媒体的时代，拥有“讲故事”的能力很重要。可我发现，讲好一个故事却很困难。在教学过程中，学生在故事创编方面，写出的都是些不知所云的文字。他们的故事缺乏逻辑性，甚至闹出了很多啼笑皆非的笑话，那么如何发挥自己的想象，编写出一篇完整的故事呢？直到我看到蒲松龄的这篇单元小故事——《狼》，才有了思路。

创课思路

要想让学生有效地掌握故事创编法则，就需要让他们了解一篇完整的故事，所以教师先以《狼》为例，深度分析文中的狼是如何由“这样”开头的，是如何演绎成由“那样”结尾的。接着教师指导学生再读蒲松龄的另一篇关于《狼》的文章，把两篇文章进行比较，总结出小单元故事创编的规律：先编两端——开头和结尾，然后编中间，最后用真题练兵。

教学现场

一、文本研读

师：同学们，上节课我们阅读了《狼》，了解了文章的主要内容，你觉得屠夫为什么能战胜狼？

生：因为屠夫有着勇敢、机智的斗争精神。

师：对，屠夫的斗争精神固然可敬，但最重要的不止于此。想一想，屠夫躲在积薪中时有什么心理活动？

生：他会非常恐慌、害怕。

师：请你们再想一想，屠夫暴起劈狼之前，是如何思考的？也就是需要你们仔细地揣摩一下屠夫当时的心理活动。

（屏显）

进行合理推理。

生：他有两种选择：一是躲在积薪中，等到天亮别人来救他；二是当机立断杀了狼，自我拯救。

师：如果屠夫选择躲在积薪中，等天亮别人来救他，那么会产生怎样的后果呢？

生：如果屠夫一直等待别人来救他的话，他的体力就会越来越差，这样他更容易被这两只狼攻击。

生：假如狼召来狼群对付屠夫，屠夫就有可能被狼吃掉。

师：你们说得很对。在这个紧急关头，他选择了劈狼逃生，而没有选择等别人来救他，因为他明白如果再等下去，狼可能会召来同伴，这样很可能等不到天亮就会被狼吃掉。如果现在趁着两狼一前一后分开的机会，就可以把它们逐个杀死，给予自己生的希望。

（屏显）

欲活命，当拼命。

师：这就是屠夫的智慧所在，能在决断之前对事物做出准确的分析和判断。下面我们一起看蒲松龄的另一篇关于狼的文章。

二、故事创编

（屏显）

狼

蒲松龄

有屠人货肉归，日已暮，欻一狼来，瞰担上肉，似甚垂涎，随屠尾行数里。屠惧，示之以刃，少却；及走，又从之。屠思狼所欲者肉，不如悬诸树而早取之。遂钩肉，翘足挂树间，示以空担。狼乃止。屠归。昧爽往取肉，遥望树上悬巨物，似人缢死状，大骇。逡巡近视，则死狼也。仰首细审，见狼口中含肉，钩刺狼腭，如鱼吞饵。时狼皮价昂，直十余金，屠小裕焉。缘木求鱼，狼则罹之，是可笑也！

师：谁能概括一下这篇文章的主要内容？

生：它主要讲述了一个屠夫在回家途中遇到一只狼，他就用秤钩把肉钩住系在树上，第二天屠夫发现，狼为了吃肉咬到钩子吊死在了树上。

师：这篇《狼》和我们学习的那篇文章有何异同？

生：两篇文章的相同之处表现在两方面：一是屠夫傍晚回家遇狼；二是最后都是狼死人活。

生： 两篇文章的不同之处在于屠夫对付狼的方法，一个是屠夫选择勇敢劈狼，另一个是屠夫用肉吊狼。

师： 你们分析得非常好。这两篇故事的开头和结尾是一样的，但中间的故事情节却不同。因此，我们可从这两个小故事中总结出编创故事的规则：

（屏显）

有了固定的开头和结尾，然后再编中间的故事，中间的故事内容只需解释为什么由此开头演绎成此结尾即可。

先编两端——开头和结尾，然后编中间。

师： 现在我们可以总结出一个简单的方程式了。

（屏显）

方程式：事情开头“kx”+原因“y”+事情结尾“jx”=故事“gx”

三、延伸阅读

（屏显）

那豁口，那小路

南 盱

我家住在大学校园里面。学校为了加强对学生的生活管理，在学生活动区与居民活动区中间设置了一道铁栅栏。同时，在学生活动区一侧的黄土地上种植了绿色的草坪。刚开始，人们还守规矩，按照学校的要求绕道行走。大约过了一个月，草坪呈现出一派生机的景象，像一块翠绿的地毯铺在这里，很养眼。

可是好景不长。不知是谁“勇敢”地将铁栅栏上的一根铁条锯断了，使铁栅栏有了一个豁口，于是人们把脚踏进了草坪，抄近道走，在草坪上踩出了个“人”字形小路：一“撇”是从豁口向教学楼走去，一“捺”是从豁口向教学楼西侧的运动场走去，这一“撇”一“捺”在距铁栅栏豁口10多米处是合在一起的。来来往往的人有大学生，也有居民，他们都是一个姿势——向张狂伸着的铁条低头弯腰，斜着身子钻过豁口。

随着时间的推移，草坪上的草越来越绿，而小路上的草早已变得枯黄，“人”字愈来愈显眼。看到这个情景，真叫人心疼。于是，我写了张纸条，贴在了豁口边的铁栅栏杆上：“世间创造了小草和我们，那就让小草和我们一起享受阳光，一起成长！请走大路！”又过了些日子，我在豁口处看见纸条不见了，小路也变得光溜溜了，只有几棵草茎还直挺挺地立在那里，好像在说这里曾经是草坪。

望着这“人”字形小路，我想起了鲁迅的话：“世上本没有路，走的人多了也便成了路。”这里本不是路，但走的人多了真变成了路。我觉得这“人”字形路是对人们的绝大讽刺——虽然是众多人走出来的路，但未必是正路，要警惕啊！

师：正如鲁迅先生那句名言——世上本没有路，走的人多了也便成了路。这篇文章开头强调这里“没有路”，结尾这里“成了路”，原因是什么？

生：走的人多了。

师：不错。下面请大家构思一下人们是怎么走的，这样中间的故事就形成了。

四、写作实践

（屏显）

（2018·北京）请用上“伙伴”“困境”“成长”这三个词，以“在幽深的峡谷里”为开头，发挥想象，写一篇故事。题目自拟。

师：根据我们刚刚推出来的公式，再用上材料中提示的、固定的单个关键词和开头，这样的一篇文章该如何完成呢？首先由这三个关键词，你能想到什么？

生：由“困境”想到遭遇困难，面对困难要敢于与其作斗争。

生：由“伙伴”想到团结合作。

生：由“成长”想到大家一起战胜困难之后就变得强大了。

师：其实，我们根据这三个关键词就可以编好故事框架：在幽深的峡谷里遭遇意外，与伙伴合作走出困境，领悟到人生真谛，感觉自己又长大了。现在我们就可以编写故事内容了！既然是峡谷，那就必须要有环境描写。关于写景，我们可以读一读郦道元的《三峡》。

（屏显）

自三峡七百里中，两岸连山，略无阙处。重岩叠嶂，隐天蔽日，自非亭午夜分，不见曦月。

师：那么如何与人结伴走出峡谷，我们可以读一读《淮南子·说山训》。

（屏显）

寇难至，躄者告盲者，盲者负而走，两人皆活，得其所能也。

师：根据其文可设定人物，高度近视但身体壮实的同学与视力正常者结伴游猿飞峡，视力正常者不慎伤足，天黑能见度差，凭手机发出的微光，由近视者负视力正常者，你是我的眼，我是你的腿，两人合作走出峡谷。现在我们一起来编写故事吧！

学生作品

走出幽深的峡谷

在幽深的峡谷中，我与伙伴庄翰已艰难地行进了三个小时。这是条很壮观的峡谷，名为“猿飞峡”。我崴了脚，庄翰背着我朝谷口前行，尚需两个小时才能走出峡谷。此时，天已渐暗，怎样才能走出这幽深的峡谷，我们面临着这一困境的考验。

本来，我是专门陪庄翰来峡谷游玩的，我早就来过。庄翰一直没来过，原因很简单，他视力不好，眼镜像个瓶底，一圈一圈的，但猿飞峡是他的相思地。说起猿飞峡，实在可人，特别是春天来临之时，则素湍绿潭，回清倒影。绝巘多生怪柏，悬泉瀑布，飞漱其间。不仅如此，还有一奇特之处，峡右岸林木深处是猿猴聚集处，高猿长啸，属引凄异，左岸虽无猿，但竖壁传响，哀转久绝。故有渔者歌曰：奇峰绿水峡谷长，猿鸣三声泪沾裳。庄翰因视力不好，对赏美景并无强烈的欲望，但他对猿飞峡的猿鸣向往。我知其情，故趁闲暇之机，与他同游猿飞峡，了其心愿。谁知我在返回时一不小心崴了脚，寸步难行，便成了他的累赘。

猿飞峡因山高谷深，手机通信信号不好，向外求援不可能。时间已是晚上七点了，天色逐渐变暗。手机虽然不能对外联系，但它的第二职能却派上了用场。我一边用手机照明，一边指引着庄翰怎样选择道路。

这时，为了减少精神压力，活跃行进的氛围，在歇息的时候，我与庄翰尽量找些话题进行讨论。

“你怎么看手机的使命?”我问。

“我们看事情不能只看一面，在特定情况下，主次会发生转化。”他说。

“具体说说?”我又问。

“当下，我们需要的是认路。此刻，手机虽不能向外求援，但它能照明。”他说。

“你很看重物的条件呀!”我评论他。

“好比说，你有志与力，而又不懈怠，但将你至幽暗昏惑而无火把、手电筒等地，你也不能成事。”他解释道。

“你说得很有道理！但我们走出峡谷，关键还得靠咱们俩的兄弟情，它决定了我们能够以物相之。手机照明，为看路、引路提供了方便，可行走却要靠你的腿，如果没有手机照明，大不了等到明天天亮了再走，现在可找个洞蜷缩在一起，你靠我，我靠你，还能相互取暖。”我补充说。

“说得好！歇一歇，咱们继续走。我是你的腿，你是我的眼!”他动情地说。

又坚持走了不到一个小时，手机就有了信号。其实，同学们正在寻找我们，他们见我们没有按时返回，估计出了问题，便结伴沿河谷与我们相向而行。

此次经历，我的见识又有所提升：人是社会动物，需要有好的社会性公共生活——伙伴、友情！我在生活的旅途上又成长了一步。

（此课例荣获“新作文杯”全国第三届作文教学“创课”比赛特等奖）

以课文为帆

江西赣州·温世艳

创课缘起

学习完《答谢中书书》《与朱元思书》和《记承天寺夜游》之后，同学们谈收获时说："这几篇文言文有个共同点：都有表达情感或揭示哲理的语句。"我接着追问："这种句子在文中起什么作用呢？"他们又回答：这样文章就不只是单纯地记事写景，而是总结全文，提升主题，这就是在扣题……

在与学生的深度交流中，我领悟到用阅读教学带动作文教学，引导学生向课文学习写作，是一个很好地教学契机。在现实生活中，很多学生拿起笔，要么没东西可写，要么就是想到什么写什么，缺乏主题，同时教师也觉得作文难教。其实课文就是丰富的写作资源宝库，教师可以利用教材上的课文指导学生进行写作。

创课思路

新课标要求教科书选文要具有典范性，要文质兼美、富有文化内涵和时代气息，适合学生学习，这决定了课文本身就是范文的工具性。因此，在明确教学目标后，首先，教师以课文为范文引导学生学习写作，在学习中归纳写作方法，从而实现用阅读教学带动作文教学的目标；其次，教师请学生分析自己作文中存在的问题，紧接着师生共同探讨修改建议；最后，教师指导学生进行写作实践，同时要提醒学生注意扣题，以强化其学习效果。

教学现场

一、故事导入，激发兴趣

（一）看故事，谈感悟

（屏显）

两兄弟旅游回来，碰巧遇到停电，只能爬楼。家住36层，他们觉得行李重，于是就将行李寄存在楼下邻居家，但等他俩到了家门口却发现钥匙落在寄存的行李里。

看完后，你有什么感受？

（学生讨论交流，教师总结）

小结：他们辛苦爬楼是为了回家，可等他们回到家门口却发现钥匙落在行李里，这让人觉得他们爬楼也就白辛苦一场。这个故事侧面反映了写作的根本任务是让大家明白你要表达的主题，忘了主题而写也就是白费力气。

（二）明内涵，知主题

（屏显）

主题就是文章要告诉读者哪些内容，换句话说，主题就是情感、感悟，是启发、收获。写作就是精心组织语言，用文字来表达主题的一种手段。

小结：走路忘了要去的地方，就走了一段没用的路程；作文忘了主题，就会留下一堆没用的文字。通过这个故事，学生就会明白写作的根本任务就是让大家明白你要表达的主题，以此引出如何紧扣主题写作的教学内容。

二、重温课文，学习扣题

（一）短文热身，趣味扣题

1. 解读短文。

师：请大家阅读下面这篇短文，你们能从中读出它要表达什么吗？

（屏显）

一

天空大吗？

大。

树叶大吗？

不大。

天空能挡住人的眼睛吗？

不能。

树叶能挡住人的眼睛吗？

能。

二

你觉得是一粒金子好，

还是一堆烂泥好呢？

当然是金子啊！

假如你是一颗种子呢？

（学生交流讨论，角度各不相同，合理的就加以肯定。教师屏

显部分感受）

片段一：

挡住你的视线、迷失你的心智、阻碍你前进的，往往是生活中的一小片树叶、一小点疙瘩、一小步坎坷。

片段二：

换个角度，价值就不相同；换个心境，世界就不一样！

师（小结）：通过讨论交流，我们明白了这篇短文蕴含的哲理和情感就是短文要表达的主题。所以写作文要想点题、扣题其实并不难，只要把情感和领悟到的哲理写出来就可以了。

2. 明确教学目标：扣题。

师：所谓的开头、结尾扣题，就是这两部分要紧扣标题直接点题，我们一般都能注意到，但主体部分的扣题就很容易被忽视，这就是这节课的主要内容。那么，什么是扣题呢？其实扣题就是点出文题、话题，或点明中心。

（二）欣赏古诗，体验情感

1. 体验情感。

师：下面我们以马致远的《天净沙·秋思》为例，体会诗人所要表达的情感。

2. 归纳方法。

师：你是如何体会到这首曲中作者所蕴含的情感的？

生：我是从曲中的景物感受到的。

生：这首曲中的"枯藤、老树、昏鸦"这些意象，渲染出了悲凉、孤独的气氛。

师：没错！景中有情。可是老师还有个疑问："小桥、流水、人家"都是很温暖的画面呀，你怎么看待这几处景物的出现呢？

生：这里运用了反衬的手法。像家一样温暖的画面，更能勾起作者的思乡之情。

师：是啊！一个漂泊在外的旅人，看到似曾相识的画面，那么像自己的家乡，更是忧伤。同学们，你们明白为什么要写这些景物了吗？

生：明白了。因为这些景物能表达他的心情，能体现这首曲的主题。

师：这里运用了什么写法？

生：借景抒情。

师：对！借景抒情。所选择的景物要紧紧围绕你要表达的情感，才能体现主题。（板书：围绕主题写景）请你们思考作者为什么写"夕阳西下"，不写"朝阳升起"呢？

生：夕阳向西缓缓落下，倦鸟归林，极度忧伤的旅人却还在外漂泊，作者抒发了一种飘零天涯的思乡之情，这样描写能体现出思乡的主题。而"朝阳升起"的意境不符合作者此刻的心境。

师：不错！所以恰当选景，才能体现主题。除了景物描写外，你们还能从哪里感受到作者的情感？

生：可从作者直接抒情的句子里感受到作者所要表达的情感，比如"断肠人在天涯"，抒发了作者的思乡之情。再如，"乡书何处达"，表达的是作者对家乡亲人的思念。

师：说得真好！直接抒情是扣题时经常运用的方法。

（屏显）

方法一：恰当选景，借景抒情（围绕主题写景）。

方法二：浓墨重彩，直接抒情（围绕主题抒情）。

师： 所谓的“诗言志”，就是用诗歌表达自己的思想和志趣，即流露自己的情感或寄寓所悟到的哲理，也就是要有主题。

（三）解读课文，归纳方法

1. 分析句子：《秋天的怀念》。

师： 下面我们一起来比较屏幕上的两组句子。现在先看第一组句子。

（屏显）

原句：母亲就悄悄地躲出去，在我看不见的地方偷偷地听着我的动静。当一切恢复沉寂，她又悄悄地进来，眼边儿红红的，看着我。“听说北海的花儿都开了，我推着你去走走。”她总是这么说。

改句：母亲就出去，听着我的动静。然后，她又进来，看着我。“听说北海的花儿都开了，我推着你去走走。”她这么说。

师： 你从原句中感受到母亲怎样的心情？作者是怎么表现出来的，为什么要这样写？

生：“悄悄地躲”体现了母亲不露痕迹地维护我的尊严。

生：“在我看不见的地方偷偷地听”表现了母亲付出爱却不需要儿子知道，侧面衬托了母爱的伟大。

生：“当一切恢复沉寂”体现了母亲的良苦用心。母亲的等待也体现了母亲在屋子外面忍受的煎熬。

生：“悄悄地进来”表现了母亲对我很体贴，她不忍心惊扰我。

生：“眼边儿红红的”直接点明母亲哭了，写出了她感伤的情绪。

生：“总是”说明母亲一直没有放弃我的打算。母亲推我去北海看花儿，是为了让我看到生活的美好，重新点燃我生活的希望。

师：同学们，你们刚才说可以感受到母亲的爱和痛苦，是从哪里感受到的？

生：从人物的动作、语言、神态等细节方面都能感受到。

师：是啊！细节描写是可以向读者传达情感的。那么，你们想一想，作者为什么要把母亲的爱与痛苦表现出来呢？

生：这样描写是为了体现母爱的伟大和对母亲的赞美，从而体现文章的主题。

师：对！是为了体现文章的主题。在这里，老师想问你们一个问题：为了表现母爱的伟大，写她对儿子的爱我可以理解，可为什么还要写她的痛苦呢？这样写是否偏离主题？

生：没有偏离主题。母亲这么痛苦，却一直忍受着，一直不放弃我，这更能体现母爱伟大这一主题了。

师：你分析得很好！这些都告诉我们，写什么都不要忘了主题，请同学们继续想想，文章只是为了表现母爱的伟大吗？

生：不是，它还表达了我对母亲的感激。

师：你是从哪里看出来的？

生：作者在文中前后态度的变化——开始不去看花，后来去了。这说明他懂得了母亲的用心良苦，想用行动完成母亲的心愿，他愿意为了母亲的心愿快乐健康地活着。

师：这样一分析，我们就明白了作者为什么要写得这么详细。写得越详细，越能体现母亲的爱与痛苦，也才越能体现我对母亲的挚爱、怀念与感激，以及对自己少不更事的追悔。综上所述，我们可以得出一切描写都是围绕主题进行的。现在我们再看看刚才我们改动的句子，有什么缺陷？

生：改动的句子只是生硬地叙述，没有感情色彩，看不出母亲的情感变化，不能很好地体现文章的主题。

（屏显）

方法三：刻画细节，表达情感，体现主题（围绕主题写人）。

师：下面我们来看第二组例句。

（屏显）

原句：又是秋天，妹妹推我去北海看了菊花。黄色的花淡雅，白色的花高洁，紫红色的花热烈而深沉，泼泼洒洒，秋风中正开得烂漫。我懂得母亲没有说完的话。妹妹也懂。我俩在一块儿，要好好儿活……

改句：秋天，妹妹带我去北海看了菊花。菊花正开得烂漫。我和妹妹会好好儿活……

师：请同学们思考一个问题，原句中的“又是”有什么意味？

生：原句用“又是”表明那个秋天给作者留下挥之不去的记忆。他记着母亲对他的爱与期望，记着母亲离去时的遗憾，同时“又是”饱含着作者的深情。另外，作者用词巧妙，既融入了情感，又突出了主题。

师：说得很好！你是一个懂得用心体验的孩子，能看出作者用词是精挑细选的，是为了抒发情感、表现主题的。那么作者为什么要强调“妹妹推我去北海看了菊花”？

生：是为了与前文“妈妈要推我去看花儿，我没有答应”形成对比，同时说明作者身体虽然忍受着煎熬，但是内心已发生了变化，已燃起了生活的希望。

……

师：我们再来看看改动的句子有什么缺陷？

生：它缺少了原句那些意味深长的词，以致整个文段没有感情色彩，更看不出作者对生活的热爱和对母亲的思念，不能很好表现文章的主题。

师：通过分析，大家都明白了要围绕主题进行写作。

（屏显）

方法四：精心用词，融入情感，意味深长（围绕主题用词）。

2. 说说你欣赏的课文句子。

师：找出你们认为能表达某种情感，表现主题的句子。

生：我认为“母亲啊！你是荷叶，我是红莲。心中的雨点来了，除了你，谁是我在无遮拦天空下的荫蔽”，这句话写得好，运用了比喻的修辞手法，形象生动地表现了母爱的伟大与无私，直接表达了作者对母亲的热爱与赞美之情，很好地表现了主题。

生：我认为“但我和妻子都是慢慢地……好像我背上的同她背上的加起来就是整个世界”，这句话写得很好，平淡的叙述中有细节描写，其中，“慢慢地，稳稳地”是动作，“整个世界”是他们内心的感受，既表现了他们的责任感，也鲜明地表现了主题。

……

三、对比反观，寻找失误

师：请同学们对照所学方法，分析自己作文中存在的问题，并加以改正。

（说明：找出问题，教师建议或指导学生修改习作，提醒学生在今后的写作中需注意的事项。这一环节的目的在于帮助学生找出自身问题，并加以改正，能够做到学以致用即可。）

四、添枝加叶，写作实践

师：下面我们再来看看屏幕上的四个片段，思考在扣题方面哪里表现得不够好。请运用我们学过的方法进行修改，以更加突出主题。

（屏显）

1. 期末考试的成绩压得我几乎窒息了。我很恼火，但我无奈！明明努力了，然而成绩还是那么不尽如人意。

2. 在风中，它被举起，又被放下。一些思绪闪入我的脑海，它和我一样孤独。再次被风吹起，又落回地面。

3. 我会记着这片雪花，因为它提醒着我：不要放弃。

4. 一片鹅毛，我的生日礼物！从此，我不再孤单，有它做伴，我不再畏惧前方的风雨。

生：片段1可以增加环境描写，侧面烘托“我”孤单落寞的心情。原文段没有对“恼火”这一细节进行细腻的描写。

生：片段2可以通过写冬天的景色来突出作者的心情。

生：片段3雪花飞舞的样子需紧扣主题详写，因为是雪花激励

“我”走出孤单，所以雪花的描写不能太简单。只有写出雪花的精神，才能体现出它对我的触动。

生：片段4句结尾点题不明确。原文段的结尾应该突出“鹅毛”从生日礼物升华到生命礼物的过程中“我”的意义。

……

师：经过我们的讨论，现在老师展示一些小小成果。大家再来比较一下，修改后的句子好在哪里？

（屏显）

1. 隆冬的天气，阴冷昏暗，一如我此刻的心情。不知何时，天空飘起了纷纷扬扬的小雪，落在地上，簌簌有声，仿佛有什么东西在我心里破碎了。期末考试的成绩压得我几乎窒息了。我很恼火，也很无奈！我明明努力了，然而我的努力却被切换成了鄙夷的目光和嘲笑，且被最大化了，占据了我的心。

2. 在风中，它一次次地被举起，又一次次地被放下，无声无息。一些思绪闪入我的脑海，它和我一样孤独。风停，它也停，静静地，随着空气的流动轻轻地扇动羽毛，仿佛在静静地思考；风起，它也随风而起，在空中快乐地舞动、旋转、飘飞，仿佛一个快乐的精灵，用美妙的舞姿舞出它对这个世界的一腔爱意。再次被风吹起，它如蝴蝶般翩跹起舞，丝毫没有被风戏弄的屈辱，没有缺少同伴的孤独，依旧执着地落向地面，寻找着自己的归宿。

3. 我想，今年，它就是我最好的生日礼物了。它很轻，几乎没有重量；可它又很重，如警钟敲击，提醒我不要放弃！人的一生，有得有失，要勇于面对困难，调整心态，勇往直前。

4. 一片鹅毛，我的生日礼物——不，我生命的礼物！它飘舞在我的心里。这礼物是信念，是精神力量。从此，我不再孤单，有它做伴，我不再畏惧前方的风雨。

生：片段1增加了环境描写，使得写景抒情更到位。

生：片段4设计更巧妙了，作者让一片鹅毛成了他情感的转折点，助他走出孤独，找回自信。这样很好地突出文章的主题。

生：构思更加精巧，比如，片段4中的句子紧紧围绕“不再孤单”立意；细节刻画精妙，比如，片段2中增加了鹅毛自由飞舞的画面，这些都是为表现主题服务的，可谓匠心独运。

生：注重点题，比如，片段4中增加了一句“一片鹅毛……我生命的礼物”，又与句末“生命的礼物”一词相互照应，巧妙地升华了文章的主题。

生：片段3运用了先抑后扬的写作手法，生动地展现一个学生在困难面前善于调整、勇于面对、斗志昂扬的精神风貌。

学生作品

留心脚下

“乖乖，慢点，留心脚下。”

“知道啦！”公园里祖孙俩嬉闹着，生命便是如此美好。

你在前，我在后

你在教我学走路。

面对着我的一阵哭喊声，奶奶摇着拨浪鼓，哄着我：“乖乖，别哭，快点来奶奶这里。”听见拨浪鼓的响声和奶奶温柔的呼唤声，我停止了哭泣，慢慢地从地上爬起，然后张开双臂，跌跌撞撞地朝奶奶那边挪过去。

奶奶喊道：“慢点，慢点，留心脚下。”果不其然，我被一个玩具绊倒了，但奶奶仍然站在前面，微笑着，那么温柔，她继续鼓励我，招手示意让我站起来走到她那里去。那时候我才一两岁，学走路时，奶奶说的最多的一句话便是“留心脚下”。

那时候，奶奶在前，我在后。

温柔的话语鼓励着我不停地向前走。

你我并肩

奶奶带着我逛街。

渐渐地，我长大了，长得和奶奶一样高了。雨后，大街上，我们挽着手一起走在湿漉漉的人行道上，奶奶不时地提醒：“乖乖，留心脚下。”我开心地应了一声。眼前行人撑着伞，人来人往，耳畔回响着温暖的旋律，“留心脚下”成了我们之间爱的密码。

“乖乖，留心脚下。”

“奶奶，我都这么大了，您用不着整天提醒我留心脚下了。”我佯装抱怨，奶奶却笑着说道：“在奶奶眼里你永远是个孩子，永远是我的心头肉。”

大街上，下雨天，我们祖孙俩肩并肩地漫步在人行道上，倾心交谈着，欢声笑语在风中回荡。

我在前，你在后

我陪着奶奶做康复训练。

岁月的痕迹在奶奶身上愈发明显，花白的头发，深陷的眼眶，佝偻的身躯让我心酸，让我担忧。我面朝奶奶，拉着她的左手，奶奶右手拄着拐杖，步履蹒跚地随着我朝前面挪动着。

拉着她的手，一如小时候她拉着我的手一样，我说：“奶奶，留心脚下。”奶奶眯着眼睛笑了笑说：“乖乖呀，现在倒成了你提醒奶奶。”我笑着，倒退着，小心翼翼地向后挪动，因为我的手是奶奶前进的力量，她得靠着我走。奶奶的脚是那样小，颤颤巍巍地挪动着。前方的路是那样的长，一路上无数的坑洼，我要为奶奶踩平，无数的绊脚石我要把它踢开。我慢慢地向后退，奶奶一步一步地向前移。走下去，前方就是康庄大道，一路花香。

时光流转，当年跌跌撞撞学走路的女孩已经长大，我会为亲爱的奶奶带路，为她撑起一片天。

奶奶，留心脚下！

（此课例荣获“新作文杯”全国第三届作文教学“创课”比赛特等奖）

“空白”处的力量

江苏苏州·金顺芳

创课缘起

翻阅近十年全国各地的中考作文，半命题作文出现的比例较高，而前几年的江苏省苏州市中考作文题也出现了半命题作文。在这种情况下，我让学生写了一个半命题作文：《______的力量》，但我批阅作文的时候发现学生在半命题填补的时候问题百出，令人啼笑皆非。要想写好此类作文，关键在于要拟一个恰当的题目。其实，半命题作文要求填补的内容往往就是写作的中心内容，在填补完题目的同时，学生也就确定了写作的素材或明确了写作的主旨，于是，我就针对“半命题作文拟题”这个话题设计了此节作文课。

创课思路

首先，审题，半命题作文一定要认真理解已给信息的意思。《______的力量》，这个半命题作文首先要理解“力量”是什么意思，作文题给出的词语往往具有双关含义，准确理解“力量”一词的含义对学生拟题起着关键作用。其次，通顺，主要看语言是否连贯，文理是否通达。再次，要检查是否出彩，但需要特别注意的是不能以词害意，题与文要圆融和谐。最后，通过方法的介绍，在课堂上让学生做一个拟题训练，从而强化他们的学习效果。

教学现场

一、注重审题，明确概念

师：上周老师让大家写了一篇半命题作文，大家还记得作文题目吗？

生（齐）：《______的力量》。

师：这是一个半命题作文。我们苏州市2014年中考作文题就是半命题的形式：《不错过______》。现在无论是我们江苏省中考还是全国各地的中考，半命题作文的比例都呈逐年上升趋势。大家都写过这篇作文了，请说说当你看到这个题目的时候，你第一步会做什么？

生：我会想空白处应该补充什么词语。

师：看来，同学们第一反应是填入恰当的词语，但其实写作文第一步应该做的是审题。我们一起来读一读什么是审题？

（屏显）

审题，就是通过对作文题目的思考和分析，弄清文章的写作范围和角度，确定写作重点的过程。

师：我们可以从这个题目中看出，题眼就是"力量"，即我们写作的重点。那么，"力量"是什么意思？

生：力量是某人给予我的一种影响和支持。

生：力量就是我所拥有的一种能力。

师：很好，老师也专门查了《现代汉语词典（第7版）》，力量

就是——

（屏显）

力量：1.力气。2.能力。3.作用；效力。4.能够发挥作用的人或集体。

二、总结要求，掌握标准

（一）通顺、合理

师：请你对照《现代汉语词典（第7版）》里力量的意思，认真思考你的作文里表达的是哪种意思？下面大家一起来看一下咱们班同学的作文题目。

（屏显）

《成长的力量》《创可贴的力量》《一句话的力量》

《夹缝的力量》《行动的力量》《极寒的力量》

《时间的力量》《母爱的力量》《那涅槃乐观的力量》

……

师：大家可以读一读这些题目。（学生边笑边读）老师发现很多同学一边读，一边偷笑。（教师示意一名学生回答问题）你能告诉大家，你为什么笑吗？

生：我觉得有些题目很古怪。

师：你能举个例子吗？

生：比如，《那涅槃乐观的力量》，读了题目后，我不知道拟题者想要表达什么意思。

生：比如，《极寒的力量》，这个题目根本读不通顺。

师：不错。这些题目中还有好几个不通顺的题目，现在请同学们上台把你们认为不通顺的题目删除。（学生删题目）经过一番讨论后，我们把一些不通顺的题目都删除了。同学们，通过我们刚才一系列的探讨，你们感悟到拟题的第一步须做到什么？

生：半命题作文空白处填补的词语必须要做到通顺、合理。

（板书：通顺、合理）

（二）具体、聚焦

师：下面我们再读一读其他题目，看能不能再发现一些其他的问题？

生：有些题目反映的是类似的主题和材料，比如《爱的力量》《母爱的力量》《温暖的力量》。

师：你的眼光很敏锐。老师确实看了好几个班级同学的作文，发现材料大概可以分为这样几类：自然生命类、亲情关爱类、团结奋发类。下面请大家把屏幕上的作文题目按照这三大主题进行归类。

（屏显）

自然生命类：《生命的力量》《春天的力量》……

团结奋发类：《成长的力量》《行动的力量》……

亲情关爱类：《创可贴的力量》《温暖的力量》……

师：上面这些题目虽然通顺、合理，但还是有区别的。老师请大家看这两个题目。

（屏显）

《爱的力量》《一碗绿豆汤的力量》

师：屏幕上呈现的这两个作文题目，你喜欢哪个，并说明理由。

生：我喜欢《一碗绿豆汤的力量》，因为《爱的力量》可以展现的内容太宽泛了，不够具体。

师：是的，这位同学精准地指出了问题的本质。《一碗绿豆汤的力量》看似十分俗套，但是相对于《爱的力量》这个题目，绿豆汤更具体，反而能给人留下很多想象的空间，诸如，谁做的绿豆汤？怎么做的？为什么可以在一碗绿豆汤里汲取力量呢？而《爱的力量》这个题目给人一种空洞无物的感觉。所以我们填补半命题作文时最好要聚焦具体事物，从小处切入。

（板书：具体、聚焦）

（三）诗意、生动

师：如果你们能做到以上两点，拟写的题目就基本符合要求了，但是考场作文追求的不是及格，而是接近满分。如果想要让你的作文题目很吸引人，达到夺人眼球的效果，就需要做进一步改变。就像市面上的美食，吃货只会告诉你："真好吃，好吃死了!"而文人兼吃货的，只用几个简单的字描绘一下，就会让色香味俱全的美味佳肴浮现在你的脑海。下面我们一起来欣赏一篇吃货文人写的文章，你们需猜他拟的是什么题目？（例文一：周华诚《快乐爆成花》。学生静读，自由拟题后分享）

（屏显）

记忆中，20年前那片山坡上长满了玉米。玉米糊是山里人们整年的粮食。暑假的时候玉米都采摘了，只剩了瘦弱的玉米梗。我和表哥表姐们上山，用大柴刀砍倒一片，放到山涧里洗净，快活地背回家，当作甘蔗来啃。那是缺乏味道的少年时代最甜的记忆。直到现在，玉米在没有长出棒子之前，我总是无法将它与甘蔗分清。艰辛的岁月里，甘蔗还能开花，玉米却爆不成花。

生：《爆裂玉米》。

生：《快乐爆花》。

生：《最甜的记忆》。

生：《玉米的笑》。

……

师：在这些题目当中，你最喜欢哪一个？并说明理由。

生：我最喜欢《最甜的记忆》，因为爆米花是甜的，能够给人一种甜蜜的感觉。

生：我最喜欢《玉米的笑》，它运用了拟人的修辞手法，形象地表现了爆米花就像绽放的笑容一样，令人难以忘怀。

师：请问刚才拟题为《爆裂玉米》的同学，是不是看过电影《爆裂鼓手》？如果看过的话，这位同学就是运用了化用的手法。此文作者拟的题目是《快乐爆成花》，它会让我们感受到在那个物质生活极度匮乏的年代，得到一份简单的食物是那样的快乐，它就像爆米花一样膨胀和盛开，像水花一样四处飞溅。这篇文章选自周华诚的《一饭一世界》，现在请你们选择其中一些目录来读一读。

（屏显）

迷魂汤、番茄嫁给蛋、恋恋柔肠、温柔麻球

师：请你们说一说读了这些题目后的感受。

生：这些题目很生动，读了顿时让人产生食欲。

师：对呀，高手就是不一样。你看，一个平时大家常吃的番茄炒蛋却给了我们恋爱般的感觉。其实，好的作文题目就是要生动、吸引人，那么生动如何做到呢？我们可以用修辞手法、化静为动、化无形为有形等写作手法，这样题目就被赋予了情感，带上了情韵，增添了诗意化的色彩。

（板书：诗意、生动）

（四）总结、实践

师：当然，老师也要提醒大家，我们不能因为过分追求诗意而与内容脱节，所以还要适切。（板书：适切）其实，作文题目是一篇文章的灵魂，它能够起到统摄整篇文章的作用。下面大家再来看一篇文章，老师将它做了一点删减，给大家呈现的是它的叙述部分。

（屏显）

为什么两个人都上年纪了，相距不过几米的屋子，有必要隔几分钟就喊一下吗？

每次去奶奶家，这件事总是会勾起我的好奇心。

奶奶80岁了，但眼不花耳不聋，还能眯着眼在屋里做针线。大她3岁的爷爷便不行了，不愿走动，总是坐在藤椅上晒太阳。

相隔不过几米，奶奶过几分钟，便会放下手里的活儿，大喊：“老头子！”

爷爷不回应，奶奶便着急地迈着碎碎的步子走到爷爷跟前，看着爷爷好好的，只是在藤椅上睡着了。于是，奶奶孩子般地笑嗔：“这个死老头子，人家喊了也不理睬。”

这样的事天天发生。

我很好奇。

是奶奶闷吗？没有人说话？那她为什么只喊一下而不是和爷爷唠嗑呢？

为什么喊爷爷呢？还这么不停地喊？我想起奶奶每次看见爷爷好好的，满意离去的背影。阳光总是以最完美的角度洒在奶奶身上，每每这样的画面闪烁着温暖的光辉。是不是只要有人答应便好呢？我好奇地继续想着。

有一次，我捂住嘴，学爷爷的声音迟缓地回答，奶奶一下子就辨别了出来。后来，无论我用布还是用棉花捂嘴以求声音的逼真，都能被奶奶辨别出来。“细丫头别在这儿捣乱了……”每次奶奶都会用她那满布皱纹的手轻拍我以示责备，嘴里还不停地说着。

奶奶依旧。我的好奇心不减反增。

有一天，我鼓起勇气问：“奶奶，您为什么冲爷爷这么喊来喊去，做什么呢？也不嫌烦。”

奶奶看着我，宽容地笑：“丫头，你不懂。知道他好好的，我才心安。”

师：大家可以给这个材料拟个题目吗？

（学生齐答可以）

生：《心中的呼唤》。

生：《阳光下》。

生：《奶奶的呼唤》。

师：我们拟题大多是根据特定的环境、特定的时间、特定的事件，或者是某个贯穿全文的物象等，但同时不能脱离文章的中心内容，绝不能因为过分追求诗意而忘了适切。如果老师要将这个材料用于我们今天的作文——《______的力量》，你们会拟怎样的题目呢？

生：《相守的力量》。

生：《呼唤的力量》。

……

师：总之，我们拟题时需注意的几个要点：第一，合理、通顺；第二，具体、聚焦；第三，诗意、生动且适切。

三、发散思维，理解运用

（一）由结尾引发

师：题目拟好了，材料也有了，现在大家凭自己的生活经验想一想，一篇作文的主旨在哪里体现得最充分？

生（齐）：结尾。

师：对，是结尾！老师给这篇文章拟的题目是《那声声呼唤的力量》，并结合这个题目修改了结尾。

（屏显）

心，被濡湿了。那声声的呼唤里是他们相伴的岁月流年，是他们彼此的无言承诺，是他们温情而朴实的深深爱意，一问一答之间便是一生最有力量的相守。

是啊，你在，心就安。粗茶淡饭有什么要紧？年华老去有什么要紧？我想，所谓爱，便是如此。那声声呼唤里注满惦念，注满力量，注满爱意。一声一声地呼唤着，有什么要紧，有你在，整个世界，也在！都在！

师：你们想不想看原文的结尾？（学生齐声喊想）

（屏显）

心，被濡湿了，连日来如同小虫一样不断噬咬我的好奇心，终于得到了满足。你在，心就安，这是人世间最美丽的风景。粗茶淡饭有什么要紧？年华老去有什么要紧？你在，心就安。

我想，所谓爱，便是如此。我所爱的人，我惦念的人，必须得在我看得见的地方，我手够得到的地方，我能够走到的地方，好好地存在着。

我庆幸我拥有好奇心，才得以知晓奶奶一辈们的关心、温情与爱。我知道了，那声声呼唤是在说，有你在，整个世界，都在。

师（小结）：一篇作文的立意和题目有着很大的关系。一篇中考作文，阅卷老师最先接触的便是题目，一个具有特色的、新奇的、生动的题目，能够吸引老师的注意力，为文章获得第一印象的高分。题目是文章主旨重要的显现方式，所以，我们在文章的结尾处要注意贴合题意，这样能更好地凸显中心，深化主旨。

（二）由题目中的未知引发

（屏显）

（2018·江苏苏州）好，是壮丽的山川，是秀美的田园；好，是朋友的信任，是对手的挑战；好，是美丽的邂逅，是无悔的错过；好，是宁静的港湾，是崎岖的征途……请以《什么是个好》为题，写一篇文章。

师：《什么是个好》这是个命题作文，如果老师将它改成《________是个好》，你们觉得自己的写作内容会有变化吗？（学生摇头）其实这样的作文题也是需要我们完成无形的补白，是在我们心灵、思维深处的补白。所以，很多作文题看似是命题作文，其实也是无形的半命题作文。无论是有形的还是无形的空白，都有着决定你作文主题的巨大力量。

学生作品

什么是个好

夏天，孩子们拿着冰棍在小道上追逐打闹，还不忘去摘片树叶，吹个口哨。“吱吱”悠扬的哨声混合着路边小卖铺里广播着的黄梅戏声，将我的思绪拉回了从前。

也是这样一个明亮的夏天，暖风阵阵，树叶纷飞。我吵着要吃面，离外婆喜欢的黄梅戏开场只有20分钟了。小巷里唯一的一家面馆空调坏了，吱呀吱呀的老式风扇挂着黑乎乎的油滴，费劲地转着。“这风扇这么旧，掉下来砸着人怎么办?”等候的过程中，我紧张地问着外婆。“不会的，你那么乖……”外婆安慰着我。

“面来了。”外婆替我接过面条，夹起一筷面条放在我的小碗里。随即又舀了一小勺汤，递给我。“太烫了！”我不耐烦地吵嚷着，一不小心打翻了勺子。外婆便耐心地吹凉了递给我，而我又继续抬头看那转不动的风扇，还在担心它会不会掉下来。外婆似乎看透了我的心思，她一把把我抱起，放在了离风扇较远的位置上，一手捞面喂我，一手拿着一把小扇子为我扇风。她慈祥地笑着，宠溺的眼神让我心安。

就这样，一场与风扇的思想斗争就结束了，我又冒出许多奇怪的问题，一边问一边慢慢地吃完了面。外婆的黄梅戏有没有看成我已经不记得了，但是，外婆一把抱起我的动作，让外婆成为我心中的英雄。

后来，搬离了老家，与外婆的联系也越来越少。相隔千里，偶尔报平安的电话给了我一个十分真实的错觉。前年冬天，舅舅半夜的一通电话，扰乱了我们一家人平静的心。外婆高血压住院了，我们赶了一晚上的车，好不容易回到老家。

一进门，消毒水的味道充斥着整个病房。爸爸妈妈放下行李就出去和舅舅讨论病情，还叮嘱我好好照顾外婆。我坐在床边，房间安静得只剩下氧气瓶“咕嘟咕嘟”冒着泡的声音。外婆消瘦的面庞让人看着心疼。我拿起苹果，生疏地削着。一个哆嗦，小刀掉了，我慌张地捡起来，生怕吵醒外婆。“别削了，啃皮好吃。”我抬起头，却见外婆抬起食指，示意我凑近她。“你啊，还是这么毛躁，我只是血压高了些，没事的。”说完，她拔下了氧气头，“这个东西我用不着，看上去还怪吓人的，医生还不让我讲话、看黄梅戏。”我连忙阻止了外婆令人惊讶的动作，但她眼中的笑意，让我动容。

外婆依旧是我记忆中那个爱听黄梅戏的外婆，年华老去却依旧保持初心的外婆，她依旧是那个我心中的英雄。那个午后，我坐在外婆身边，我们一起回忆着小时候我的种种蠢事，觉得十分幼稚，却又觉得是最真实的。少年的时候，我们总是意气风发，想着挥斥方遒。年老的时候，又怀念着少年的种种。到底什么才是生命的终极追求，什么才是个好呢？我望着外婆，夏日的暖风吹动着她的白发，这张动容的面容与童年时那台电风扇下的笑意相叠，她满眼柔和，只是满足地望着我。我想，与生命中重要的人相伴，才是真正的好吧。

（此课例荣获“新作文杯”全国第四届作文教学“创课”比赛特等奖）

架设扶梯，可摘星辰

湖北武汉·胡丽萍

创课缘起

新课标对初中阶段记叙性文章的一个重要要求是表达意图明确。学生在写记叙文中容易出现思路不清、重点不突出等问题，这些都与表达意图不明确有关，而有意识地在记叙文结尾加抒情段、议论段，是帮助学生明确主旨的有效方法。

教师通过为学生架设扶梯，指引学生学会由事及理（及情）的思维方式，将思维引向深入是一个非常值得研究的主题。现就“由事及理—升华主题”这个专题创课予以说明。

创课思路

了解文章特点。由纯粹叙述（含描写）的记叙文写作经验引入，对比叙、议结合的记叙文的异同，引导八年级学生认识到加入适当的抒情、议论，能起到画龙点睛、卒章显志的效果。

研究教材范文。由事及理（及情）其实是记叙文写作的常见样式。教师梳理教材中的范例，消除学生对由事及理（及情）的陌生感和畏惧感。

搭建思维扶梯。通过对《老王》《走一步，再走一步》（统编版初中语文教材七年级上、下册）的分析，教师解密由事及理（及情）的思维路径及表达技巧，总结出由事及理（及情）文章写作的一般规律，并积极尝试创作，启迪思维，习得方法。

教学现场

一、了解文章特点

师：作为八年级学生，大家已经有四五年的写作经历了，可以算得上熟手了。（学生笑）我们班哪些同学是写作高手啊？（学生纷纷推荐，教师点一名学生）你为什么认为你的同桌作文写得好？

生：她的作文总是被当作范文读。（学生笑）

师：那你能现场把你的同桌的作文读给我们听一听吗？并且说一说你欣赏的理由。（学生读）

生：同样是写运动会，她写得就特别生动，而我写得就枯燥乏味。

师：确实是，好的故事都需要运用叙述和描写来表达，（板书：叙述、描写）但是，同学们可能没有注意到这篇文章结尾的一段话：不是每一个运动员都有天赋，但每一个努力的选手都值得被尊重。你们觉得这段文字写得怎么样？

生：这是作者的感悟，与前面所写的内容特别贴切。

生：我发现作者前面写一个失败选手的故事的目的就是要赞扬其永不放弃精神。

师：作者是这样想的吗？（作者点头示意）看来在写记叙文时可恰当地抒发自己的情感或者发表自己的看法，这样别人更容易了解你的写作意图。（板书：抒情、议论）总之，在记叙文的末尾适当地抒情、议论，往往能起到画龙点睛、卒章显志的效果。

二、回归课文范例

（一） 梳理课本中由事及理（及情）的记叙文

师： 从七年级到现在，我们学过哪些结尾有抒情句或议论句的记叙文?

生：《散步》——“我背上的同她背上的加起来，就是整个世界。”

生：《老王》——“那是一个幸运的人对不幸者的愧怍。”

生：《阿长与〈山海经〉》——“仁厚黑暗的地母呵，愿在你怀里永安她的魂灵!”

生： 还有《走一步，再走一步》的结尾，但是具体内容不大记得了……（学生有点尴尬）

师： 有的文章结尾就一句话，大家都记得非常清楚，能一起背诵，但有的文章结尾不止一句话，大家不大记得了，很正常。（学生被理解后释然地笑了）

（二） 体会抒情、议论的作用

师： 同学们试想一下，假如这些名篇没有这样的议论句或者抒情句作结尾，文章的表达效果会不会受到影响?

生： 文章主题不会这么深刻。比如《散步》，结尾这句话让我们感受到了中年人肩负的责任重大。

生： 作者的感情会得不到宣泄。比如《阿长与〈山海经〉》，鲁迅对保姆阿长的复杂感情就是用结尾这句话表达出来的。

生： 将不能对读者产生直接的影响。比如《走一步，再走一步》，结尾表达的感悟就是为了提醒读者该如何应对类似的事情。

三、搭建思维扶梯

（一）学习横向关联法

1. 教师给出一篇学生习作《糖果》，请学生自读后评价。

（屏显）

糖　果

父亲整理冰箱时在旮旯处找到一包糖果。它漂亮的包装犹如少女的盛装，盒上印着什锦的糖果字样，仿佛向我倾倒而来。一颗颗如彩虹一样的糖果，无一不将我拉回回忆。

是多么久远的事情了？只记得那天和母亲一起走进专卖甜品的商店，眼睛立刻被一种色彩绚丽的进口糖果所吸引，透明的塑料盒里，五彩的糖果一字排开，渐变出我所不知道的神奇色彩。每一颗糖果的颜色里又藏着几种不同的色彩，仿佛昭示着它的独一无二。每一颗糖果上还有相应的涂鸦，把那种奇妙的色彩衬托得更加炫目。我央求母亲买下它——它的味道一定与颜色一样神奇！满满的期待与这种糖果令人惊骇的价格撞了个满怀，只是因为太喜欢，不得不把它紧紧抱着带回了家。

在糖果盒里反复翻捡，终于选定了一颗，轻轻地剥开糖纸，糖粒也有和包装一样的炫目彩条，含到嘴里慢慢品咂，一股甘甜、绵柔而又醇厚的滋味占满了我的整个口腔，并迅速蔓延到大脑直至全身，果然是既有颜值又有内涵。我不敢用牙齿触碰糖果，只任它在嘴里融化，好像只吃过一两颗，就再也舍不得吃了。我想得到更长久的享用，便将它藏到冰箱冷藏室的最里层。每天放学回家就打开冰箱，挪开一堆的瓶瓶罐罐，看它安然地躺在那里，心里就觉得甜滋滋的。从此，满满一包糖果，只属于我一个人。

我终于还是把它给忘却了。如今被爸爸翻出来的，只是一包五彩的、已经过期的糖果。不管曾经是多么喜爱那份甜美，不管它曾给予我多么大的期待和梦幻，现在，也只能将它丢进垃圾桶了。

生：这篇文章叙述曲折，描写生动。

生：本文以“现在，也只能将它丢进垃圾桶了”作结尾，还是就糖果谈糖果，主题不够深刻，写作意图不明确。

2. 搭建第一架思维扶梯。

师：那我们来模仿《老王》这样的作品，给它续写一句话作结尾，好吗？（学生答好）“那是一个幸运的人对不幸者的愧怍。”同学们，你们能结合课文的具体内容来解释这句话吗？

生：我感受到杨绛先生对一个实则“不幸”却认为自己足够“幸运”的人的悲悯情怀。

师：结尾处的“不幸”与“幸运”是专指老王和杨绛先生吗？（学生齐答不是）所以，大家说这样的结尾有什么特点？刚刚被念作范文的这个同学一定最有感触。

生：这是作者从这件事中得到的感悟，它适用于绝大多数人，它只是作者的一个观点。

师：说得好！你给我们提供了非常重要的扶梯——由个别的事件到一般事件。“我”是幸运的人的代表，“老王”是不幸的人的代表。如果《老王》的结尾是“这是我对老王的愧怍”，大家觉得怎么样？（学生摇头）那么，接下来请大家依照“由个别到一般”的方法给《糖果》一文续写一个结尾段。

（二）学习“纵横关联法”

1. 解密《走一步，再走一步》的结尾方式。

（屏显）

此后，我生命中有很多时刻，面对一个遥不可及的目标，或者一个令人畏惧的情境，当我感到惊慌失措时，我都能够轻松应对——因为我回想起了很久以前悬崖上的那一课。我提醒自己不要看下面遥远的岩石，而是注意相对轻松、容易的第一小步，迈出一小步，再一小步，就这样体会每一步带来的成就感，直到达成了自己的目标。这个时候，再回头看，就会对自己走过的这段漫漫长路感到惊讶和骄傲。

——莫顿·亨特《走一步，再走一步》

师：这段文字共三句话，每句话都写了什么内容？

（说明：小组讨论后，全班学生交流。明确：第一句，自然地小结上文内容，收获经验；第二句，指导自己以后面对类似事情中的行为；第三句，在以上内容的基础上抒发感慨或者进一步明确写作意图。）

师：这三句话之间有什么关联呢？

生：第一句是我们之前表述的观点。

师：对，第一句就完成了从个别事件到一般事件的升级。那么，后面的两句话呢？

生：第二句在表述观点的基础上直接告诉我们生活中再遇到类

似的事情该怎么做，更有指导价值，然后自然地再表达一下自己的感受，或者强调自己的观点，给读者留下更深刻的印象。

师：同学们，你们太棒了！当我们由生活中的一个特例出发，明白了一个道理（或者读懂了一种情感）后，再用这个道理（情感）去类推生活中的其他事件。谁说语文不能像数学一样举一反三啊！（全班学生热烈地鼓掌）

2. 搭建第二架扶梯。

（屏显）

收获经验—指导行为—抒发感慨

（说明：教师强调这些步骤不必死搬硬套，可以根据自己的表达习惯、喜好调换顺序。还可以适当增加新的内容。）

3. 学生实践。

师：有了这个扶梯，我们可以给《糖果》再续写一个结尾段吗？

生：可以。

（三）课后练笔

师：清明节即将到来，对于这样一个有着特殊意义的传统节日，同学们肯定有很多难忘的经历，有很多不一样的感受。请同学们课后以《清明时节雨纷纷》为题写一篇记叙文，记住要运用本节课学习的方法写结尾。

学生作品

片段一：

几乎所有的美好都有保质期。只有在期限内享用它，才能使身心得到最大的愉悦。就像这包糖果，你不能像八戒吃人参果那样囫囵吞下，但可以和悟空一样细细品尝这天地间的极品。如果能这样对待生命中出现的每一种美好，那么你的生命也会变得更加美好。

片段二：

几乎所有的美好都有保质期。只有在期限内享用它，才能使身心得到最大的愉悦。一件再漂亮的衣服，舍不得在当季享用，等到潮流过了就再也无法感受那份美丽；一段再美好的情愫，不愿意开口表达，等到感情淡了就再也无法找寻那份醇香。珍惜你现在拥有的一切美好，就像珍惜手中的糖果，让味蕾指引你，让大脑定格它，你的生命也会因为拥有这些美好的记忆而更加丰厚。

（此课例荣获“新作文杯”全国第四届作文教学“创课”比赛一等奖）

明明白白“我”的心

湖北荆州·范春霞

创课缘起

2019年荆州市语文中考阅卷现场，老师们个个慨叹今年优秀习作不如往年。从最后得分情况来看也契合阅卷者感受，全市均分36.5分，很多学生写得不切题，仅仅在及格分上下徘徊。更有几个爱生心切的阅卷老师觉得学生读读写写三年获如此“处决”实在可惜，开展了艰苦卓绝的“维权”，勇敢挑战权威，抗议评分标尺太严苛。命题人一句：明明白白“我”的心，渴望一分真理解。全场静默，我也陷入了沉思。南辕北辙的“悲剧”不可再上演，急需开展读懂“我”、写好你的作文教学活动。

创课思路

了解背景。阅读一部文学作品，了解其写作背景可以顺利打开理解之门。没有了解就没有理解，而不在同一频道的文字交流更让人感到痛苦。这说明让学生了解命题人（引路人）的命题原则、命题追求、命题思路迫在眉睫。

读懂指向。命题中的核心词、中心词以及限制词表明命题人的心思与意向，如果学生能准确地读懂这些或明或暗的信息，就能找到指引自己行文的一面旗帜。

关注需要。站在学生的角度教作文，是对学生本身的尊重；站在命题人的角度写作文，同样也是“需要”的关注。

教学现场

一、“我”的世界你要来到

师：同学们，你们平时写日记洋洋洒洒，文理皆有可观，为何考场上不能叱咤风云、技压群雄脱颖而出呢?

生：有些紧张，怕前功尽弃。

生：害怕自己写不完就没有对整个文章的谋篇布局进行构思。

生：感觉要求越来越高，套路越来越深。

师：还“套路”呢，命题人没有为难你吧。

生：放不开手脚，感觉像是戴着脚镣跳舞。(众生捂着嘴笑)

师：“戴着脚镣跳舞”这种说法既真实又形象，将你们写作时的窘态生动地展现了出来。那么，“戴着脚镣”我们怎么翩跹起舞，还要舞得轻盈、舞得惹人醉?今天，我们不谈写作技巧，仅从心理学角度出发，重点学习1+X的现代理念。

(屏显)

“我”的世界你要来到

“我”的追求——统编版中小学语文教材总主编温儒敏先生指出，语文教学要充分体现社会主义核心价值观，立德树人，指导思想明确，措施落实。措施就是八个字：“整体规划，有机渗透。”这既是语文教学的价值取向，也是命题者的追求，即注重价值引领，践行考试育人使命。

“我”的原则——规范性、生活性、生命性。

“我”的思路——注重智慧表达，写作不限文体。

师：请大家说说你们所认识的“我”的世界是怎样的?

生：老师，这个“我”是命题者吧？

师：对，明明白白“我”的心，渴望一分真理解。

生：从前只听说过教书育人，今天第一次听说“考试育人”。

生：看来考试的目的不是要为难我们，而是要引领我们。

师：对，有慧根（学生大笑）。你觉得要引领你们去哪里呢？

生：引领我们去关注生活。

生：引领我们去认识世界、认识自我。

生：引领我们去更好地运用祖国的语言文字。

生：怎么考试也成了学习的一种方式呢？

师：说得真好。综上所述，写作就是运用语言文字进行表达和交流的重要方式，是认识世界、认识自我、创造性表述的过程。

生：老师，我明白了命题人的心思，就是让我们好好表达和交流。

师：聪明。既然要“表达和交流”，那么如何算“好好”的呢？

生：条理要清楚，思路要清晰。

生：表达要真诚。

师：你是要说写作文时应表达自己内心真实的想法，而不是无病呻吟吗？（学生点头）

生：要围绕话题有针对性地表达，不可信马由缰地表达。

生：不可以“跑火车”“踩西瓜皮”哦！

师：不错。幽默的语言可以为你的表达增分。

生：我觉得应该很好地揣摩命题人的意图。（一本正经的样子逗笑了其他学生）

师：英雄所见略同。正如这句话所说，懂你的人比爱你的人更难得。既然你懂“我”，那么咱们算是心有灵犀吧。

二、“我”的心思你要揣摩

（屏显）

《终于等到了你》

师：这个题目，你怎么看？（学生笑）

生：“等到了”表示一种时态，即过去式。

生：“等到了”表现的是一种心理状态：翘首以盼的人终于见到或梦寐以求的目标达成，如成功、精神、品格，甚至是全新的自我。

师：我喜欢你对“你”的解读，有深度。

生：“终于”这个词也不可小觑，它是历经千辛万苦后的感叹，更暗示我们这件事不是轻轻松松就可以完成的。

师：你的解读让我想到了刘禹锡的“千淘万漉虽辛苦，吹尽狂沙始到金”。

生：我还想补充一点。这个题目加上“终于”这个词，就与《等到了你》有了明显的区别，所以，文章行文要有曲折、有波澜。

师：知师者莫如你，你道出了我的心思。

（屏显）

要与命题中的核心词相交。

师：下面请大家看2019年荆州市中考作文题——

（屏显）

一个人的力量或许是有限的，汇入团队中，就是无限的；一个人的力量或许是渺小的，在关键的时候，有可能是巨大的。力量不只是力气，更是智慧与信仰。有了精神的小屋，才盛得下喜怒，输得出力量。

请以《一个人的力量》为题，写一篇不少于600字的文章。

师：你们仔细揣摩一下这道作文题凝聚了命题人哪些心思？

生：命题人要我们思考个人与集体的关系。

师：对，也就是“立德树人”的命题宗旨。

生：从标题来看，应该是让我们不要忽视个人的力量，并坚信个人的力量同样可以是强大的。

生：我觉得命题人表达的是要我们相信自我力量的同时，也要相信团队的力量。

生：人要有智慧、有信仰。例如，实现中国梦以及实现中华民族伟大复兴的坚定决心。

师：你将自己的关注点紧密地与时事、时代相联系，很好地将语文外延化了，真棒。

生：力量不仅仅是力气，更是精神。

生：如果把“力量”这个词的意思拓展开来，它表现的应该是一种引领与影响。

师：是的，此时的你们思维敏捷、思路开阔，迅速捕捉到了命题人的命题指向。的确，我们需要考虑题目中中心词的内涵与外延。

（屏显）

与命题中中心词的拓展意思相切。

师：下面你们来说一说这个题目——《这一次，我是主角》。

师：你们永远是语文课上的主角。来，展示一下你们的“读心术”吧！（学生大笑）

生：它应该是要凸显主角的地位吧，比如男一号、女一号。

生：这个题目表达的意思应该是从前我一直做绿叶，但这一次我是一朵绚丽的鲜花。

师：芳香扑鼻而来呀。

生：我觉得它表达的是我在家一直是众星捧月的主角。（学生有点小得意）

生：不对，题目要求必须体现出“这一次”我不可替代的重要性。

师：老师喜欢你们的百家争鸣，你们在揣摩中理清了限制词，你们就成了表达交流中的“主角”。

（屏显）

揣摩命题中的限制词。

师：如果我们读懂了“关键词”“中心词”“限制词”所透露出的范围要求、内涵与外延，那么就读出了命题人的命题指向。只有这样，才能把路走对、走稳，否则就会左脚穿着右脚鞋——错打错处来。（学生会意地笑了）同学们，现在倡导一种教学理念：站在学生的角度教作文。这是基于学生角度的教学立足点，因为满足需要才是最好的给予。那么写作文呢，也需要我们有作者意识和读者意识，同时也需要我们站在命题人的角度写作文。

三、“我”的意愿你要满足

师：下面还是以2019年荆州市中考作文题为例，请大家看看老师拟的思路：学校举行拔河比赛，大家齐心协力赢了，最后发出感叹：一根筷子易折断，但牢牢抱成团就坚不可摧。这算是满足“我”的意愿了吗？

生：不算，这是集体力量的彰显，“一个人”这个核心词没有凸显出来。

生：这算是偏离主题。（学生笑）

师：偏离轨道后果会很严重哦，所以，需要我们一起把它拉回正轨。请你谈谈你对这个题目的看法。

生：一个人的力量是无穷的，如我的父亲每天早出晚归，几乎不见他的踪影，还被晒得黑不溜秋的。有一天，一位大叔给我家送来几盒葡萄让我们品尝，在与大叔的交流中，我才知道原来是我的父亲再给他们出谋划策、四处奔波，才使他们的葡萄远销国外。

师：它体现的是一个人在集体中的示范与引领作用。

生：一个人优秀的品质会潜移默地影响周围人。如刚开学，我看见教室里一片狼藉，就拿起扫帚打扫，班长看到后也加入了进来，团支书见状也去洗了拖布，不一会儿，其他同学也加入了进来。最后，老师表扬了我们，认为我们是一个温馨的集体。

师：这是正能量的传递。

生：一块贫瘠的心田在一个人的温情滋养下开出了绚烂之花。

师：温情的力量！一个人的精神催生出庞大的力量。

生：中考考场布置完后，其他同学都走了，教室只留我一个人坚守，校领导突然宣布要将走廊的桌椅挪到楼下空地，我只得硬着头皮一趟趟地搬桌椅，先前被同学们秒搬的桌椅此刻如泰山般矗立在那里，何时才能搬完呢？幸亏善良仁慈的老班帮忙，我才艰难地完成任务。唉，哪有什么岁月静好，只是一直在荫蔽下，小小的我才避开了风雨而开花！

师：没有集体的支持，个人的力量是渺小的。

生：还可以是交通协管志愿者。一个人孤军奋战时收效甚微，但当一群人赫然而立时，掉头的、擅自下车的、不避让行人的违规现象都会销声匿迹。

师：这是不按常规出牌的构想，但一样可以表达深邃的道理。

生：我发现可以写成议论文。

师：对，由过去的“写一篇记叙文”变成“写一篇议论文”了。

师：一个有思想的人能赢得青睐；一个具有思维品质的学生更能备受关注。同学们，我们已了解了命题人（引路人）的语文观，走进了他们的内心世界，读懂了他们（引路人）的用心良苦，读出了他们的命题规则，就有了打开思路的许多方式，就有了“水击三千，抟扶摇而上九万里”的力量，美文佳作，自然不在话下。这不仅是学生的期望，更是无数为师者的渴盼。

学生作品

终于等到了你

“改变世界，改变自己……”闹铃声响起，“啊啊……”一声尖叫冲破云霄。

马上就要迟到了，脑海里下意识地浮现出老师手里总握着的那把戒尺，耳朵里回荡着老师斥责的声音，一想到这些，吓得我好像毛发一根根都直立了起来。

“唉，真倒霉，又是漫长的红灯！”我小声嘀咕着，眼睛一会儿瞟瞟手表，一会儿瞟瞟倒计时指示灯，脑袋来回晃动着，眼珠来回翻转着，心也随着大幅度地跳动。还有几分钟，闯红灯应该可以准时到达。我的身后似乎有个“无形人”，将我猛地向前一推，迈出了一大步，我知道那是心中的欲念。

“我可以改变世界，改变自己……”不知怎的，这首歌像单曲循环一样，在我耳畔一遍遍地响起。对呀，想要生活在一个遵规守矩的世界，首先自己就要做出改变！我往后挪了挪，耐心地等待绿灯的到来。

身后一位老大爷从我旁边走过，挺着个“啤酒肚”，手里抓着一把瓜子，边嗑瓜子边大步向前走去，瓜子壳随手扔在地上。一群小学生背着书包，三五成群，脸上洋溢欢乐的笑容，你追我赶，不亦乐乎！他们朝我瞟了一眼，向我投来异样的目光，我杵在那儿，默默等待着绿灯，似乎变得很可笑。改变世界，恐怕一个人的力量太渺小了！

“妈妈，现在不能走！”清脆稚嫩的声音打断了我的思绪，我转过头，看见一个小女孩肉嘟嘟的手紧紧地攥住她妈妈的衣角，向她妈妈解释道：“老师说过红灯停，绿灯行！”她妈妈高兴地望着她，轻轻地抚摸着她的头。

霎时，心中又注入一股新的活力。

虽然一个人的力量很渺小，但是还有人和我一样，一直坚持着，这样，汇聚在一起的力量就是无穷的。让我们一起携手，创建美好的未来吧！

一簇绿光突然闪现，“我终于等到了你！”

我等到了一份执着，等到了一次改变，等到了一颗敬畏之心。

（此课例荣获“新作文杯”全国第四届作文教学“创课”比赛一等奖）

拨动心弦，情理合鸣

湖北宜昌·王爱华

创课缘起

新课标要求学会多角度地观察生活，丰富生活经历和情感体验，对自然、社会和人生有自己独特的感受和思考，以及以负责的态度陈述自己的看法，表达真情实感，培育科学理性精神。我们从中可以看出，感受力贯穿作文教学的始终，同时“理性”要求更是高中作文的重要特质。虽然高中生的人生阅历和理性认识已经具备深入思考自然、社会、人生的条件，但是学生对真情的理解多局限于亲情、友情，而思维又是一个复杂的认识过程，具有间接性和概括性。所以，要求学生既写出真情又蕴含哲理，做到“情理合鸣”有一定难度。源于此，我创造性地设计了这节作文课，旨在在拓宽真情内涵的基础上指导学生如何把自己对真情的感受上升到理性的高度。

创课思路

首先，美国心理学家S·阿瑞提认为，每个人的心灵当中都贮存着他对其所生活世界的体悟与感受，即“内觉”，而开启内觉需要拨动心弦，唤醒情感。这是作文教学的第一步，所以，本节课以感动为内容，以分享的方式导入本课内容，目的是拨动学生的心弦，唤醒学生的情感，让学生“以身体之，以心验之”。

其次，教材是编者从浩如烟海的著作中精心遴选，其中既有语言的品味，又有结构的解析；既有内容的咂摸，又有方法的引领；既有阅读之乐，又能从中探讨写作之美。所以，我以课文为典范，以阅读探究为手段，意在指导学生感悟文中真情和理趣，并悟得理趣的思维过程。

最后，在感悟真情、明了真情宽广的内涵，清楚由表及里、由物到人、由个别到一般的思维方法后，再引导学生付诸写作实践，进行片段写作练习。

教学现场

一、导入

师：一首普通的歌之所以打动了不同年龄、不同阶层、不同区域的人，是因为它拨动了我们的心弦，触动了我们心灵最柔软的地方，同时也引发了我们的思考。

（提示：播放歌曲《时间都去哪儿了》，并配以动画视频，既可以让学生轻松地融入作文课堂，更重要的是歌词和动画视频可以触动学生心灵最柔软的地方，唤醒学生的情感。）

二、拨动心弦，体验真情

（一）学生自由地分享感动

师：生活中，面对一个生动的场景，一句温情的话语，一个善意的微笑，一个鼓励的眼神……我们常常会心生感动。下面就让我们在记忆的长河里搜寻那些触动过我们心灵的往事，然后把那些感动的瞬间说出来和大家一起分享。

（二）示范引路，情感激趣

师：大家都抓住了拨动自己情思的细微处，讲述了自己内心的感动。这也使我想起了一个我亲身经历的故事，我把它写成了文章，大家一起来看一看。

（屏显）

这是一个真实的故事。2011年元旦，五峰二中高二的孩子们放弃一个月才一次的休假，只为给一中身患脑瘤的田丹筹集医药费。

那天，气温骤降，天空突然下起了大雪，孩子们却早早地来到活动场地。八点整，募捐小分队就奔走在小镇的每条街道上。九点整，“凝聚每份爱”义演义卖活动在风雪中拉开帷幕。孩子们的爱心感动了小镇上的每一个人：人们纷纷走进义卖区，走近募捐箱，慷慨解囊。赞助音响设备的小伙子脚踝骨折，却拄着双拐，在风雪中坚守了9个小时；文印店老板为活动免费印刷了5000份传单；一位衣着朴素的中年妇女毫不犹豫地掏出了兜里仅有的几十元；一个小伙子骑着摩托车疾驰而来，把钱放入募捐箱后又疾驰而去；老大爷颤巍巍地从裹得严严实实的手绢里拿出了200元；小姑娘把存钱罐里的钱一股脑儿地倒了出来……

傍晚，当孩子们把募捐到的善款13703元打入田丹父亲账号时，他们冻得通红的脸上露出了欣慰的笑容。那一刻，受的冻、挨的饿、遭受的质疑、付出的艰辛，都变得那么不值得一提。那一刻，我在想：谁说这个世界很冷漠，我分明感受到了温情的暖流在涌动；谁说现在的孩子只知索取，其实，他们也懂得感恩与回报！

师：人间处处有真情。把它说出来就是一个个感人的故事，把它写出来便是一篇篇动人的文章。下面我们回到课本，仔细品味《小狗包弟》《记念刘和珍君》《奥斯维辛没有什么新闻》都表达了作者什么情感？

生：《小狗包弟》表达了作者对小狗包弟的思念和愧疚之情。

生：《记念刘和珍君》表达了鲁迅先生对革命青年的赞美，对当局政府的痛恨之情。

生：《奥斯维辛没有什么新闻》表达了作者对第二次世界大战时期纳粹政府的暴行的痛恨。

（四）小结

师：由此可见，每篇文章都承载着作者的深情。这些情里流淌的是爱，它是父母之爱、朋友之爱、师生之爱，抑或是人与自然之爱，更或者是超越民族和阶级的悲悯情怀。是爱，让人与人相知相伴；是爱，让世界和谐温暖。

（屏显）

	父母	朋友	陌生人
情	故土	人与自然	
	生命	悲悯情怀	

三、深思体味，悟出理趣

（一）播放公益广告

师：但是，这些“情”传达的不只是爱，它还蕴含着些其他的东西。那是什么呢？我们先看一则公益广告。（播放公益广告《给妈妈洗脚》）从孩子为母亲端来洗脚水的蹒跚脚步中，我们看到了儿女对长辈的拳拳之心；从两位妈妈微笑的脸上，我们看到了长辈对晚辈的眷眷之情。但是我们别忘了在亲情代代相传的同时，还有一个画外音，它告诉我们父母是孩子最好的老师的道理。

（二）链接课本

师：公益广告因为理性而具有了教育意义，文章因有理而变得深刻。下面我们再次回到课本，共同探讨一下《小狗包弟》《记念刘和珍君》《奥斯维辛没有什么新闻》在表达真情的同时还蕴含着哪些道理？

生：《小狗包弟》用抒情的语句启示我们应该敢于面对自己的错误，严于审视自己。

生：《记念刘和珍君》启示我们要牢记历史，勿忘国耻。

生：《奥斯维辛没有什么新闻》启示我们要珍爱生命，珍爱和平，铭记历史。

师：作者以两句议论或抒情的句子表达了对社会百态的立场和态度，这就是文章中的理。

（屏显）

理是对社会百态的立场和态度。

（三）悟得理趣

师：通过我们对以上的课文的分析，我们可得出情和理不是孤立存在的，而是如影随形。那么怎样从情中悟出理来呢？下面请大家齐读屏幕上的文段，思考一下，作者是带着一种什么情感写这段文字的？

（屏显）

十五年中，这古园的形体被不能理解它的人肆意雕琢，幸好有些东西是任谁也不能改变它的。譬如祭坛石门中的落日，寂静的光辉平铺的一刻，地上的每一个坎坷都被映照得灿烂；譬如在园中最为落寞的时间，一群雨燕便出来高歌，把天地都叫喊得苍凉；譬如冬天雪地上孩子的脚印，总让人猜想他们是谁，曾在哪儿做过些什么，然后又都到哪儿去了；譬如那些苍黑的古柏，你忧郁的时候它们镇静地站在那儿，你欣喜的时候它们依然镇静地站在那儿，它们没日没夜地站在那儿从你没有出生一直站到这个世界上又没了你的时候……所以我常常要到那园子里去。

——史铁生《我与地坛》

师：大家都知道史铁生在最狂妄的年龄双腿忽然残废了，一度想到了死，是地坛帮他完成了生命困境中的精神救赎。所以，他对这里的一草一木都是有感情的。那么，文段主要描写了哪些什么人、事、物？它们各具有什么特点？

生：文段描写了风雨中的雨燕、古柏、落日和雪地里的孩子。

师：那作者为什么要写这些呢？它们给了作者什么启示？

生：雨燕主动迎接风雨挑战的行为，启示作者不要因困难而变得颓废，而应该主动面对困难，迎接挑战。

生：古柏启示作者要不以物喜，不以己悲，宠辱皆忘，面对人生的诸多挫折要坦荡自如。

生：落日把地上的每一个坎坷都照射得那么灿烂，它告诉作者即使是在生命的最后一刻也要放射出自己最夺目的光辉，而孩子们用脚印来告诉作者生命的触角正在不断延伸……

师（总结）：作者正是从荒芜中看到喧嚣不已、生生不息的生命，这启迪他要在苦难中崛起。其实大家刚才得到的启示就是文段所蕴含的理趣。作者通过对地坛里人、事、物描写所阐发的理就是作者对自然的感悟，对人生的理解。

（屏显）

理是对自然的感悟，理是对人生的理解。

四、品读美文，感悟情理合鸣

师：下面我们一起来欣赏一篇美文。

（屏显）

秋天的怀念

史铁生

双腿瘫痪后，我的脾气变得暴怒无常。望着望着天上北归的雁阵，我会突然把面前的玻璃砸碎；听着听着李谷一甜美的歌声，我会猛地把手边的东西摔向四周的墙壁。母亲就悄悄地躲出去，在我看不见的地方偷偷地听着我的动静。当一切恢复沉寂，她又悄悄地进来，眼边儿红红的，看着我。“听说北海的花都开了，我推着你去走走。”她总是这么说。母亲喜欢花，可自从我的腿瘫痪后，她侍弄的那些花都死了。“不，我不去!”我狠命地捶打这两条可恨的腿，喊着，“我可活什么劲儿!”母亲扑过来抓住我的手，忍住哭声说:“咱娘儿俩在一块儿，好好儿活，好好儿活……”

可我却一直都不知道，她的病已经到了那步田地。后来妹妹告诉我，她常常肝疼得整宿整宿翻来覆去地睡不了觉。

那天我又独自坐在屋里，看着窗外的树叶“唰唰啦啦”地飘落。母亲进来了，挡在窗前：“北海的菊花开了，我推着你去看看吧。”她憔悴的脸上现出央求般的神色。“什么时候？”“你要是愿意，就明天？”她说。我的回答已经让她喜出望外了。“好吧，就明天。”我说。她高兴得一会儿坐下，一会儿站起：“那就赶紧准备准备。”“哎呀，烦不烦？几步路，有什么好准备的！”她也笑了，坐在我身边，絮絮叨叨地说着：“看完菊花，咱们就去‘仿膳’，你小时候最爱吃那儿的豌豆黄儿。还记得那回我带你去北海吗？你偏说那杨树花是毛毛虫，跑着，一脚踩扁一个……”她忽然不说了。对于“跑”和“踩”一类的字眼儿，她比我还敏感。她又悄悄地出去了。

她出去了，就再也没回来。

邻居们把她抬上车时，她还在大口大口地吐着鲜血。我没想到她已经病成那样。看着三轮车远去，也绝没有想到那竟是永远的诀别。

邻居的小伙子背着我去看她的时候，她正艰难地呼吸着，像她那一生艰难的生活。别人告诉我，她昏迷前的最后一句话是：“我那个有病的儿子和我那个还未成年的女儿……”

又是秋天，妹妹推我去北海看了菊花。黄色的花淡雅，白色的花高洁，紫红色的花热烈而深沉，泼泼洒洒，秋风中正开得烂漫。我懂得母亲没有说完的话。妹妹也懂。我俩在一块儿，要好好儿活……

师：这篇文章抒发了作者什么情？蕴含了什么理？这些理都是

从哪里悟出来的？

生：这篇文章抒发了作者对母亲的思念之情，还阐释了要及时尽孝的道理。

师（追问）：这篇文章的结尾处关于菊花的描写有什么用意？作者还说“我懂得母亲没说完的话”，作者到底懂得了什么？

生：写菊花“秋风中正开得烂漫”，是启示作者也要像菊花一样傲霜斗雪，坚强地活下去。这也是作者懂得了母亲没说完的话。

五、提升训练

（一）补充理性

师：下面有一段抒情性文字，你能否在其结尾处加上一句富有理性的语句使其更深刻？

（屏显）

错　过

从考场一出来，我就偷偷地拉着一个同学对答案，瞬间感觉整个世界都坍塌了。单位换算毁掉了我的物理，那是真真切切的双腿一软，轰然跌倒在地，泪水早已淹没了一切。老师将我扶出教室，并安慰我说：“错过了一门科目，你还有六门科目呢。”当时我的急躁已淹没了我的理智，但正是那一抹似懂非懂的感觉支撑着我走出了考场。后来，终于明白……

生：我添加的是别为错过叹息，在错过后坚持，从错过中收获，你一样会得到幸运之神的垂青。

(二)回应开头，首尾圆合

师：刚才这节课的开头两位同学的讲述都有打动人心的情感，我们能否从中悟出些道理，也给它加上一些理性的光芒呢？

生：能。

六、课堂小结

师：好的文章，既有浓浓的情，又有深刻的理。用善感的心灵去感悟生活，生活处处流淌着感动；用审美的眼光去审视生活，生活处处充满哲理。

学生作品

片段一：

轻轻地，我托起掌心的白发。望着阳光下母亲安静的面孔，皱纹已经爬上她的额头，原本白皙的皮肤已经有了斑点，厚重的眼袋在阳光的照耀下更显突兀。这一切，无不显示着母亲的苍老，可是，母亲的脸上还是一如既往的安详满足。或许，儿女的幸福就是父母最大的满足。紧紧地，我握住手中的白发，一种暖流自手心蔓延至全身，这暖流比春日里的阳光更温暖。我不会忘记这手心的温暖，是它看着我慢慢成长。我会紧握着这掌心的温暖，让它陪我走过风风雨雨。

——《手心里的温暖》

片段二：

端详着母亲，几缕花白的发丝无言地诉说着岁月的沧桑与凝重，也见证着母亲几十年艰辛的历程。母亲用自己的血泪哺育了我，使我茁壮成长。母亲身为一个乡下妇女，虽然没有受过多大的教育，但是直白的话语中却蕴含着对我的浓浓的关爱和对儿子的深深期待。她不图回报，只是竭尽自己的力量去为我们默默付出。无论刮风还是下雨，无论家里还是田间，她都是那样埋头劳作，似乎永远也不知疲倦。看着母亲忙碌的身影，我的心再也难以平静——那是母亲用血汗奉献着自己最无私的爱，那是母亲用生命守候着自己最关爱的人成长。这就是母亲，她用自己朴实的期待，奏响了儿女的人生之歌。

——《守候》

（此课例荣获“新作文杯”全国第四届作文教学“创课”比赛一等奖）

定点聚焦，从绘形到观心

江西赣州·陈　娟

创课缘起

我任教的赣州市南康区第十中学，是一所普通的初中学校，学生整体素质一般。在教学过程中，我发现无论是家长还是学生，他们对语文的重视程度都不如其他科目，导致作文的学习现状比较糟糕，学生对作文是诸多的害怕——“最害怕写作文”“最害怕写周记”等，正因学生这种畏难心理，我希望通过引领学生多角度观察生活的方式，调动学生动笔的积极性。

从某种意义上来说，写作是让学生去发现生活中的美，不管是自然界的一草一木，还是人们的一个眼神，一个微不足道的场景，都可以成为写作的素材。本节课旨在指导学生定点聚焦生活中的某个具体镜头，并且能用心感受，由浅入深、由表及里地写出景或人的内在个性和情感，真正做到从绘形到观心。

创课思路

小小的事物，往往蕴藏着大大的道理；平凡的景物，经常演绎着别样的人生。基于初中生作文学习现状，也为了更好地激发学生的学习兴趣和达到迁移写作的效果，本节作文课我主要采取问答型教学方式，讨论交流作为辅助教学方式。它分为两大版块：一是聚焦多角度精读；二是聚焦分层次扩写。多角度精读主要引导学生从用词、修辞、情感等角度去更深入地读出名家文段的语言特点、更深入地去挖掘情感韵味；分层次扩写则是在多角度精读之后，让学生对部分文段进行内容的扩写和情感的扩充，从课文走向写作，达到迁移和深化的效果。

教学现场

一、聚焦一片叶子

(一) 经典例文呈现

(屏显)

1. 曲曲折折的荷塘上面，弥望的是田田的叶子。叶子出水很高，像亭亭的舞女的裙。层层的叶子中间，零星地点缀着些白花，有袅娜地开着的，有羞涩地打着朵儿的；正如一粒粒的明珠，又如碧天里的星星，又如刚出浴的美人。微风过处，送来缕缕清香，仿佛远处高楼上渺茫的歌声似的。这时候叶子与花也有一丝的颤动，像闪电般，霎时传过荷塘的那边去了。叶子本是肩并肩密密地挨着，这便宛然有了一道凝碧的波痕。叶子底下是脉脉的流水，遮住了，不能见一些颜色；而叶子却更见风致了。

2. 那叶，满是孔洞，叶面上也已密布了黑褐色的斑点，叶边卷曲着，显着焦黑的颓态。只怯怯立在西风中，无力地耷拉着脑袋，等待生命的衰竭。

3. 叶将落尽了，只剩了黑褐色的干藤枝吸附在墙面上，成了砖墙沧桑的皱纹，也似秋的速写，只能在想象里找到生命的活力。

但，那生命轮回、续接的轨迹却明晰得让人感动。

4. 雨势并不减退，红莲却不摇动了。雨点不住地打着，只能在那勇敢慈怜的荷叶上面，聚了些流转无力的水珠。

我心中深深地受了感动——

母亲啊！你是荷叶，我是红莲。心中的雨点来了，除了你，谁是我在无遮拦天空下的荫蔽？

（二）交流表达

师：俗话说，一千个读者就有一千个哈姆雷特。那么，从这四段文字中你读出了怎样的叶？

生：第一段文字中的叶子充满了生机与活力。

生：第二段文字中的叶子是衰败的、枯竭的，已到了生命的终点。

生：第三段文字中的叶子虽也枯败，但让我读出了坚强和希望。

生：第四段文字中的叶子，从它的身上，我读出了它拥有像母亲一样的品质——坚强。

师：在不同作者的笔下，叶子呈现出不同的特点，那么，作者又是通过什么方式写出来的呢？

生：第一段文字中的叶子作者运用了比喻和拟人的修辞手法，将叶子写得更加生动活泼。

生：第一段文字中的叶子作者运用了多种感官描写，主要是从视觉和味觉角度来呈现的。

生：第二段文字写到了叶面上的斑点，叶边的卷曲状，说明作者观察、描写得都很细致。

生：第二段文字中也运用了拟人的修辞手法，将叶的颓态生动地呈现了出来。

生：第三段文字富有哲理的意蕴，同时也有想象附着在里面。

生：第四段文字是从荷叶护住红莲的情态想到母亲护住子女的样子，这样的迁移极具象征意味。

师：你们试着从文字角度去思考一下，还有什么值得学习的地方？

生：有些词用得很好，比如，第二段中的“怯怯”和“耷拉”，运用了拟人的修辞手法，将人的感觉赋予了这片叶子，使得它拥有了人的情感。

生：第四段文字能带给我们很多灵感，可以教会我们利用事物的一些相似特性进行迁移，对我们已知的平凡事物进行深刻化处理，从而变得更有活力，赋予其不同的意义。

师：同学们都分析得非常好，下面我们就用一张图来汇总一下同学们从名家名篇中学到的写作方法。

（屏显）

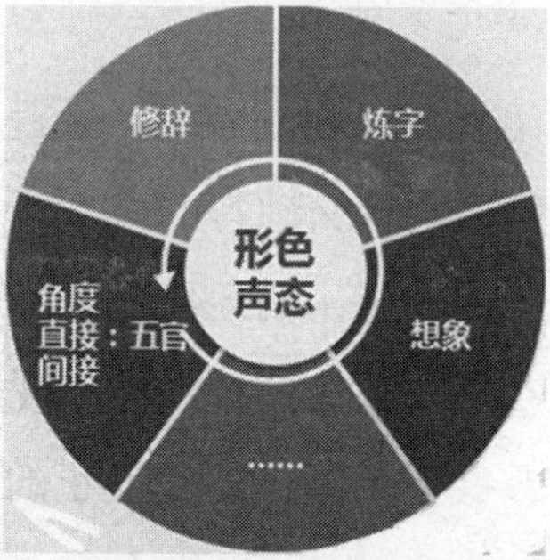

二、聚焦一双眼睛

(一) 动静结合，在情境中抓住人物特点

师：请大家朗读下面这段文字。

(屏显)

她有一双丹凤眼，眼眶凹陷了下去，眼睛看上去很深邃，眼角耷拉着，看似有点疲惫，但目光很坚定。

(学生齐读)

师：这是我们班同学写的片段，同学们觉得这段文字写得怎么样?

生：我感觉写得不错，“丹凤眼”“凹陷”“深邃”“耷拉”这几个词都写出了眼睛的外在特征，而且紧扣人物疲惫的特点。

生：我也认为写得不错，因为这段文字不仅写出了眼睛的外在特点，而且还写到了坚定的眼神。

师：同学们都带着欣赏的眼光来看这段文字，这一点非常好。这段描写眼睛的文字的确写得不错，但是老师希望她能写得更好。

(屏显)

福楼拜转动着蓝色的大眼睛盯着朋友这张白皙的脸，十分钦佩地听着。

师：作者寥寥数语便使人物的睿智、敏锐跃然纸上。同学们觉得上面例句中描写眼睛时有什么独特的地方?

生：作者将眼睛的动态感生动地再现了出来。

生：这双眼睛是在某个具体的情境中出现的。

师：说得太好了！我们的眼睛不是静止的，而是处于动态变化

中，所以，我们要善于抓住具体情境中眼睛的动态变化，让眼睛动起来，活起来，同时要学会运用动静结合的描写手法，让眼睛更传神。大家试着来改一改刚才的片段。

（学生展示第一次修改稿）

她有一双丹凤眼，眼眶凹陷了下去，当这双深邃的眼睛横扫四周时，空气似乎也凝固了，教室里安静得出奇。她耷拉的眼角不自觉地抽搐了两下，目光虽然坚定有力，但也难掩为了管理班级而长期积累的疲惫。

（二）以实写虚，在联想、想象中传达人物心声

师：请大家看下面的三段文字。

（屏显）

1. 爸爸虽然年老，但眼睛还是那么明亮、有神。每当看到那么自信而慈爱的眼睛，我便觉得无论做什么事情都倍感从容。

2. 她发火时，目光扫过我的脸，立马让人觉得火辣辣的疼；但她一笑，眼睛瞬间幻化成弯弯的新月。

3. 这对眼睛似乎能揭示广袤无垠的宇宙，照耀精神世界的最高处，同样也可以成功地把探照灯射进最阴暗的灵魂深处。

师：从这三段文字中，透过眼睛的描写，你读到了什么？

生：在第一段文字中，我从爸爸的眼神中读到了爸爸对孩子的关爱。

生：在第二段文字中，从她的眼神中，我看得出她很情绪化，有时候很凶，但有时候又很温柔。

师：她发火时眼睛的厉害是怎么写出来的？

生：用“火辣辣的疼”侧面烘托出来的。

生：在第三段文字中，我感觉这对眼睛好像能洞察一切，特别了不起。

师：这里的眼睛是真的能看透宇宙，还是作者的一种联想和想象？

生：我认为是作者的一种联想和想象。

师：我们发现作者通过眼睛的描写让读者读到了眼睛背后蕴藏的情感和性格，那么让我们对刚才的习作进行再次修改，看看能不能让这双眼睛传递出更多的东西？

（学生展示第二次修改稿）

她有一双丹凤眼，眼眶凹陷了下去，当这双深邃的眼睛横扫四周时，空气似乎也凝固了，教室里安静得出奇。她的目光似乎有一种魔力，一种能洞察一切的魔力，又像一阵寒风毫不留情地刮来，让人觉得刺骨。犯下的任何错误在这种目光下都无处逃遁，她耷拉的眼角不自觉地抽搐了两下，目光虽然坚定有力，但也难掩为了管理班级而长期积累的疲惫。眼角的皱纹历历分明，似乎在述说着她的尽责、坚强和无私，这样的眼睛，又怎能不让人心疼？

师：文章不厌百回改，经过两次修改后，眼睛背后的情更深了，意更浓了。好了，今天的课就上到这里，下课！

学生作品

百灵鸟

假如我变成了一只百灵鸟，我将飞翔在那片湛蓝的天空中，播撒我甜美的歌声，种下一片一片的欢笑。

春天，我会早早地起床，唱着歌飞向我所热爱的蓝天，深情地与它相拥，再跟洁白的云打声招呼，跟她说："早上好！"我一边飞翔，一边看着我羽毛下这美丽、神奇的自然风景，心里满是喜悦和快乐。哎呀，肚子有点儿咕咕叫，我调整方向和姿势，俯身向地面飞去，落在了软绵绵的泥土地上，吃了几口小草的嫩芽，扒拉了几口藏在庄稼里的害虫就心满意足了。早晨是美好的，我希望每个人在春天的早晨都能够能量满满，于是，我又放声歌唱，给每家每户带去新的希望。

夏天，我依旧盘旋在空中，可能太阳公公心情不太好吧，所以这几天天气十分闷热，不过我并不怕热，也不觉得烦闷。有时候温度太高，我就落在沙地上，在沙堆里蹭着我的羽毛，虽然沙子会把我硌着，也会有些疼，但是我能忍受，因为这样可以张开我的羽毛，给自己降温，还能梳理我的毛发，让我变得漂亮。到了下午，我看见香樟树下有很多奔跑着玩游戏的孩子，看到他们那么高兴，我也非常高兴，于是我落在树枝上，给他们的游戏伴起奏来。他们听到我甜美的歌声，又来寻我，我不想让他们看见，既然听见我的歌声那么开心，这就足够了。

秋天，清凉萧瑟的秋风吹拂着，田野里已是一派丰裕富饶的景象，农民脸上绽放着灿烂的笑容。我在稻田里飞着寻找猎物，隐约间我听见他们在谈论我，说多亏了我和我的兄弟姐妹们，在春天的时候帮他们把庄稼里的害虫吃掉了，现在才有这么喜悦的丰收。这些赞许让我心里美滋滋的，原来，我也有这么伟大的时候。

冬天，雪花轻轻地从空中飘落，给大地穿上一件洁白的婚纱，整个世界瞬间变得跟天堂一样，特别美丽。地上的人全都躲进了温暖的房间里，细数着这一年的丰收和喜悦。看着他们开开心心准备过冬了，我安心地跟着小伙伴迁徙到了温暖地带。来年，我会再来。

我是一只百灵鸟，我看到了一年四季的变化，领略了一年四季的风景。我用我的歌声来表达我的内心，表达我对这个世界的渴望与尊重；我用我的行为来改变我的生活，改变我在这个世界上的意义。

我要继续做一只帮助人们捕捉害虫的百灵鸟，为他们带去美妙的歌声，永远永远！

（此课例荣获“新作文杯”全国第三届作文教学“创课”比赛一等奖）

转折思维，无中生有写妙文

浙江温州·苏万马

创课缘起

起承转合是中国为文作诗常用的结构形式，在其背后则是转折思维。转折思维相对于顺向思维，更能发现事物的本质，发现生活的深刻之处。近年来，多地中考作文命题采用了此类思维模式，如《熟悉的地方也有风景》。本堂课着眼于转折思维，采用此种思维模式，发现生活的不寻常之处，探寻生活的本质。

本堂课运用多个文题，如《走近了才知道》《原来____》《其实我也________过》及《________竟然与我有关》，它们的侧重点各不相同。此次用此种思维模式，旨在为命题作文《平台》提供写作指导，寻找写作突破口。

创课思路

1. 教师用唐诗绝句和张小娴的文艺小品文导入，在具体的训练中，带领学生深入了解转折思维。

2. 阅读中考满分作文，了解转折思维作文的结构。

3. 发现生活中的转折。写作从来就不只是语言文字的事，高明的作者总是能从生活中发现别人未发现之处。

4. 思维训练：了解“竟然”“也”等词汇中的转折意蕴。此环节的侧重点在于让学生要学会挖掘词语中的内涵，潜入思维的深处，发现生活的本质。

5. 无中生有，深化转折思维。学生要解放思维，学会咬文嚼字，学会转折思维，善于发现那个“不一样”的内涵，难题就迎刃而解了。

教学现场

一、了解转折思维

（要求学生背诵杜牧《江南春绝句》，认识转折结构）

师：如《江南春绝句》中的第3句“南朝八百八十寺，多少楼台台烟雨中”，运用的就是转折结构，转折结构的背后是转折思维。张小娴曾这样说：“我常常取笑，大的东西会变小，小的东西也会变大，大和小常常都会倒转过来。”那么，如果一个人的年纪变大了，按照顺向思维，他会怎么样呢？

生：经验丰富了。

生：学问更高了。

师：对。可是，转折思维并不这么看。一个人的年纪大了，学问固然更高了，经验固然更丰富了，可是遗憾却越来越多。在生活中，我们常听到“您大人有大量”这句话，这是顺向思维，事实上，大人不一定有大量，有些人越老越小气。

（屏显）

请同学们在下列空格内填上具有转折思维的句子，并说明理由。

1. 口气大的人，________________________________。

（答案：自信心越小。因为他没有实力，只能用大话蒙骗自己。）

2. 常常说要干一番大事业的人，________________。

（答案：到头来只会是一个小人物，因为他花了大部分时间空谈。）

3. 对物质的要求越小，________________________。

（答案：快乐越大。因为没有期望，就没有失望，而一点点所得便会使自己喜乐不已。）

4. 小的冲突、失望和埋怨，________________________。

（答案：堆积起来，就会变成分手的最大原因。因为长期堆积的埋怨，会转化为巨大的力量。）

师：你们能告诉我为什么会发生这样的转折？

生：任何结果都是由一定原因造成的。

（屏显）

凡事皆有因。

二、阅读范文，加深对转折思维认识

师：认识了转折思维，下面我们一起来读一篇中考满分作文。

（屏显）

门其实开着

蜗居在教室的死角，听物理老师有板有眼地进行着受力分析，我无奈地看看手表，计算着下课时间。周围的同学接二连三地站起来回答问题，或者因成绩优异回答难题，或者因基础太差被抽背概念。唯独我一直坐着，我似乎被老师的锁无意间锁进了她内心的死角。

下课了，又听见同学们聚在一起闲聊，又听见同学夸奖某个漂亮女生的新裙子，又听见长相不好的人在为自己的绰号争辩不休。唯独我一直安静地坐在原地，我似乎又被同学们的锁无意间锁进了他们内心的死角。

于是，我渐渐学会享受没有对话的生活。我会在睡前看看窗外的星空，然后告诉自己，星辰和我一样寂寞；我会在衣柜里放满黑色的衣服，然后告诉自己，春天里的桃红柳绿并不属于我。

艺术节和春天如约而至。我们班有一个诗歌朗诵表演，邻座的语文课代表极力鼓励我参加，声称他发现了一首很适合我的小诗。

我本不情愿，但还是好奇地看了那首小诗：

你站在桥上看风景，
看风景的人在楼上看你。
明月装饰了你的窗子，
你装饰了别人的梦。

不知为什么，我真的被它吸引了，于是欣然接受。之后，便认真地投入练习。语速，语音，语调；眼神，微笑，手势。我反反复复地练习着。

演出那天，听取了语文课代表的建议，我第一次脱下黑色的衣服，穿着明艳的春装，站在高高的舞台上，望着台下的同学们，此刻我的衣服与窗外的桃红柳绿相映衬，温暖、明朗。我忽然想到，并不是只有黑色才属于我，于是，我快乐而深情地朗读起小诗。

你站在桥上看风景，
看风景的人在楼上看你。
明月装饰了你的窗子，

你装饰了别人的梦。

教室里响起了热烈的掌声。我分明看见笑容在语文课代表的脸上绽放，在每位老师和同学的脸上绽放。原来，我心目中许许多多的锁并不存在。在这经久不息的掌声中我才明白：门其实开着。

师：请同学们根据文章内容思考如下问题。

（屏显）

1. 阅读全文，用一句话来概括“我”的思想感情发生了怎样的变化。

2.“我”在朗读小诗的情节中，心理变化的过程是怎样的？

3. 本文的结构特点是什么？

三、发现生活中的转折，并说说为什么

师：转折结构和转折思维都来自对生活的一种认识。下面我们一起来看看屏幕上这几道习题，总结一下我们生活中的思维惯性。

（屏显）

梦想：其实不远。（以为很远，遥不可及）

路：就在脚下。（以为无路可走，却发现路就在自己脚下）

熟悉的地方：也有风景。（以为没什么好玩的，却发现身边也有美景，只是自己没发现）

师：我们在事情发生之前，都有个属于顺向思维的成见，但是经过生活实践后，发现事情的本来面目并不是我们开始想象的那样。

（屏显）

让思维转个弯。

四、分析具有转折意味的关联词

师：体现这种转折思维，需要掌握一些关联词的意蕴，如“但是”“却”“也”“其实”“原来”等。这些关联词，连接了前后两个句子。句子的前者，是日常生活中的一个现象或名称；句子的后者，是一个异于顺向思维的认识，一个属于转折思维的认识。这样一个转折复句，既概括了我们对生活的认识，也帮助我们对转折思维类型有了新的认识。请大家先思考“其实”这个词怎么理解？

生：先认为事情是这样的，后来发现是那样的。

师：“原来”这个词怎么理解？

生：给人一种恍然大悟的感觉。表示起先没弄明白，或者是误会了，后来终于弄明白了。

师：“也”这个词怎么理解？

生：表并列。如你会，我也会。

师：这是顺向思维。转折思维不是这个意味。“也”一词，有多个义项，同学们，想一想，哪个义项符合转折思维？

生：《野百合也有春天》中的“也”。

师：说得好！《野百合也有春天》是罗大佑的代表作之一。“野百合”这种植物，会经历春季吗？

生：会。

师：那么，为什么说野百合也有春天呢，这不是废话吗？

生：这里的野百合和春天，都蕴含着其他含义。野百合指没有社会地位的普通人，而春天指他们也有绽放光芒的时候。

师：用“也”，意味着什么？

生：“野百合”这样的群体，本没有机会展现自我，但他们的内心渴望得到这样的机会。

师：你分析得不错。很多歌名、电影名包含这类词语。比如《天使也疯狂》，意指天使的气质是纯美的，谁知道她也会疯狂。再如《其实你不懂我的心》，意指你以为你懂，实际上你不懂。

五、无中生有，深化转折思维

师：下面我们来比较一下这两组中考作文题。

（屏显）

第一组：

1.《这也是一种荣誉》（2018·山东青岛）。

2.《原来，我也很____________》（2018·安徽巢湖）。

3.《______________，也是一种财富》（2018·广西河池）。

4.《原来这么简单》（2018·广东广州）。

第二组：

1.《遇见》（2018·湖南怀化）。

2.《最懂我的那个人》（2018·河南郑州）。

3.《平台》（第20届中华“圣陶杯”全国中学生作文大赛试题）。

生：第一组有表示转折意味的词，如“也”“原来”等；第二组没有表示转折意味的词，但仍然可以写出转折之意来。

师：前几个星期，我给咱们班布置了一份亲子阅读作业，得到了所有家长的支持与配合。家长们都发来了照片，并且家长和学生都写了读后感。我也为大家做了个电子图册，并配了乐。那么，我想问一下同学们，这是一份普通的作业吗？

生：不是。

师：为什么？

生：因为老师从来没有布置过这样的作业。

师：这就不符合转折思维了。你们想想，你们长期住校，想不想家？

生：特别想。一到快放假前两天，我就没心思学习了。

师：家长见到你们，都会问些什么呢？

生：吃的、住的好不好，还有老师好不好。

师：对的，父母都是这样的。家长想你们吗？

生：想。一回到家，就给我们做各种好吃的，或者直接带我们到饭店吃。

师：想一想，这份亲子阅读作业有什么作用？

生：可以拉近孩子与家长的距离。（教师满意地笑着，对其表示赞赏）

生：老师，这是一份不普通的作业。

师：它的不普通体现在何处？可不可以把它当作一个家长和孩子沟通的平台？

生：可以。这是一份亲子阅读作业，也是沟通亲情、加强亲情的平台。

师：从以上角度对“平台”审题和构思来看，它具有一定的新颖性，所以我们要善于发现事物之间的联系。

（屏显）

善于发现事物之间的联系。

学生作品

一份普通的作业

又是一个周日。每到周日，我们寄宿学校的同学就必须返回学校。每次返校，我都不由得心如死灰。

每当我踏进校门，校园内风景如画，可我却不自觉地板起脸来，没有任何激情，更别说对他人热情了。似乎每一个人都像一个没有灵魂的木偶，在校园里漫无目的地走着。

有一天，我们班发生了一件大事，居然有一位同学哭了，他吵着要回家，哭得小脸通红。我们都是抱着看好戏的心态观看这一幕的，没有一丝同情。不久这位同学被父母接走了。他的父母来时怒气冲冲，父亲瞪着眼，大声吼着："你想干什么呢！能不能给我省点心吗？"我见此情景，也就只是笑笑。突然间我想到一名网友说的话，这个时代，什么都不缺，就缺"情"。

不错，有些同学在家长周末探访时，一边吃着零食，一边冷眼看着父母为自己洗衣服；更有甚者还嫌弃父母带大包小包的东西来学校看望他，觉得太丢人，让他们以后别来了；有的父母连周日都不来看孩子，孩子只能孤零零地看着室友一家人相亲相爱；还有的父母就直接把孩子丢在学校，放寒暑假才来接，这是亲生的吗？很多人已绝望，厌恶这种冷漠，更怨恨那对自己漠不关心的亲人！

有一天，我们一到教室，就看见黑板上写着一条作业要求：亲子阅读并拍照。看到这份作业后，我的脑子里一片空白，忍不住去找老师说："我……我……这怎么可能完成呢？这是什么作业啊？"

我向老师提出异议，可老师只是笑着说："你尽管去完成，只要完成了就好，懂吗?"

到了周末，我一回到家，母亲就匆匆地说："哎，我要出去办事了，我回来之后，我们随便拍几张照片应付你那作业，我先走啦!"说完把门一关，走向电梯。

我安静地吃完晚饭，静静地看书，玩手机。大概晚上八九点，母亲回来了，放下包就坐在沙发上。"来，我们拍个照吧!"我拿起书放在中间，我和母亲各拿一侧。马上，母亲的脸上就洋溢着笑容，我却怎么也笑不出来，只能假装认真地看书。

不知过了多久，终于拍好照片了，我以为煎熬终于可以结束了，没想到母亲又拉着我说："儿子，我们也好久没有谈心了，借着这个机会，我们认真谈一次吧!"

那天晚上，我向母亲说了很多学校发生的趣事，母亲也向我说了她工作中的不如意。最后，我和母亲是笑着走向各自房间的。

第二天，我走进教室时发现每个人脸上都洋溢着笑意，也没有谁板着脸啦！我知道每个人都过了一个愉快的周末。这时老师也笑着走了进来，问道："大家这个周末过得开心吗?"所有人都异口同声地回答："开心!"老师笑得更灿烂了。

这时我才明白，这不是一份普通的作业，而是一个平台，一个沟通亲情的平台。我抬起头，环顾四周，每个人的脸上都洋溢着幸福的笑容。似乎有了激情，有了热情，一切都焕发着生机与活力。

（此课例荣获"新作文杯"全国第三届作文教学"创课"比赛一等奖）

古诗新“裁”，让美景入文

山西运城·陈海丽

创课缘起

古诗词是中国传统文化中一颗璀璨的明珠，是中国人文化基因的重要组成部分。中央电视台《中国诗词大会》的热播引发了新一轮全民诵读诗词、学习诗词的热潮，置身其中，我不禁思考：古诗词作为特定时代的美文，有着其在文学、审美、情感上独特的价值，这些价值在我们当下的古诗词教学中，已经得到开发和传播。从写作手法角度看，古诗词中诗（词）人的情感和思想是如何通过文字表达的，又以怎样的逻辑结构串起全篇，进而达到境遇、诗句和情感的融合，这对我们今天的作文教学仍然大有裨益；从写作资源角度看，时下的写作教学已经引入了越来越多的新鲜元素，比如电影写作课、名著写作课等，那么让古诗词成为写作素材，又何尝不是一种有益的尝试呢。

创课思路

王维是成就斐然的山水田园派诗人，他的《山居秋暝》被誉为“诗中有画，画中有诗”的典范之作。如何写景，此诗在观察、选材、描写等方面能带给人很多启迪。

1. 理解“面”。引导学生通过朗读，从整体上感受诗歌画面，并且明确这首诗“写了什么”，通过哪些景物来表现“山居”的舒适和惬意。

2. 探究“点”。引导学生站在写作角度对诗的每一联进行探讨，并配以经典的现代美文实例，让学生明确写景类文章的观察视角、写作方法以及写作思路。

3. 实践“篇”。出示四幅精选的自然风光图片，要求学生以此为载体进行练笔。学生也可选择触动自己心灵的一处风景进行描写，以此巩固课堂上学到的写景方法。

教学现场

一、直接导入，整体感知

王维是同学们非常熟悉的一位山水田园诗人，他的诗被苏轼评价为“诗中有画，画中有诗”。今天，我们一起来读王维隐居于辋川别业时所作的《山居秋暝》，.看看1000多年前的诗人是如何一步步地描绘出山雨初霁后的清新如画，面对皎月流水、山川风物又是如何深深凝视，进而心灵起舞的。

（屏显）

山居秋暝

王　维

空山新雨后，天气晚来秋。
明月松间照，清泉石上流。

竹喧归浣女，莲动下渔舟。

随意春芳歇，王孙自可留。

这首诗是王维山水田园诗的名篇，至今被广为传诵，八年级学生也相对比较熟悉。这首诗意象鲜明，每一句中都有“激活”整个句子、使之意趣盎然的词语，读之画面感扑面而来。同时，这首诗中并没有晦涩难懂的词语，不会给学生的理解带来障碍。

（屏显）

1. 读诗。要求：读准确、读出节奏、读出感情。

2. 解诗。请你谈谈你对整首诗的感知，重点明确“写了什么”，并思考它是通过哪些景物表现出来的。

生：初秋时节，雨后初晴的傍晚时分，山间像一幅清新秀丽的山水画。通过空山雨后的秋凉、松间明月、石上清泉、竹林中浣女的喧笑、荷花丛中的渔船等来展现雨后黄昏的山景。

二、镜头回放，次第探微

这首诗共四联，每一联都有其独特的观察角度和写作着力点，呈现出“远近高低各不同”的美，却又和谐完美地统一到一个画面中。我力图通过光影式的镜头回放，带领学生从诗人王维的角度去探究、去思考、去梳理。

（一）明对象，勾画面，留下想象空间

引领探究：首联“空山新雨后，天气晚来秋”，呈现的是怎样的画面（提示学生抓住“空”“新”二字）？这样的描写具体吗？

明确：一场秋雨过后，山中的傍晚静谧空旷，草木山川仿佛披上了一件新衣，晶莹透亮。这样的描写是从整体勾勒出一幅秋山秋

雨图，给读者留下了充足的想象空间。

引领探究：以课文为例，引导学生分析以下例句在给读者留白方面所起的作用。

（屏显）

盼望着，盼望着，东风来了，春天的脚步近了。

——朱自清《春》

为了看日出，我常常早起。

——巴金《海上的日出》

山茶又开了，那样洁白而又美丽的花朵，开了满树。

——席慕蓉《白色山茶花》

小结：以上三个例句均为每篇文章的开头，都是从大处着笔，点明要描写的对象，并没有进行细致的描写，给读者留下了想象的留白，带领读者走进了景区的“大门”，在读者充满期待、思维驰骋后，才引领读者“渐入佳境”，走向下一个花草相间、可观可数的景点。

（二）抓特点，重背景，主次掩映相生

引领探究：颔联“明月松间照，清泉石上流”，着意突出的是哪种景物及其什么特点？这几种景物之间并非孤立存在，它们之间构成了一种怎样的关系？

明确：明月、松林、清泉以及石头构成了一幅动静相宜的画面，而皎洁的月光、清澈的泉水是诗人着意要突出的景物，并通过“明”“清”二字突出其特点。松林是月光的主背景，高挂于天空的月亮在松林的映衬下愈显孤洁而银辉皎皎；安静的石头是清亮可鉴的泉水的背景，跳跃着的清泉在石头的映衬下仿佛也在悠悠地唱着心里的惬意、舒爽。诗人在突出描写“明月”“清泉”这两个显性景物的时候，并没有忽略其背景的铺陈，一主一次，层次分明而生动。

引领探究：以课文为例，引导学生分析以下例句在给读者留白方面所起的作用。

（屏显）

最妙的是下点儿小雪呀。看吧，山上的矮松越发的青黑，树尖上顶着一髻儿白花，好像日本看护妇。山尖全白了，给蓝天镶上一道银边。山坡上有的地方雪厚点儿，有的地方草色还露着；这样，一道儿白，一道儿暗黄，给山们穿上一件带水纹的花衣；看着看着，这件花衣好像被风儿吹动，叫你希望看见一点儿更美的山的肌肤。等到快日落的时候，微黄的阳光斜射在山腰上，那点儿薄雪好像忽然害了羞，微微露出点儿粉色。就是下小雪吧，济南是受不住大雪的，那些小山太秀气！

——老舍《济南的冬天》

天空的霞光渐渐地淡下去了，深红的颜色变成了绯红，绯红又变为浅红。最后，当这一切红光都消失了的时候，那突然显得高而远了的天空，则呈现出一片肃穆的神色。最早出现的启明星，在这深蓝色的天幕上闪烁起来了。它是那么大，那么亮，整个广漠的天幕上只有它在那里放射着令人注目的光辉，活像一盏悬挂在高空的明灯。

——峻青《海滨仲夏夜》

小结：“人面桃花相映红”，人与桃花各自成全了彼此。老舍把矮松置于山上，把白雪置于树间，更加突出地展现了雪后济南的秀气。峻青没有单独地描写启明星的大、亮，而是始终把启明星置于广袤的天幕下，更加突出了启明星的光辉。同样，在王维的笔下，明月和松林、清泉和石头也在互相成全着各自的美，所以，景物描写有主有次，有明有暗，浓淡相宜，恰如水墨画的高高低低，掩映起伏，给人以幽静雅致之感。

（三）现人事，引生活，意境顿添生机

引领探究：颈联“竹喧归浣女，莲动下渔舟”中“喧”“动”两个动作的主体是谁？这样的描写在景物之外，侧重了对哪一个方面的表现？

明确：一群洗衣女子的谈笑声从茂密苍翠的竹林中杳杳传来，莲叶层叠，一艘渔船掀翻无数晶莹的水珠顺流而下，呈现出一幅悠然安宁的生活画面。而人、物的出现使得画面顿时有了生机，显得立体多姿，但是人、物仍在“画”中，竹、莲、洗衣女子与渔船使得人、事、物浑然一体。

小结：老舍说：“无论我们要写什么样的风景，人工园林也好，荒山野海也好，我们必须预定好景物对作品的功用如何，不是为了写景而写景。”这就告诉我们，无论古诗还是现代文，都要有明确的写景目的，毕竟，人是万物的主宰，是要通过语言表达内心的思想与情感的，而所有的景物铺陈与渲染，也都服务于这一功用。

（四）景至极，情饱满，结尾升华提亮

引领探究：尾联“随意春芳歇，王孙自可留”抒发了作者怎样的情感？这种情感与之前三联的描写是否存在一定的关联？

明确：春天的芳菲任它随意消散，秋日的山中自可久留，表达了诗人在青松明月之下，在翠竹青莲之中，怡然自乐、安静淳朴的生活理想。前三联中的泉水、青松、翠竹、青莲，可以说都是诗人高尚情操的写照，都是为了烘托诗人的理想境界，都是诗人为在结尾表达自己的志趣追求而特别选取的景物，它们都是为诗人抒发高尚情操做铺垫。

引领探究：以课文为例，引导学生分析以下例句在给读者留白方面所起的作用。

(屏显)

这不是很伟大的奇观吗?

——巴金《海上的日出》

我第二次到仙岩的时候，我不禁惊诧于梅雨潭的绿了。

——朱自清《绿》

春天像刚落地的娃娃，从头到脚都是新的，他生长着。

春天像小姑娘，花枝招展的，笑着，走着。

春天像健壮的青年，有铁一般的胳膊和腰脚，他领着我们上前去。

——朱自清《春》

小结：王国维说：“以我观物，故物皆着我之色彩。”自然界万物生生不息，每一种花草都是生命，都可以凝聚我们的情感。与其说王维在以独特的视角看辋川别业的一草一木、一山一水，不如说他把自己所有的人生理想和个人情感都完全附着在这里的一景一物之中，因而他看到雨后的山是新的，月是明亮的，泉水是清澈的。

在他澄明不沾染世俗的心境里，他能听到竹林里洗衣女子的笑声，能捕捉到莲丛中悄然欢快的渔船，这些都是在为结尾的情感做铺垫，却又与这种美好的情感和谐和美浑然一体。

综上所述，王维的《山居秋暝》带给我们观景成文的思路是：由前文的写景与结尾的抒情高度一致、浑然一体的关系可看出"景为情设，情由景发"；由颔联、颈联分别从单纯写景和景中有生活的描写中可看出"两种角度，纵向深入"；全诗的描写及阅读写作经验还启示我们，在写景文中要学会"丰富联想，意境生美"。

（屏显）

景为情设，情由景发。

两种角度，纵向深入。

丰富联想，意境生美。

三、学以致用，课堂习作

请学生从中选择一幅画面（也可选择对自己触动最深的一处风景），按照本课学习的思路和方法，辅以合理的想象，结合自己的生活体验写一篇不少于500字的文章。要求观察细腻，言之有物，描写、抒情相结合。

学生作品

日　出

今天我们要去看日出。在一阵催促声中，我们一家人整装出发，驱车驶向海边，去看那传说中无比壮丽的日出。

到达目的地后，天空呈现一片灰蓝色，太阳还吝啬地没有露出一点影子。我们坐在沙滩上，静静地等待着，生怕发出一点声响，惊扰了太阳即将开始的盛大出行。突然，天幕沉沉，陷入了更深的黑暗之中。我心里暗自揣度：这就是黎明前的黑暗了吧？一会儿，天空被一双柔软的手轻轻拂拭着，一点点褪变成浅蓝色，乃至浅浅的群青，淡淡的钴蓝。忽地，一线红色的云霞从水天相接之处溢了出来，淡蓝色的天空一下子被镶上了一层粉白，透出不可言喻的婉约轻柔。慢慢地，那一线红晕成了一抹红，渐渐地蔓延至整个天空。云此时也变得温暖，却又不同于晚霞的肆意绚烂，仿佛刚出生的婴儿欣喜地打量着世界，却又带着丝丝羞怯。在天空热情的感召下，太阳也终于露出笑脸，散出万道霞光，为大地披上新装。

看到了日出，我恍然大悟，黎明之前的等待是多么美好啊！就像每个人都是一点点地长大，但我们享受的并非是长大的结果，而是成长过程中的忧乐悲喜，因为这些终将会融入我们的生命，汇聚为厚重与精彩。阳光无边，花开、草盛，幸福的云彩悠然飘来。

（此课例荣获“新作文杯”全国第二届作文教学“创课”比赛一等奖）

青春随想

辽宁大连·杜晓磊

创课缘起

“青春”这个话题作文很容易写得千篇一律，学生能想到的都是校园生活，很难写出新颖的东西，所以，针对“青春”这个话题作文的指导，应该把重点放在拓宽和深化学生的写作思路上，培养学生思维的深刻性，将他们从狭窄的写作思路中解放出来。那么，怎样才能把思路拓宽呢？为此我设计了一节思路拓展课。

创课思路

“减少对写作的束缚，才能实现个性化写作”，基于这一点，我将这节课的重点放在拓展学生写作思路上。学生对“青春”的理解太肤浅，所以，教师要先引导学生深入理解青春的内涵，再选择不同的角度写成不同的文体。通过青春咏叹调、青春记事本、青春辩论台、青春随想曲这四部分将思路贯通。在教学过程中用到的归纳拓展思路的方法有三种：用“化虚为实”将抽象的事物写成具体可感的事物；用“化整为零”把“青春”这个词化成若干个小的主题；用“化事为理”将思维引向深入。在教学过程中用到的归纳深化立意的方法有两种：一是抓住“正确”不放松；二是纵向挖掘求“深刻”，人无我有求“新颖”。

教学现场

一、导入

师：今天老师给大家上一节作文指导课，我们先来看一下题目要求。（学生读题分析）首先，要确立围绕哪个词来写——青春。徐徐展开生活的画卷，我们一笔一画地画出动人的风景。行走在青春的天空下，我们感受着青春，享受着青春。几个孩子尽情地嬉戏着，像蝴蝶一样盘旋于浅草乱花间，起舞于青春梦幻里，是那么近，又是那么远。而我们的青春在哪里呢？我们要想找到青春，就需要我们先寻觅到青春的踪迹。

（屏显）

你找到青春了吗？行走在青春的天空下，原来它在……

生：在挥洒汗水的篮球场，在沙沙作响的笔尖下，在倾吐秘密的日记本中……

二、青春咏叹调

师：我们回过头来再看“青春”二字，它虽然离我们很近，但是又看不到、摸不着，因为青春是抽象的。怎么才能把青春写得具体感人呢？我们先看看别人是怎么做的。

（屏显）

青春是发甜的，甜得醇厚，就像一张张充满朝气的脸，笑意挂满眉间。

青春是白色的，白得纯粹，就像一朵朵含苞待放的栀子花，纯真摇曳枝头。

青春是激昂的，响得热烈，就像一匹匹扬蹄奔腾的骏马，激情洒满疆场。

师：该例文从味觉、视觉、听觉角度写出了青春的味道。这种把抽象的事物写成具体可感的事物的方法，叫作“化虚为实”。接下来，我们试着仿写青春。

三、青春记事本

师：有些珍贵的记忆时刻珍藏在我们的心中，那么，哪些事可以用来表达“青春”这个主题？下面请大家结合材料提炼一下关键词，也可以自己补充一些。

生：梦想、独立、成长、挫折、友谊、惜时……

师：通过这个环节，我们把“青春”这个词化成了若干个小的主题。这样切入点小了，主题就好把握了，我们把这种方法叫作“化整为零”。既然要写事，就涉及选材的问题。假如在你的青春时期有两件让你难忘的事，你会选哪件事来表达你对青春的感悟？

（屏显）

事例一：为班级荣誉，在运动会上大家奋力拼搏，终获成功。

事例二：上网玩游戏，熬了几个通宵终于通关了。

生：我会选第一个事例。我从这个事例中悟到了青春就该勇于拼搏，团结奋进。

（提示：如果选第二个事例，首先要肯定学生的创新精神和胆量，但这样的素材在考试中很难得高分，我们应该采用什么办法“化险为夷”呢？比如勇于拼搏、坚持不懈。这里的勇于拼搏和坚持不懈都是文章的立意。青春时期也有很多灰色的事例，由此可见，不管我们选什么事例，只要立意是积极向上的，不偏激、不片面即可。这就是我们要学习立意的第一个方法：抓住“正确”不放松。)

四、青春辩论台

师： 青春如此宝贵，我们该怎样度过一段有意义的青春时光呢？下面让我们看看名人之青春故事是怎么样的，看完后大家交流一下意见。

(一) 国手邓亚萍

邓亚萍从小就酷爱打乒乓球，她梦想着有朝一日能够在世界赛场上大显身手，却因为身材矮小而被拒于国家队的大门之外。她并没有气馁，而是把失败转化为动力，苦练球技，持之以恒的努力终于催开了梦想的花蕾——她如愿以偿地站上了世界冠军的领奖台。在她的运动生涯中总共获得了18枚世界冠军奖牌。这不仅为她带来了巨大的荣耀，也改变了世界乒坛只在高个子中选拔运动员的传统观念。

(二) 凿壁偷光

匡衡从小就非常喜欢读书，可是家里很穷，买不起蜡烛，一到晚上就没办法读书，他常为此事发愁。这天晚上，匡衡无意中发现自家的墙壁似乎有一丝亮光，他起床一看，原来是墙壁裂了缝，邻居家的烛光从裂缝处透了过来。匡衡看到后，立刻想出了一个办法，他找来一把凿子，将墙壁裂缝处凿出一个小孔，一道烛光立刻射了过来。匡衡就利用这道烛光，认真地读起书来。以后每天晚上，匡衡都要靠着墙壁，借着邻居的烛光读书。由于从小勤奋好学，匡衡后来成了一名知识渊博的经学家。

（三）董仲舒三年不窥园

董仲舒的书房后虽然有一个花园，但他专心致志地读书学习，三年没有进园观赏一眼。董仲舒如此全神贯注地钻研学问，使他成为西汉著名的思想家。

（屏显）

仿写句子：青春是________。

提炼有关“青春”的关键词：

生：乐观向上、积极进取、刻苦学习、珍惜时间、敢于探索、仔细观察。

师：我们用“化事为理”将思维引向深处。现在看来青春不是很难写，但你们思路还没有打开，使立意还不够深刻、不够新颖！那么，我们再思考一个问题：老年人还拥有青春吗？

生：只要心态好，就能永葆青春。

五、青春随想曲

师：刚才我们围绕“青春”展开了一系列探究。现在我们来探究一下“随想”这个主题，既然是“随想”，就需要我们大胆地想象。刚才我们说的无论是自己还是别人，都是人，难道只有人才有青春吗？当然不是。那么，青春还会让我们联想到哪些美好的意境呢？

生：幸福、和谐、富强、智慧、浩瀚、和平……

六、书写青春

请你们选取恰当的写作角度，拟写提纲，拟好后小组内部推选出你们组最好的提纲，全班同学交流。老师希望你们回去后认真思考，完成这篇文章，最后老师送给大家一篇青春寄语。

（屏显）

青春寄语

青春是一个真实的梦。16岁的花季，许多幻想已经展翅飞翔，多少泪水已伴随着梦想启航。青春是一条单行线。无论前方是荆棘丛生还是泥泞重重，我们都不会轻易放弃，我们只会一路向前，且歌且行。青春，不知我是否真的尝到了你的味道，是否真正了解了你的奥秘。请不要在我尚未真正理解你时就悄然溜走，因为我正用我的生命解读你。我爱你，我永恒的青春！

学生作品

战“痘”记

曾几何时，我光滑的脸上突然冒出了一群美丽的青春疙瘩痘，那一颗颗红色的小痘子在我脸上找到了合适的住所后，愈加放肆，繁殖后代。就在晋升为“痘痘族”的第二天，我来到了教室，同学们更是发出了惊恐的叫喊声。一位挚友用手指着我的痘痘狂笑不止：“你……你的脸，真像黄土高坡！”有那么夸张吗？我摸了摸自己凹凸有致的脸，也不至于千沟万壑吧！

受了若干刺激的我下定决心，誓与痘痘斗争到底！我抱着“人定胜痘”的想法，开始了我的灭痘生涯。我坚持“一不怕苦，二不怕死”的信念，全神贯注地将脸上的痘痘挤完。一想到今夜一过，本人就推翻了痘痘的“残酷压迫”，可以重新抬头做人了，就不由得笑意盈怀、足下生风了。可是，到了第二天，我往镜子里一瞧，顿时傻了眼，原本鼓起来的疙瘩却变成了一块块的红斑。我果断地采取了第二项措施——用祛痘霜。回到家后，我迫不及待地抹了一脸，神情紧张地扫描着痘子们。不一会儿，祛痘霜开始在我脸上产生了化学反应，“呼啦啦”一层皮连同痘痘们一起从我脸上脱落下来。痘痘终于被我制服了！我高兴得手舞足蹈。可惜好景不长，我发现痘痘们的繁殖能力之强，远远超乎我的意料，真可谓“长江后浪推前浪，前浪死在沙滩上”！老痘痘们刚被我消灭，新的痘痘们马上站起来冲锋陷阵，真是防不胜防啊！慢慢地，我习惯了脸上这道“美丽的风景线”，不再对痘痘们耿耿于怀。不承想，几天后，痘痘却逃走了。也许我的脸上不再是块风水宝地，痘痘们已经迁徙到别处，另谋生路了。不知怎的，对那群困扰我很久的痘痘竟有些怀念，或许长痘痘不是一件坏事，至少它也是青春的一种象征。

（此课例荣获“新作文杯”全国首届中小学作文教学“创课”比赛一等奖）

“角色互动”掀波澜

四川成都·寇凯华

创课缘起

高一学生在初中阶段已经学过记叙文的写作，但是写作水平仍停留在根据记叙文“六要素”构建故事或者“叙事+感想”的层面，并且作文的情节写得不够曲折，主题不够深刻。其实，学生对故事有着天然的喜爱，他们知道很多经典的故事，但是如何从中提炼可以迁移的元素或模型，让自己的写作水平提高，他们还不清楚。本节课的设计正缘于此。

创课思路

《追求理解的教学设计》中提道：“我们的课堂、单元和课程在逻辑上应该从想要达到的学习结果导出，而不是从我们擅长的教法、教材和活动导出。”而高中语文教材中的“表达交流”部分也论述到“叙事要有点波澜”这一观点。基于此，我以“解决真实情景下的问题”为导向，通过“模仿—借鉴—创造”的逻辑结构，用挑战性激活创造力的思维模式，训练学生快速写出一篇曲折又有深意的记叙文，以求培养学生的文化交融理念和开拓他们的全球视野。

教学现场

一、角色互动基本模型

师： 我们今天开始学习记叙文。记叙文属于叙事性文本，它本质上是讲故事。讲故事，离不开人物角色和情节。首先让我们来看一个故事。这个故事里面有四个人物角色——

（屏显）

1. 先知。2. 英雄。3. 恶龙。4. 公主。

师： 这个故事的角色互动模型是这样的，先知告诉英雄行动的目的，即故事的开始；英雄战胜恶龙，救回公主；恶龙阻止英雄救公主，被英雄杀死；公主等待被救。情节会这样发展——

（屏显）

1. 先知告诉英雄要消灭恶龙，救回公主。
2. 英雄战胜了恶龙。
3. 英雄救回了公主。

师： 这是个很简单的故事，它的表层主题和深层主题却如此深刻。

（屏显）

表层主题：正义战胜邪恶。

深层主题：认识自我。

二、变形预热

师： 我们一起来改编这个故事。首先我们将主题深化为“唯有直面内心的恐惧，方能产生真正的勇气”，那么，大家来琢磨一下，角色互动关系和情节会如何变化呢?

(学生思考。屏显)

预热：主题深化为“唯有直面内心的恐惧，方能产生真正的勇气”。

思考：角色互动关系和情节会如何变化呢?

师：这里我们需要注意的是：第一，为何会有恐惧；第二，为什么能够直面恐惧；第三，这个句子没有主语。

生：我认为英雄之前是怯懦的，他面对恶龙自然还是很恐惧的。

师：按照你的理解英雄的性格发生了变化。

生：在我的故事里，英雄之所以能够直面内心的恐惧，是因为他发现恐惧没有用处，反而会增加许多不必要的麻烦。

生：公主被恶龙劫走后，她始终没有放弃自我拯救。趁着英雄和恶龙战斗的时候，她努力克服自己内心的恐惧，最终战胜了恶龙，逃出了魔爪。

师：这个创意很好。在我们的主题里并没有限定主语。她让公主自救，而非被救，立意就更深刻了。下面老师给你们提供一个示例作参考。

(屏显)

角色互动:

1. 先知告诉英雄行动的目的，告诉英雄要直面自我的内心。

2. 英雄战胜恶龙，救回公主。

3. 恶龙阻止英雄救公主，差点杀死英雄，最终被英雄杀死。

4. 公主等待被救。

情节设置：

1. 先知告诉英雄要消灭恶龙，救回公主。

2. 英雄被恶龙屡次打败，心生恐惧。

3. 英雄在濒临危难之际，想起了先知的话，要直面内心的恐惧，激发了英雄真正的勇气。

4. 英雄最终打败了恶龙。

师：你们读完我的示例就会发现，老师预设的这个情节并没有最后一位同学提出的创意好。我们要向她学习这种创意思维。

三、角色互动模型变形方法

（屏显）

变形方法1——改变角色互动关系（反转）。

变形方法2——改变角色（角色增加+角色反转）。

四、变形示范

（一）变形方法1——改变角色互动关系（反转）

师：下面我们学习角色互动模型的变形。它共有两个方式：第一，改变角色互动关系；第二，改变角色。现在我们对此进行有针对性的训练。我们先来假想一下第一种情况：不是英雄救公主，而是公主救英雄。那么，情节该怎样推进呢？

（屏显）

不是英雄救公主，而是公主救英雄。

（学生开始思考）

生：公主是从现代穿越到古代的，她凭借新时代女性的勇敢和睿智救了英雄。

（学生哈哈大笑）

师：这种穿越桥段，在网络小说中很受欢迎哦！

生：我觉得，公主可以有好几个。其中一个公主假扮成灰姑娘，陪伴着英雄，一直在默默地帮助他。

师（调侃）：这个主题可以设置为追求远方的美女，却忽略了身边人。下面老师给你们提供一个示例作参考——

（屏显）

角色互动关系模型：

1. 先知告诉英雄行动的目的，是要杀死英雄。

2. 英雄打败了恶龙，被先知所伤，却被公主所救。

3. 恶龙阻止英雄救公主，被英雄打败，并告诉公主英雄是无辜的，促成了公主对英雄的拯救。

4. 公主被恶龙所感动，和恶龙结为眷侣。接受恶龙的劝告，救了英雄。

情节模型：

1. 先知告诉英雄要消灭恶龙，救回公主。

2. 英雄以为公主被蒙蔽、被威胁，不顾一切打败了恶龙。

3. 重伤的英雄被先知偷袭，陷入濒死的境地。

4. 恶龙临死前，告诉公主要宽恕英雄。

5. 公主拯救了英雄。

6. 英雄打败了先知。

7. 公主殉情而死。

8. 英雄变成了普通人。用余生之力去启迪人们：拥有智慧，破除偏见。

师：所以这个故事，我们设置的主题就是：不要有偏见，偏见会害死人。

（二）变形方法2——改变角色（角色增加+角色反转）

师：接下来，我们训练任务难度升级。我们将训练第二个方法——改变角色。具体而言，它包括了增加角色和角色反转。

（屏显）

增加角色：1. 助手。2. 伪英雄。

角色反转：主角黑化。

师：此次的难度升级主要表现在两个方面：其一，增加了角色助手——表面的阻碍者，真正的协助者。伪英雄，表面的协助者，真正的阻碍者，最后揭晓真实身份。其二，主角黑化——与恶龙缠斗过久，自身亦容易成为恶龙。请问，该如何来设置情节和主题呢?

（学生思考）

生：助手其实是公主伪装的，而公主才是真正的恶龙。英雄救了公主之后，被公主所伤。助手为了救英雄，献出了生命。

师：这个设计非常巧妙，考虑到角色之间的互换。

生：英雄本来就是一个普通人，当他打败恶龙之后，滋生了骄傲自大的情绪，从此就开始堕落了。

师：一个普通人一旦拥有了权力，就很容易堕落。这个主题有着很强的现实意义。结合大家的思考，我们来看人物角色之间的互动关系——

（屏显）

1. 先知告知英雄需要去消灭恶龙——这属于故事发生的原因。

2. 英雄作为主角，需要去消灭恶龙，救回公主。

3. 恶龙是公开的阻碍者，阻碍着英雄的行动。

4. 公主是公开的目的，被英雄所救。

5. 助手是英雄表面的阻碍者，真正的协助者。

6. 伪英雄是英雄表面的协助者，真正的阻碍者，最后真实身份被揭晓。

师：情节可以这样设置——

（屏显）

1. 先知告诉英雄要消灭恶龙，救回公主。

2. 英雄出发去救公主，遇到了助手和伪英雄。

3. 英雄误会了助手，相信了伪英雄（轻信）。

4. 英雄不听恶龙解释，坚决要和恶龙搏斗，结果落入下风（沮丧）。

5. 助手暗中帮助英雄，英雄占了上风（沾沾自喜）。

6. 伪英雄露出原形，英雄落入下风（沮丧）。

7. 助手为帮助英雄牺牲了自己，英雄战胜了伪英雄和恶龙（扬扬得意）。

8. 英雄救回了公主，想要和公主在一起（畅想未来）。

9. 公主为恶龙殉情未遂，英雄囚禁了公主，变成了新的恶龙。

师：主题的反转和深化是这样的——

（屏显）

英雄与恶龙缠斗过久，自身亦容易成为恶龙。

师（小结）：我们在配角中增加了正反两个角色。配角的增加，使得情节更加曲折离奇。此外，我们还设置了主角的反转，主角的反转使得主题实现了反转和深化，这样主题会更加深刻。

五、迁移写作

师：理解了角色互动模型后，我们运用探险类简单叙事模型，以“记一次爬山活动”为话题，创作一篇记叙文。

（师生交流预设）

人物互动关系：

1. 先知：父亲。2. 英雄：自己。3. 恶龙：困难。4. 公主：山顶。5. 助手：朋友。6. 伪英雄：朋友。

复杂的人物模型：

1. 先知：父亲。2. 英雄：我。3. 恶龙：爬山的困难。4. 公主：山顶的霞光。5. 助手：朋友A／一位开凿山路的工人。6. 伪英雄：朋友B／被人抬着的中年人。

复杂的情节模型：

1. 父亲告诉自己，一个高中生应该去爬山。

2. 自己出发前，约到了朋友A和朋友B。

3. 自己误会了朋友A，相信了朋友B选择的路线。

4. 自己越来越疲倦，无法再坚持。

5. 朋友A的出现，鼓励了自己。

6. 朋友B来泼冷水，让自己失去了信心。被人抬着的中年人，开始怀疑自己爬山的目的。

7. 自己看到一位开凿山路的工人时，想起了父亲的话，看清了自己的内心，激发了自己的力量，坚持到了最后。

8. 自己看到山顶的霞光，露出了自信的笑容。

9. 下山时，遇到一个汗流浃背的小学生，自己下意识地用轻视的语气打击对方。

主题模型：

战胜了自己的怯懦，却被骄傲不经意间打败了。

学生作品

人心失暗

一、登山见单

因为父亲希望我一生道德高尚，志趣高洁，所以，为我取名为“小洁”。我认为我做到了，至少目前三观端正，性格温柔，典型的“别人家孩子”。平日里喜欢泡图书馆的我，于我而言，登山是一件大事。这还得从我的父亲说起。

父亲在本市做房地产生意，也算是个企业家。他最近常失眠，但幸运的是，最近他结交了一位独特的世外高人“单大师”——我舍友的外公，是在机缘巧合下认识的。

单老先生的生辰之际，父亲打算前去拜访，他们一行人抬着两个大木箱子，箱子里装着书画雕饰、古钱古币，他打算将这些东西赠予他的“恩师”。因为是我帮父亲整理的东西，所以父亲让我一起去拜访“单大师”。

不久，前方出现了一个熟悉的身影，是她来接我们了。

她是圆子——单老先生的外孙女。圆子是我真正的朋友，不是因为我家有钱才和我一起玩的。我们从大一开始就是舍友，但是经过暑假学术交流会的深入交谈，我们才真正成为形影不离的朋友。我知道圆子家境不太好，我总想着帮助她，但她一直拒绝。唉，她才算是真正高洁的“寒士”。圆子好像从来不接受别人的馈赠。记得大一时，我在宿舍吃橘子，想让她品尝一下，她执意不肯。她说她外公住在山上，那里有很多橘子……

“想什么呢？”圆子笑着在我面前晃了晃手，“唉，怎么带这么多东西！上次不是说好只带小礼物吗……”“我爸确实很敬重单老先生，想表示一下他的心意嘛。”我笑着答道。

上次……

上次是在我们碰巧遇到圆子和她外公后，父亲第二次见单老先生。这次他把几位合伙的兄弟也带来了，说是一起学习学习。

第一次专门拜访时父亲甚至没来得及问老人家的姓名。这一次父亲便问了，圆子说是姓单。不过这个姓是改过的。

“大师，”父亲的眼睛简直不敢离开他的背影，父亲向前倾身问道，“恕我冒犯。您原不姓单，为何改名一道将姓也给改了呢？”一双苍老的手扶着窗棂，老人的背影定格在了窗框内，远山之前，好似一尊雕像。屋内的人面面相觑，父亲的嘴角僵硬了。

“sh……àn……单。”思考良久，单老先生沙哑的嗓音，缓缓挤出几个字来。

沉寂片刻后，突然父亲的电话铃响了起来，父亲连忙挂掉电话，眼睛微眯，沉默良久，抬头说道：“是了，是了！失暗——善”，他又忽而压低了声音，神色里是掩不住的喜悦，“失了人性中的暗面，可不就是一颗真正的善心、仁心吗！单老先生追求的人生境界，实在是高”。

“哈哈——！”足以震碎屋顶的笑声，让在场的所有人黯然失色。单老先生猛地转过身来，几个西装革履的人都紧张了起来。父亲知道这是他悟对了，惊吓之余，露出得意的表情。单老先生迈着碎步走过来，似乎想要说些什么时，忽然只听到他冲他们喊道：“圆子，初三……”

圆子赶忙跑到她外公跟前：“啊，初三是您的生日！”

单老先生抿着嘴唇笑着似乎在和圆子说了些什么，其他人只好尴尬地站着。父亲如获至宝，朝我不停地挤眼，我读懂了他的意思。

王叔说：“林哥，我说我们也不要打扰人家太久了……”父亲听到后，瞅了瞅单老先生的背影，又瞅瞅我。

圆子听到王叔的话后，转过头，笑着对父亲说：“叔叔，我外公很享受你们的探讨。只是天色已晚，我们这儿实在不方便招待这么多人。”父亲点了点头，赶忙殷切地说：“那不妨我们请大师一同下山就餐……”圆子感激地说：“谢谢您！叔叔！我外公不习惯山下的生活，就不麻烦您了。”父亲理解单老先生的做法，安贫乐道，看不上山下的荤腥俗物，也就只好作罢。

下坡便须我们自己走了，圆子得回去照顾外公。分别前我拉住圆子细问单老先生的生日，她说是初三，也就是下周六，我说到时候我们会前来贺寿，圆子面露难色。我知道她的难处，便只好宽慰她，我们只是来送点小礼物以表达我们对老先生的敬意。礼到心到，叙完话就走。圆子的眼眶在暮色中湿润了，她轻轻拥抱了我。

我知道圆子的难处，知道她的自尊，所以我决定帮助她，却不想让她知道。

二、圆子的圆满

我叫圆子。我是一名家境贫寒的学生……其实也可以说没有家庭。由于父母离婚，妈妈精神失常住院，爸爸外出打工，每个月会打来1000元的医药费，但他不会回来看我们。我和外公住在山上的小屋，外公年纪大了，智力等同于3岁小孩子。他只和我说话，我是他的“家长”，我们相依为命。我好不容易考上这所高校，本来以为大学也会孤独地度过……没想到我遇到了林小洁。

我申请了补助，第一次住进宿舍，但每天晚上仍要回去照顾外公。林小洁家里很有钱，但她和其他有钱人不太一样。第一天搬进宿舍，她分橘子给舍友吃，竟然第一个递给了我。我从小就吃橘子，因为外公的小屋前后种满了橘子树。只是林小洁手里那个橘子有点不一样，没有沙土，金灿灿的橙红色，饱满而多汁……我不敢接，主要有两方面原因：一是第一次遇到如此突如其来的示好；二是她分给我好处，可我却没有好处能回报她。我难掩苦涩地笑了，于是，我就编了一句谎言告诉她：“橘子我吃得太多啦。”

在暑假学术交流会上，我们进行了长时间的讨论，林小洁和我如同高山流水，幸遇知音，但她痛恨拜金主义。她的话温柔有力，但我听起来就好像刺耳的高谈阔论。她不理解人们为什么会为了金钱而变得卑微，但我能理解。我只知道活下去就是一件可以让人卑微到泥土里的事情。

后来便是那次机缘巧合。小洁和她爸爸来山脚下的小镇游玩，恰好遇到了正在散步的我和外公。仓皇之中，小洁向我们打了声招呼，并向她爸爸介绍了我。我只好走上前尴尬地回以微笑。“2+2=1……”外公摇头晃脑，掰着手指头微笑着。我最担心的事情还是发生了。那是我昨天教不会外公的算术……我害怕林小洁又因我外公而对我有什么看法，结果她毫不在意，只是我不喜欢她怜悯的笑容。谁知林小洁的爸爸不解道：“请问老先生您刚才是什么意思?”我紧张极了，急中生智地告诉他说：“叔叔，我外公是说我们两个人加两个人是一个整体，很好地表达了人类生而平等为一的美好愿望。”她爸爸凝望着外公茫然的脸。“我外公常常这样说话。”我赶紧补充道。

林小洁和她爸爸都很高兴。她爸爸说得道的高人说话常常如此。我们被强留在山下茶馆喝茶、聊天，我绞尽脑汁地应对着外公和她爸爸根本不在一个频道的对话。

后来他们还到山上的小屋拜访了一次，以至于我编造出外公改了姓单的故事。

也许他们以后会是这里的常客。望着她爸爸带来的东西，我心中油然生出一丝邪念，要是留下来一半给外公用，另一半拿到山下去卖就好了。突然，觉得自己竟然成了自己曾经最痛恨的那种人，心中满是愧疚。

冷静下来后，我耐心地告诉外公屋里的人都是来看望他的，教外公说“单”字，并告诉他下周六给他过生日等事，老人家特别开心。

我们如愿以偿地等来了下周六。

看到两个大木箱子的那一刻，我心中的“邪念”又有点按捺不住，是不是我接受了，妈妈治病的钱就不用愁了，外公和我的生活会得到改善，也许我还可以拿一些钱买些课程……可是一抬头，我看到了小洁那双纯粹的眼神，这让我更加愧疚。

箱子打开后，我看见里面并不是金银珠宝，而是衣服、书本。第一本书中，好像夹着什么——一份到公司勤工俭学的合同，一份价值5000元的体检单。

原来，他们什么都知道……

三、尾声

“老林，你确定要接下政府的廉租房工程吗?”

“本来有一些犹豫，最近被一位老人的话唤醒了良知。赵医生，我们是多年的好友，你知道我父亲当年……”

“是啊，老先生晚年神志渐失，最后清醒了片刻，说，人要行善，天地可鉴!”

“是啊!”

…… ……

“外公，外公，您知道吗？我们申请到了廉租房……”

“sh……àn……单。”

山顶，一抹阳光，斜穿薄雾，照亮了密林。

（此课例荣获“新作文杯”全国第五届作文教学“创课”比赛特等奖）

横向换角色，纵向联历史

四川成都·夏语曼

创课缘起

近年来，时评写作成为一股热潮，旨在引导学生关注社会，树立正确的价值观。这是由高中生自身经历的局限，教材中理性文和感性文比例分配不合理等造成的，大多数学生写时评类作文的时候立意较肤浅，对事件的内涵分析得不够深入。要想改变这一现状，只有加强思维训练，让学生学习并掌握一些有效的思维方法，才可能在分析事件的时候有更多自己独到而深刻的见解。也许我们可以通过梯度提问的方式，引导学生逐层深入思考问题，从而学会横向换角色、纵向联历史两种让分析更为深刻的方法，故开展此次作文指导课。

创课思路

本课聚焦于提高思维的深度。要想让学生的思考有深度，教师就不能把自己对问题的看法强行灌输给学生，而是要引导学生形成自己独特的思考。在学生表达出他们对题目中的事件的主要看法之后，教师以梯度提问的方式引导他们逐层深入分析问题。

提问主要围绕两个角度：一方面是引导学生对事件本身进行深层挖掘，与材料中的显性、隐性人物进行换位，学会从不同立场去分析问题；另一方面是引导学生联系历史，探寻事件的本质，学会从历史的纵深角度分析问题。通过教师的不断追问，启发学生逐层深入思考问题，发现自己之前的思考不够充分之处，从而掌握让分析变得深刻的两种方法。

教学现场

一、导入

同学们，我们平时写作文时常常会遇到时评类材料作文，很多同学在谈自己对事件的看法时，总是容易停留在事情的表面。那么，如何才能让我们对事件的分析更加深刻呢？今天，让我们一起来进行深度探究。请大家看下面这则材料：

(屏显)

据《新京报》报道，近日，杭州交警面向外卖平台送餐人员发放《外卖小哥交通安全手册》。通过专项考试免费获得手册后，送餐人员若因交通违章需要接受现场处理，警方可根据赶时间送餐的实际情况，允许送餐员在一周之内自行选择时间接受处罚。“弹性受罚”这一措施引发了热议。

你对此有什么看法呢？请写一篇不少于800字的文章。

要求：选好角度，确定立意；明确文体，自拟标题；不要套作，不得抄袭。

二、学生作文片段展示与小结

(屏显)

片段一：

“弹性受罚”让我看到了冷酷的法律也有柔情的一面，杭州交警给我们树立了榜样。外卖小哥违反交通准则，不是不罚，而是换时罚。一个简简单单的时间调整，既不影响交警执法，又不影响外卖小哥正常工作，还能让外卖小哥得到应有的惩戒。一点小小的人性化处理，使人们感受到法律冷酷表面下潜藏的柔情，让社会在和谐有序中，也不乏温情流露。

——《人性化处理》

片段二：

“弹性受罚”针对的是送餐人员。那么，从人人平等的角度来看，这个措施是否有些差别对待的意味？我是外卖人员可以“弹性受罚”，你是普通人员就得现场处理？区分的标准是什么呢？你要送外卖赶时间，我还要上班赶时间呢！因此，这样的措施势必会引起一些人的不满。“安全第一”的口号现在难道要变成“送餐第一”吗？这个问题，杭州交警还需要好好思考一下。

——《安全无“弹性”》

学生分析的角度主要包括以下三类：第一，支持类。这类同学认为“弹性受罚”这一措施体现了人性化的管理理念，适合法律保护人民的本质，适应时代发展的需求，满足和谐社会的需求。第二，反对类。这类同学认为“弹性受罚”这一措施违背了法律的公平原则。法律面前，应该人人平等。第三，辩证分析类。这类同学认为“弹性受罚”这一措施体现了具体问题具体分析的原则，宽严相济，并没有使法律打折。

三、深度探究之一：横向换角色思考，深层挖掘事件内涵

问题一：从交警的立场出发思考，出台“弹性受罚”这一措施的根本目的是什么？

明确：从交警的立场出发思考，出台“弹性受罚”这一措施的初衷是为了维护正常的交通秩序，而针对“外卖小哥”这一特殊群体的特殊情况给予的特别关爱，是为了让客户可以及时吃到自己点的外卖。

问题二：如果你是外卖小哥，你喜欢“弹性受罚”这一措施吗？

明确：对于这一问题，大多数学生都认为外卖小哥喜欢这一措施，毕竟是给自己的特殊关照，它的出台既不影响自己送外卖，也不用担心自己被扣钱。也有同学辩证分析，认为此措施有好处也有坏处。以前外卖小哥会担心自己因受处罚而耽误自己送外卖，所以有所顾忌。现在有了这一“尚方宝剑”，可能违规的次数会增多。从这一点来讲，这一措施也有弊端。

问题三：“弹性受罚”这一措施的真正受益者是谁？

明确：真正受益者是外卖老板。以前外卖小哥如果太赶时间，违反了交通规则，可能会耽误送餐，顾客会给差评，送餐人员也会因为处理交通违章影响送餐数量。但是这一措施的出台，外卖老板就不会有任何损失，而外卖小哥也不用找送餐晚的理由了。

问题四：“弹性受罚”这一措施谁是最大的受害者？

明确：最大的受害者应该是马路上无辜的行人。外卖小哥因“弹性受罚”政策的出台，只想着快速送餐，违反交通规则的次数

自然会增多，那么，行人在马路上被撞的概率也会相应增加。

问题五：“弹性受罚”这一措施的目的达到了吗？

明确：在维护正常的交通秩序方面，此措施是有害无益的。从给予外卖小哥特殊关照这一点看，收效甚微。唯独让客户按时吃饭这一点外卖老板真正做到了以顾客为上帝，但是以增加马路上行人的交通安全隐患为前提的。

问题六：怎样才能从根本上解决问题？

明确：从源头上解决问题需要从两方面出发：一方面，加强对外卖行业的管控，严禁恶性竞争，禁止对外卖小哥制定不合理的送餐时间和不合理的奖惩制度。外卖平台不应只考虑自身的利益，而应给予外卖小哥一定的人文关怀。另一方面，点餐客户需要对外卖小哥多一些理解，对于稍微送晚了一点更应给予一定的理解。只有这样，外卖小哥才能安全地送餐，马路上的行人也能更加安全地行走，因外卖小哥送餐而导致的交通违章也能从根源上得到解决。

四、纵向回溯历史，探寻事件本质

问题一：这则材料矛盾的核心是什么？

明确：这个问题相对比较简单，主要是“弹性受罚”这一措施的出台引起了社会的热议。大家的观点不一致，有人支持，有人反对。

问题二：核心问题的本质是什么？

明确：对于“弹性受罚”这一措施，支持的人觉得是一种人文关怀，法治不必完全冷漠；反对的人认为个别的关照有违公平，应该本着规则面前人人平等的原则，严格处理，否则就会违背法律的初衷。总之，核心问题的本质聚焦于“人文关怀”与“人人平等”之间。

问题三：历史上有没有发生过类似的事件？

明确：现在社会上存在的某种现象，在历史上也一定发生过。虽然表现方式不一样，但是本质是一样的。商鞅变法时，太子犯法，虽然没有直接受处罚，却处罚了太子的师傅，这一事件再次印证了法律的严格和公平。

问题四：结合历史事件，再次探寻材料中核心问题的本质是什么？

明确：材料中核心问题的本质体现在以下两方面：一方面要求严格按照法律法规公平执法，是法律的要求；一方面要求给予受罚人一定的人文关怀，是一种情感上的要求，归根结底就是情与法的矛盾。情与法之争，自古就有。商鞅变法时，太子犯法，商鞅在情与法中选择了法。法家还曾提出“不别亲疏，不殊贵贱，一断于法”的理念，而儒家重人治，不重法治，以“仁”为核心，主张以爱人之心调节社会人际关系，反对严刑峻法。这其实就是儒家理论与法治国家之间的争论。

综上所述，联系历史和现实，材料中核心问题的本质其实就是儒家倡导的仁治和法家倡导的法治之间的矛盾。事实上，越是新的时评类材料，越需要我们用联系的观点分析问题。

五、课堂练笔并小结

请学生们根据今天的讨论，采用横向换角色和纵向联历史的方法修改自己的作文，重点修改议论分析的片段，让分析更深刻。这节课我们学习了横向换角色、纵向联历史两种分析事件的方法。横向换角色就是替换角色，分别从交警、外卖小哥等显性人物和外卖老板、马路上行人等隐性人物的立场来思考问题，由此及彼、由浅入深的全面深刻地了解事件。纵向联历史，可以让我们透过材料本身，探寻到一些规律性的、文化性的东西，有利于提高作文的品质。希望同学们在今后分析时评类材料作文时运用这两种方法，让分析更深刻。

六、课后练笔

（屏显）

2017年6月7日，一则《女子斑马线遭车辆二次碾压》的短视频令不少网友揪心。视频中，一个女子被一辆红色出租车撞倒在斑马线上，62秒后，倒地女子因遭到另一辆越野车二次碾压而死亡。视频显示，事件发生后，过往车辆和行人减速缓行，但无人上前营救女子。

你对此有什么看法？请运用今天学到的方法深入思考，然后写一个200字左右的片段。

要求：选好角度，确定立意；明确文体，自拟标题；不要套作，不得抄袭。

学生作品

片段一：

法律是冷酷的，是无情的，但同时它也是公平的捍卫者。如果给法律套上人情的外衣，它或许看起来会稍微通情达理些，但这份公平也会变得不再纯粹。古希腊由于过于注重民主而逐渐走向衰落，而罗马帝国却凭借着法治观念异军突起，民主思想和法治观念却共同流存于世。

绝对的法治会让人心冷漠，单一的民主则会让社会混乱。“弹性受罚”固然有诸多好处，但同时也会引起其他行业的不满，从而引发社会矛盾。如果所有的外卖小哥都集中于一定的时间接受惩罚，交警行业的运行也会压力倍增。由此看来，将“弹性受罚”贯彻到底是比较困难的。

我国坚持依法治国的原则，立足于最广大人民的根本利益，积极推进和谐社会的建设。从长远来看，“弹性受罚”是势不可当的趋势，但就我国现阶段的实际国情来看，“弹性受罚”暂时是不可能推广的。只有当法治社会成功建立，法制观念深入人民心中，“弹性受罚”才能发挥最大的功效，才能将民主与法治完美地结合起来。

——《“弹性受罚”暂不可取》

片段二：

“弹性受罚”这一措施本身的出发点是好的，给予了外卖小哥人性化的关怀，与此同时，有利于缓解交通堵塞，维护正常的交通秩序。外卖小哥暂时不用接受现场处理，这样，他们就能更快地将外卖送到顾客手中，从某种程度上看，能帮助外卖小哥保住他们的工作，因为不少餐厅都有外卖配送的时间限制，如果多次超时被举报就有可能被开除，这也是外卖小哥频频违章的原因。

但这样的政策最终真的能缓解交通堵塞，并且帮到外卖小哥吗？我认为“弹性受罚”并不能根本解决外卖小哥的违章行为，反而会让外卖小哥违章的情况变本加厉。我认为外卖小哥违章的根本原因在于商家将时间压缩得太短，想通过速度快来招揽更多客人，而客人又想占“送达时间超过规定就免费”的便宜，这让外卖小哥面临极大的挑战，也许一个红绿灯就会让他们失去工作，于是外卖小哥在马路上马不停蹄地与时间赛跑。

所以，要根本解决这个问题，应从以下几个方面入手：商家应当适当延长送外卖时限，充分考虑外卖小哥的安全，灵活调整送餐时间，比如下雨天延长半小时，高峰期延长1小时等，让外卖小哥不必那么着急，能停下来等红灯而不必担心失去工作；同时，顾客也应该更加包容外卖小哥，理解他们的难处，学会换位思考，而不是一味指责他们超时。此外，还要通过教育培训，增强外卖小哥的安全意识，让他们认识到自身安全的重要性，生命安全远远大于工作，从而使他们能够自觉遵守交通规则。

——《“弹性受罚”不能根治外卖小哥违章》

片段三：

每件事都是矛盾的，利与弊是并生并存的，事事有矛盾、时时有矛盾。这项措施可以看作是一把双刃剑，它既是外卖小哥工作的支持者，一定程度上又可被看作交通规则的漠视者。

诚然，这项措施有一定的积极作用。一方面方便了外卖小哥的工作需要，这样就可以做到“既然选择了远方，便只顾风雨兼程”；另一方面则可以满足顾客的需要。如若不然，外卖小哥因交通违章接受现场处理，外卖恐怕送至顾客手中时已成了残羹冷炙，毕竟“民以食为天”“顾客是上帝”嘛！

然而，这个政策给予了外卖小哥特权，却忽视了千千万万个马路上无辜的行人。外卖小哥在送餐过程中，为了节省时间，不停地闯红灯，偶尔还驶入人行道，还可能将行人撞伤。这样的行为，说轻点，影响不太好；往重处说，简直是无法无天，破坏交通秩序，会造成恶劣的社会影响。而最后，违章的外卖小哥只需拿个手册便可继续通行，而马路上的行人原本可以自由地在街头漫步，却由于时不时会飞驰而过一辆送外卖的电瓶车，不得不紧张地观望四周。可即使走在人行道上，也可能会遇上飞奔着赶时间送外卖的外卖小哥。

从这个角度来看，这项措施就未免有失偏颇、考虑不周了。法律面前人人平等是我国宪法的一大准则，可见这项措施有些特权主义了。

——《浅议外卖小哥的特权》

（此课例荣获“新作文杯”全国第五届作文教学“创课”比赛一等奖）

望闻问切“诊”立意，逻辑渗透中靶心

四川成都·凌月波

创课缘起

时评类材料作文，是近年来高考作文界的“新宠”。它注重培养学生的理性思维能力，切合语文核心素养的“提升学生逻辑思维品质”要求。审题立意是此类作文必须系好的第一粒扣子，然而学生常常在作文第一关——审题就偏离“靶心”，甚至彻底“脱靶”，更遑论立意了。

最近，我班的学生在“比亚迪车主故意去撞强行变道的大众车”事件的时评类作文中，又出现了不少偏题甚至观点错误、彻底“翻车”的现象。我想，与其在课上刻意强调思维方法，将之强行灌输给学生，不如放手让学生去合作探究，而我只需在思维方法上加以点拨。在此过程中，师生共同“会诊”审题立意中出现的典型问题，在交流互动中聊出“逻辑感”，在思维训练中给学生渗透逻辑方法。

创课思路

本课基于语文思维学的建构背景，以“浅浅露，深深藏”的逻辑渗透为创课理念，采用“望闻问切”四步分诊法，对习作进行逐级诊断，在对文中暴露出的典型问题的分析评议中，渗透“同中求异，由果溯因”“从量到质，探究根源”“横向纵向，展开论证”三大逻辑思维方法。在思维训练中，让学生体悟到议论文写作需要强大的逻辑支撑，然后以之为抓手，去重新分析材料，梳理现象，从而学会科学审题，精准立意，正中命题“靶心”。

教学现场

一、千古文章意为先

（屏显）

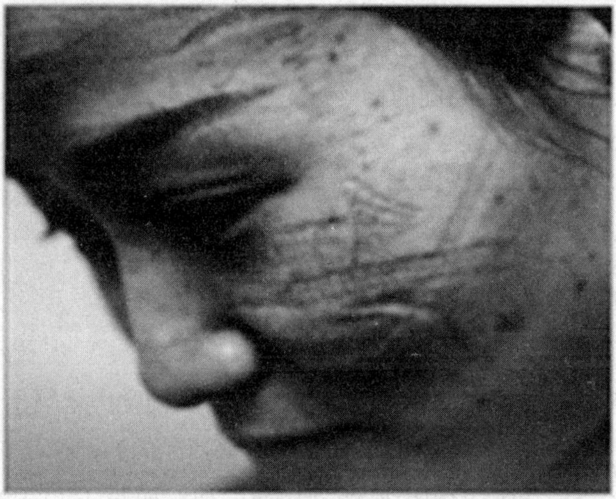

师：新冠肺炎疫情期间，有很多感人、令人泪目的瞬间。透过一张张照片，我们看到了一个个可敬可爱的人。上面这张照片，同学们一定记忆犹新。如果给它取一个标题，你认为屏幕上的标题哪一个比较好？

(屏显)

A.《众志成城，抗击疫情》。

B.《向你致敬》。

C.《白衣天使》。

D.《最美战“疫”妆》。

生：我选D。因为《最美战“疫”妆》可以完美地体现这张照片的内容和特征。它将女护士脸上的压痕比作最美的妆容，表现了她们医者仁心的精神，就算压痕再深，她们也依旧美丽！（其他学生鼓掌）

师：说得真好。这是最美的印记，是授予天使的勋章。D项是《人民日报》为照片配的标题。它立意深远，意蕴丰富，情意绵长，让人过目不忘。同学们，写文章也是如此，千古文章意为先。审题决定“生死”，立意决定高下。

(屏显)

意犹帅也。无帅之兵，谓之乌合。

——王夫之

师：在我们最近的作文练笔中，有些同学因审题不慎，“壮烈牺牲”；有些同学因立意平庸，分数普通。问题的症结到底在哪里呢？今天，我们采用中医的“望闻问切”四步法去诊断我们的问题，寻找原因。

二、“望闻问切”始到金

（一）环节之一：望

1. 看高考。

（屏显）

近两年来全国高考作文命题特点：

（1）2019年，全国共18道作文题，其中17道是新材料作文（除上海卷）。

（2）2020年，全国共18道作文题，其中16道是新材料作文（除上海、浙江卷）。

师：同学们，从近两年来高考作文命题特点来看，新材料作文，尤其是时评类材料作文已占据高考的半壁江山。要想审准题，首先要读懂作文题目，明确作文要求。

2. 看题目。

（屏显）

3月5日，东莞中堂大桥一辆大众轿车强行变道，被一辆比亚迪撞翻。比亚迪车主×××把行车记录仪拍摄记录的车祸过程放到了网上，一些网友把他拉进微信群，吹捧他做得好，赞扬他“干得漂亮”“就应该撞他”等，并向他求教经验。此后，交警部门的事故认定书，更近乎为比亚迪车主赢得了“马路侠客”的赞誉。但当×××在微信群发“如果不是对方全责，我就不会去撞，只要是对方全责，我就会去撞”等语音内容被翻出来之后，有人开始指责×××故意撞车、涉嫌蓄意谋杀，先前被大家赞扬的×××又成了大家批评的对象。最后×××后悔的并不是当时没有刹车，而是把语音发到了网上。

课堂活动：学生自读材料，勾画材料中的关键词句。

3. 看任务。

(屏显)

对于以上事情，你怎么看？请你就某一个或某一群人的表现，表明你的态度，阐述你的看法。

要求：选好角度，确定立意；明确文体，自拟标题；不得套作，不得抄袭。

师：根据题目的要求，我们要对标哪些任务呢？

生：“对于以上事情”要求必须紧扣材料确定立意。“就某一个人或某一群人”要求只选一个对象。“表明态度”要求立场或支持、或反对、或辩证。“阐述看法”规定了文体必须是议论文。

师：非常好。这个作文题目，是典型的新材料时评类作文，一般都是对有争议的社会事件，选择一个对象或角度发表看法。那么，你们一般会选哪个对象或角度来写呢？

生：比亚迪车主或网友。因为他们是事件的焦点和关键人物，感觉比较好写，有话可说。

师：聪明！好写是考场作文的王道。下面进入环节二“闻”。

(二) 环节之二：闻

1. 看数据。

(屏显)

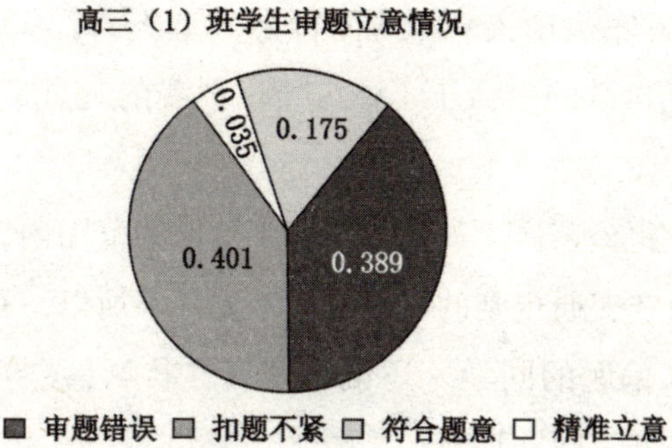

师：审题不慎，全篇皆输。我们班大多数同学出现了扣题不紧、审题错误的问题，真是"出师不利身先死"。下面我们有请几位不幸"脱靶""偏靶"的同学陈述一下自己的观点。

2. 听观点。

（屏显）

1. 遵纪守法，从我做起，知法犯法，罪加一等。

2. 表面上的行侠仗义，背地里的道德绑架。

3. 心存敬畏，尊重生命。

4. 以牙还牙，不可任由他人摆布。

师：请以上四位同学再理一下自己写作时的思路，想一想，你们是如何从材料中得出这些观点的？

3. 听思路。

生：×××明知开车撞人违法却还是选择撞对方，所以我提炼的论点是要遵纪守法，从我做起，知法犯法，罪加一等。

生：不对，×××没有违法，否则交警为什么不处罚他呢？我认为错在网友，先称赞他行侠仗义，后又说他蓄意谋杀，这简直是道德绑架。

生：×××开车去撞大众车主的行为，完全属于漠视他人生命的行为，甚至置自己的生命于不顾，所以，我的观点是要心存敬畏，尊重生命。

生：我觉得×××干得漂亮。在法律允许的范围内，替大家教训一下那些不遵守交通规则的人，有何不妥呀？所以，我挺他。

师：看来偏题的同学，还偏得理直气壮啊！（学生笑）别急，下面我们先进入“问”环节。

（三）环节之三：问

1. 问自己。

（学生再读材料，自我反思）

生：我刚刚又细读了一下材料，发现×××的确没有违法，他只是钻了法律的空子。这说明我审题不太严谨。

师：能够自我反思，发现偏差，很好，但同学们请注意，材料的每一个细节都不能放过，否则就很容易造成误读。（板书：误读材料，断章取义）

2. 问同学。

生：我认为，写敬畏生命的同学，有偏题之嫌。因为这个观点没有紧扣材料中事件的核心，是对材料的随意发挥。

师：是的，审题时切忌想到一个词，就抛开材料不管，然后随意发挥。

生：我认为，说网友道德绑架×××的观点有些欠妥。因为“道德绑架”的含义是用道德的名义，利用过高的甚至不切实际的标准去要求别人，网友的评价是故意夸大其错误行为，属于语言暴力，而不是道德绑架。

师：很好，所以遣词一定要精准。（板书：泛化材料，随意用词）

3. 问老师。

生：老师，我真心觉得×××没错。违章的人本来就该被“修理”，他帮我们出了口恶气，为什么不能为他点赞呢？

师：欲知原因何在，且等切脉分析。（板书：源头不正，思想不端）听大家畅所欲言，我很开心。同学们用个人力量和集体智慧成功解决了部分审题立意中的问题症结。还有部分“疑难杂症”，下面我们一起会诊吧。

（四）环节之四：切

师：下面我们进行思维训练一。

（屏显）

1. 车主“马路侠客”和“传统侠客”有何相同？

2. 两种“侠”有何不同？

3. 为什么车主的“侠”会得到很多人（包括在座部分同学）的认可？

师：请同学们思考以上三个问题，谈谈自己的想法。

生：车主和传统侠客有很多相似之处，他们身上都有一股“侠”气，只要遇见不公平的事，就敢于出手，决不会忍气吞声，比如梁山好汉。

师：从表面看，二者有很多相似之处，那么他们可不可以画等号呢？

生：我认为两者不能画等号。因为侠之大者，为国为民；侠之小者，为友为邻。真正的大侠，他们的本心是利他，可×××却是利己。

师：你是怎么看出他利己的呢？

生：因为他说："如果不是对方全责，我就不会去撞，只要对方全责，我就会去撞。"所以我认为他的行为完全属于利己。

师：这句话太关键了，让我们一下子洞察到他包裹在"行侠仗义"外衣下的真正动机——出于私利，可为什么还是有很多人，包括在座的部分同学，内心其实是认可他的呢？

生：我想，大概是因为他帮我们发泄了对违章者的不满情绪吧。

师：一语中的。同学们，你们想一想，我们是不是都有这样一种惯性思维，只要对方有错在先，我就应该用暴力或者用武力回击他，因为我是正义的使者，正义的一方。人不犯我，我不犯人；人若犯我，我必犯人。大家想想是不是这样的？

生：是啊，我不惹事，但也不怕事，人都不想吃亏。×××的一撞，让我觉得很爽、很过瘾，可现在冷静下来思考，他不过就是利用法律的灰色地带，以暴制暴，以牙还牙，公报私仇，实施报复罢了。这本质上还是一种自私和冷酷行为。（其他学生鼓掌）

生：是对方全责，就撞；不是对方全责，就不撞。这哪里是侠者的处事之道呢？因为不会承担后果，就可以触碰道德底线吗？因为法律有漏洞，就可以做出最大的破坏吗？当然不可以。哪怕对方有错在先，你也不能为所欲为。（其他学生鼓掌）

生：面对批评，他并不后悔自己没有刹车的行为，只是后悔将语音放到了网上。我认为他的价值观不正确。

师：孺子可教。同学们，你们刚刚分析得很深刻、很透彻。对车主动机、原因的步步追问，我们洞察到人性中不易觉察的“恶”，它带来的情绪共鸣有时也会让我们失去自己。你们的诊断已经在用理性思维分析问题了，这叫作“同中求异、由果溯因”。只要我们用逻辑去分析现象，很快就能拨开迷雾，触及事件的本质。

（屏显）

思维之“同”的分析—“异”的分析：同中求异，由果溯因。

师：下面我们进行思维训练二，请同学们继续思考屏幕上的三个问题。

（屏显）

1. 如何看待网友的跟风现象？

2. 跟风现象本质上是什么心理？

3. 跟风的根源是什么？

生：网友是典型的观风向，随大流，实际上，跟风是从众心理在作祟。

师：很好。从众，从心理学角度看，是认知符合公众舆论或多数人的行为方式。从众心理可看出网友存在什么问题？

生：说明网友不会独立判断，缺乏理性思考。在没弄清事实时，就轻率地发声。这让我想起了古斯塔夫的《乌合之众：大众心理研究》。

师：你能联想到自己读过的相关书籍，说明你内功深厚。那么，这种跟风的现象，在我们的生活中多吗？

生：这种现象生活中太多了。比如，广告词：大家好，才是真的好。（其他学生大笑）

师：真棒！你很善于观察和总结。从众心理可追溯到中华民族文化心理。中国人自古以来崇尚中庸，倡导少数服从多数，这种民族心理，压抑个性，抹杀理性。所以，鲁迅先生说，从来如此，便对么？量的背后必有质的原因，的确值得深思和深究呀！

（屏显）

思维之“量”的分析—“质”的分析：从量到质，探究根源。

师：请同学们比较一下下面这两组分论点的论证结构有什么不同？

（屏显）

中心论点	论证结构
莫让守法成了不守道德的借口	1.正义的缺失导致“马路侠客”大行其道。 2.同情心的缺失导致“键盘侠”的泛滥猖獗。 3.无畏的缺失让被裹挟的大众失去判断。
以暴制暴不是正义之法	1.以暴制暴，逞一时快意，是一种恶。 2.以暴制暴，扭曲了人们对正义之法的判断和认识。 3.以暴制暴，需要法律铁拳来坚决遏制。

生：我觉得，第一组是围绕不同的群体展开的论证，而第二组是从“以暴制暴”的性质、原因到解决办法来展开论证的。

师：你很聪明，一下就看出了两者之间的区别。第一组叫横向展开论证，第二组叫纵向展开论证。横向是针对不同对象、不同群体展开论证；纵向是对事件发生的前后变化，由浅入深地进行论证，即“是什么”“为什么”“怎么办”，那么，你们觉得它们还有哪些地方需要修改？

生：我觉得第二组的句式要是再整齐点就更好了。

师：是的，语言和句式需要再精心锤炼一下。

生：第一组的中心论点改成“莫让法律漏洞成了道德缺口”会更好，因为在分论点中这个词反复出现，修改一下可以使中心论点更突出一些，这样可以切中靶心。（其他学生鼓掌）

师：真好，你有一双慧眼！其他同学还有补充吗？

生：我认为第一组不应该采用横向展开论证的方式。

师：为什么？

生：因为作文任务规定只能选一个对象，这种写法就变成了三个对象。

师：你一针见血地指出了第一组论证结构存在的问题。同学们，无论分论点选择横向还是纵向，我们都需先审清作文的要求。一旦审题有误，立意再好，文采再棒，也会前功尽弃。

（屏显）

思维之“横”的分析—“纵”的分析：横向纵向，展开论证。

三、“对症下药”试比高

师：下面请同学们运用我们刚刚学到的三种思维方法，针对以下材料，重新审题立意。

（屏显）

为了督促学生学习，某职业技术学院的焦老师想出在课后用微信发红包的“新招”，给出勤率高、学习成绩好和上课认真的同学都发了红包。此举一出，他的课没一个学生逃课，课堂气氛活跃，师生关系变好。此事一传出，该校老师和学生表示认可，觉得这个做法有新意。媒体报道后，引起了社会的广泛热议，有家长明确反对焦老师这种做法，认为用钱引导学生上课，会让孩子变得功利，使教育变味。

针对以上这件事，你怎么看？请就焦老师、学生或家长的表现表明自己的态度，阐述自己的看法。

要求：综合材料内容及含义，选好角度，确定立意，完成写作任务。

四、课堂小结

师：这节课同学们都穿上了白大褂，用“望闻问切”四诊法，为自己的作文“看病开药”。我们在诊断中发现，逻辑分析法是治疗偏题的一剂良药。希望大家以后在议论文的写作中，都能做到有深度的思考，有逻辑的表达，让你的文章闪耀理性的光芒！

学生作品

片段一：

莫让风向带走你的心

1. 莫做风向的囚徒，要有独立的思考。
2. 莫做风向的随从，要有思辨的精神。
3. 莫做风向的拥趸，要有理性的判断。

片段二：

如此者，非“侠”也

1. 冠正义之名行不义者，非侠也。

2. 钻法律漏洞泄私愤者，非侠也。

3. 无道德之感不悔改者，非侠也。

片段三：

以德为名，祓除“侠客”

1. 法律的空白不应成为人性的缺失。

2. 情绪的宣泄不应成为放纵的理由。

3. 良知的底线亦是无形的法则。

（此课例荣获“新作文杯”全国第五届作文教学“创课”比赛一等奖）

分析概念，有效论述

四川成都·沃婧娴

创课缘起

本课是在高二学生议论文写作入格后进行的深化训练。学生此时已经基本掌握了议论文的写作方法和行文结构，并且因为此次创课将逻辑学知识引入了作文教学中，故我将本应在高二下学期必修4中讲授的逻辑知识前置到高二上学期，学生目前已掌握了有关逻辑的基本知识。学生的几次习作中出现了分论点不能有力支撑中心论点、分论点缺乏逻辑的有效表达等问题，本次作文创课的教学目标就是让学生掌握分析概念的基本方法，并能在分析概念的基础上展开有效论述，从而增强议论文的逻辑性，提升学生的逻辑思维能力。

创课思路

本次创课的教学过程分为五个环节：一是导入，通过让学生评析之前所写的作文，发现现阶段议论文写作中存在的主要问题，让学生意识到分析核心概念是有效展开论述的关键；二是通过拆字拆词法引导学生阐释概念内涵；三是运用下定义的方法为核心概念下一个较为精准的定义，以帮助学生理清思路，助力论述的展开；四是通过代入语境的方法界定概念的外延，加深对概念的理解；五是在分析概念内涵和界定概念外延的基础上，理清思路，修改自己的旧作。

教学现场

一、回顾旧作，发现问题

师：在学习新内容前，我们回忆一下上次作文课的写作内容及要求。

（屏显）

屈原说："长太息以掩涕兮，哀民生之多艰。"

曹植说："捐躯赴国难，视死忽如归。"

林则徐说："苟利国家生死以，岂因祸福避趋之。"

詹天佑说："各出所学，各尽所知，使国家富强不受外侮，足以自立于地球之上。"

巴金说："我们的祖国并不是人间乐园，但是每一个中国人都有责任把她建设成人间乐园。"

请结合材料内容，针对"爱国"这个话题，谈谈你的思考与认识。

要求：写一个中心论点和三个分论点。

师：针对以上作文材料，同学们请根据自己的理解总结中心论点，并分步骤列出分论点。下面我们看看这个同学所写的中心论点和分论点怎么样？

（屏显）

中心论点：爱国，不仅是一种情感，更应是一种行动。

分论点一：从古至今，多少仁人志士为了国家抛头颅洒热血。

分论点二：时代变迁，多少知识分子为了国家殚精竭虑贡献才智。

分论点三：当今中国，需要我们每个人为国家做出自己力所能及的贡献。

生：我觉得他的分论点写得有点平庸，而且没有很好地解释为什么“爱国，不仅是一种情感，更应是一种行动”。

师：很好。这个同学的中心论点确实写得不错，但是确实存在分论点没有有力支撑中心论点，缺乏逻辑性的问题，也就是没有有效地展开论述。如何才能做到有效论述呢？分析概念是一个重要的方法。

二、拆字拆词挖内涵

师：拆字拆词挖内涵是分析概念的第一步。所谓内涵指的是概念所反映对象的根本属性。什么是爱国？

生：爱国就是要忠于自己的国家，热爱自己的国家。

生：爱国就是要努力建设自己的国家，以自身的发展促进国家的发展。

师：大家说得都不错，但对爱国的理解还是停留在表面。“爱国”是一个动宾结构的词，“国”是“爱”的对象，那么，“爱”是什么意思？爱的类型和表现是什么？“国”又该怎样理解和界定呢？

生：“爱”就是要对自己的国家有强烈的归属感，为自己是一个中国人而自豪。

生：“爱”就是认同自己国家的文化、价值观、精神等。

生：“爱”不能只停留在口头上，还要落实在行动上。

生：“爱”就是要有天下兴亡、匹夫有责的担当。

师：同学们说得都非常好，我们提炼一下刚才同学们的答案，主要集中在三个方面：认同感、归属感和责任感。唯有认同才能归属，唯有归属才能有捍卫国家的责任感。（板书：爱——认同感、归属感、责任感）那么，什么叫“国”呢？

生：我认为“国”的概念是随着历史变迁而不断变化的。比如古代“君”就代表“国”，今天的“政府”就代表“国”。

生：我觉得“国”这个概念很抽象，听起来是比较虚的，很多东西都可以纳入“国”的范围，但是又不能完全等同于“国”。

师：这位同学说得非常好。也就是说“国”应该是一个集合体，它是一个相对抽象的概念，但是我们“爱”的对象应该是具体的，所以，需要同学们来进一步界定构成“国”的要素有哪些？

生：肯定要有土地，有自己的疆域。

师：你说得非常正确。

生：肯定要有人民，比如，南极洲上土地广阔，但是无人居住就很难形成国家。

师：你的例子举得非常恰当。

生：还要有自己的历史文化。

师：大家都非常厉害，不仅提出自己的观点，而且还进行了举例论证。那么，我们就可以得出构成国家的必备要素是：土地、人民和文化。（板书：国——土地、人民、文化）

三、运用公式下定义

师：刚才我们通过拆词法深入分析了“爱国”的内涵，下面让我们用“种差+邻近属概念”的方法来为“爱国”下定义。

（学生书写“爱国”的定义，然后教师用投影展示学生答案）

生：爱国是一种对祖国的土地、人民、文化具有认同感、归属感、责任感的情感倾向。

师：大家觉得他分析得怎么样呢？

生：我觉得他的种差概念没问题，但是邻近属概念“情感倾向”好像太宽泛了。

师：嗯，那你觉得应该怎么改呢？

生：我写的是社会意识，因为我们的思想品德课上刚刚讲过这个概念，它是特定范围内的群体共有的一种意识。（其他学生鼓掌）

师：你能够跨学科举一反三，非常好。这样我们就得出了“爱国”的概念——

（屏显）

爱国是一种对祖国的土地、人民、文化等具有认同感、归属感、责任感的社会意识。

四、代入语境定外延

（一）代入联想语境

师：带着对“爱国”这一概念内涵的理解，我们将进入第四个环节，界定“爱国”的外延，在这一环节主要通过代入语境去思考哪些行为可以归入“爱国”，这就需要大家尽可能多地联想历史上或现实生活中的事例去进一步分析“爱国”。下面老师为大家提供一个语境。

（屏显）

2012年9月15日，中日钓鱼岛冲突再次升级，中国多个城市爆发反日游行。21岁的××涌入义愤的人潮，并盗取路边摩托车U型锁，砸日系车辆，并砸伤车主×××致其五级伤残。后来，××省法院一审判处其有期徒刑10年。他在公众视野中的最后感言是：我是爱国，抵制日货。

师：你认为××的行为是不是爱国？

生：××的爱国是不理智的，他的行为不仅不利于维护国家利益，反而有损国家形象。

生：××的行为只是一种盲从和自我情绪的发泄。

生：××砸别人的私有财产并伤害他人是一种违法行为。

师：同学们说得很好。虽然××一开始的动机可能是出于爱国，但是其爱国的方式却是违法的、不理智的，导致恶劣的后果。由此，我们可梳理出判断“爱国”外延的标准，第一，动机：维护国家的尊严和利益。第二，方式：采取遵守法律、理性智慧、符合道德的方式。第三，结果：客观上要有利于国家发展。（板书：外延——动机、方式、结果）

（二）代入材料语境

师：明确了“爱国”的外延，让我们再重新审视上课伊始我们回忆的作文材料（教师引导学生阅读导入时的屏显内容），在材料为我们构建的语境中再次分析“爱国”。请从动机、方式和结果三个方面分析上面的每则材料，那么，先请各小组针对以上问题讨论

3分钟，然后派代表回答。（学生讨论结束后，分享讨论结果）

生：第一则材料从动机来看屈原的爱国出于心忧百姓。

生：第二则材料从动机来看是保卫国家，从方式来看是牺牲自我。

生：第三则材料从动机来看是有利国家，从方式来看是不避祸福。

生：第四则材料从方式来看是各出所学、各尽所知，从动机来看是使国家不受外侮、独立自立。

生：第五则材料从结果来看是要创建人间乐园。

师：非常棒！我们一起来看这些同学的分析，作文的立意已经呼之欲出了。下面请同学们修改自己之前所写的中心论点和分论点。

五、修改旧作：利用内涵外延展开论述

（学生修改旧作后，展示修改后的作文）

师：我们先来看看课堂开始时所展示的那位同学修改后的作文，并请一位同学来评价。

（屏显）

中心论点：爱国，不仅是一种情感，更应是一种行动。

分论点一：爱国应具有运用理性的智慧，不因盲目冲动而有损国家利益。

分论点二：爱国应具有捍卫国家的勇气，不因自私怯懦而放弃热爱。

分论点三：爱国应具有实干兴国的底气，不因抱怨空谈而蹉跎岁月。

生：我觉得她的作品有了很大的进步，句式整齐，分论点之间逻辑性较强，而且说明了为什么“爱国更是一种行动”，同时提醒我们要学会用理性约束自己的行为，要为了国家利益敢作为、实干兴国。

师：评价得非常好！因为下课铃声已经响起，我们就不再展示其他同学的作品了。现在大家将自己修改后的作文交上来，课后，老师再一一批改。

六、课后作业

（屏显）

1998年，抗洪救险，我们众志成城，齐退浩洋。

2003年，抗击非典，我们众志成城，同抗疫潮。

2008年，汶川地震，我们众志成城，并赴国难。

2020年，新冠肺炎，我们众志成城，共克时艰。

“众志成城”，一个简单的词，却包含着如此丰富的内涵，蕴藏着如此磅礴的力量。

请你根据上面的材料，设想你是电视节目主持人，面对广大听众朋友，宣讲对“众志成城”的思考和认识。写一个开头和三个分论点。

学生作品

作品一：

从洪水肆虐，中国勇士携起手来以血肉之躯与天灾作斗争；从天崩地陷，中华儿女团结一心在绝境中寻找希望；再到今日疫情猖獗，千千万万中华儿女冲锋陷阵、团结一心……越是艰难险阻，愈益众志成城。众志成城，不是一句口号，而是一种无畏的凝聚力与必胜的自信心！

分论点一："志"是民族的强烈认同，"齐志"是共克时艰的前提。

分论点二："众"是民族的巨大力量，"众力"是磅礴力量的来源。

分论点三："城"是群众的坚定信心，"成城"是抵御灾难的坚固防线。

作品二：

"时代的一粒灰，落在个人头上，就是一座山。"再黑暗的夜晚，也会有璀璨的星河，越是在这样特殊的时刻，越能折射出人类团结的光辉，而这光辉的缔造者，正是与时代同呼吸的每一个人。人人都点亮一座灯塔，终于凛冬散尽，星河长明。

分论点一："志"是渴望渡过难关的期望，是伸出援手的力量。

分论点二："众"是民意的最大公约数。

分论点三："团结"是抵御艰难险阻的最坚固防线。

（此课例荣获"新作文杯"全国第五届作文教学"创课"比赛一等奖）

附 录

从“创课”到“创客”：写作课程深度学习的应然选择

袁爱国

2016年11月3日至6日，“新作文杯”全国首届中小学作文教学“创课”大赛在山东聊城举办，经过选拔评比，来自全国各地的8名初中组选手展示了创新写作课堂的风采。本次比赛先进行“创课”设计大赛海选，再进行说课、上课的评比，这样产生的选手既有各区域教研部门的选拔人选，也有民间脱颖而出的草根选手，具有一定的代表性。因此，本次创新写作课堂（以下简称“创课”）的面貌与精神，在一定程度上展示了当下初中写作教学的基本状态，也透露了核心素养背景下写作教学的愿景与追求。

一、“创课”：“十三五”期间深化写作教学改革的现实需求

21世纪“十五”计划伊始，随着课程改革的逐步深入，写作教学的理念与实践一直与“创新”结缘，各种创新写作的理念、流派涌现，这反映了写作教学的面貌得到实质性的发展，一线教师在写作教学田野里耕耘的同时，都在展望写作教学的未来图景，“十三五”教育发展的宏观规划与语文学科的内部改革，都在为创新写作

课堂定向。

(一）基于核心素养达成的写作教学，呼唤“创课”的到来

近期，《中国学生发展核心素养》研究成果的发布，对大、中、小学生发展应具备的核心素养进行了系统建构，称其以培养“全面发展的人”为核心，分为文化基础、自主发展、社会参与三个方面，综合表现为人文底蕴、科学精神、学会学习、健康生活、责任担当、实践创新六大素养。由此看来，写作教学的终极目标即“立人”。一个写作素养丰厚的人，应该就是一个善思敏行、勤写会说的人，是一个乐于分享、勇于担当的人，是一个个性独立、“苟日新，日日新”的人。

当我们把目光聚焦于语文学科核心素养时，语言建构与应用、思维发展与提升、审美鉴赏与创造、文化传承与理解四个维度指明了其内涵与关系——写作教学的重点在于“语言”和“思维”，“创课”亦如此，重点在于如何教学生作文（口头作文或书面作文），而不是以阅读为主借鉴写作方法的课，或者开展花样繁多的活动，偏离语言文字的表达与运用。本届大赛展示的课堂教学求实、求新、求活，师生课堂上的对话与倾听，有诗意的表达、思维的激活，有审美的参与、文化的陶冶，都在致力于学生语文核心素养的养成。

(二）伴随义务教育语文教材的更新，期盼与“创课”同行

很长一段时间以来，写作教学呈现两种情况：一是教材中写作内容不具体，导致教师很难有所作为；二是课堂教学更多地流于形式，很少直接作用于学生写作的过程。这两种情况都跟教师不能很好地把握写作规律，缺少创新意识有关系。2016年秋季，人教版、苏教版等初中语文教材纷纷出新，其中写作教学的内容更新更是一大亮点。因此，我们呼唤创新性作文教学，呼唤教师争当作文教学的“创客”，来打破目前作文教学的僵局，创新我们的作文教学课堂。

我们期待的“创课”应该远离应试写作教学样式，并且与家常课有区别，不因循守旧，不走寻常路。本届“创课”比赛将视角集中于一个“创”字，贯穿于创新设计、创新课堂教学展示、“创课”成果总结反思等各个阶段。在课堂教学展示过程中，8位教师匠心独运，从教学主题的选择、教学内容的选择、教学资源的挖掘，到教学活动的设计和组织、教学评价的关注与运用，都努力凸显个性化写作教学的应有之义。

二、“创课”教学内容确定的路径

“创课”的教学内容从何而来？是一味地猎奇求险，还是无中生有，罔顾学生的写作需要而盲目创新？这些都是需要关注的错误走向。“创课”应根植于现实的土壤，再仰望璀璨的星空。

（一）依据课标，结合教材，关注学情

写作教学内容选择的依据来自《义务教育语文课程标准（2011年版）》，有什么样的写作观就会有相应的写作文本诞生，有怎样的写作教学观就会呈现相应的写作教学课堂。当我们将目光聚焦于作文分数，致力于满分作文的修炼时，也就选择了格式化的教学内容，以考场满分作文为样本，以作文技巧为训练中心，只谈升格，只为分数。《义务教育语文课程标准（2011年版）》明确指出：写作是认识世界、认识自我、创造性表述的过程，写作教学应注重培

养学生观察、思考、表达和创造的能力，鼓励自由表达和有创意的表达。本次展示的八节课中的“唤醒”“走心”“情趣”等关键词，都在昭示着执教者对于课标写作教学理念的正确理解。相反，当教者仅仅将视野局限于具体技法的学习，追求与应试作文指导接近时，这样的课堂便失去了生机与活力。如《材料作文的审题与立意》一课，教者尽管试图“在‘追光’中舞蹈”，但在琐碎的技巧训练中，走向了沉闷与低效。

语文教材中的写作板块，往往被我们忽视。现实中的写作教学内容大都是围绕中考作文的命题趋势做选择，或以中考作文题为系列进行训练，或以提分能力点做专题练习。教材中的写作内容是课标写作目标的具体落实点，但不能直接作为教学内容，而需要我们“用教材教”。如统编版语文教材七年级上册第三单元为《写人要抓住特点》，本次大赛特邀黄厚江老师以此做示范课。黄老师将课堂教学的场景与个人的生活故事转化为教学内容，引导学生观察、思考、对话、交流，学习如何通过观察抓住人物的特点，如何通过具体描写突出人物特点，如何选择典型事例多角度刻画人物等写作方法。

“学生的写作困难在哪里，写作教学的创新点就应该定位在哪里。”本次赛事的秘书长张水鱼老师如此认为。本次参赛的课题分别从学生在写作素材的选择、写作方法的运用、写作思维的突破等方面遇到的问题入手，选点具有针对性，如孔卫琴老师的《抓住关键处多一些描写》，选题来自江阴市第七届“望江杯”读书知识竞赛中的一道微写作题：请你结合自身经历，写一写你生活中的

"哭"或者"不哭"，并写出你对此的认识或感受。阅卷时教师发现很多学生存在有记叙无描写或者有描写却不恰当的问题，于是孔老师以此为切入点，引导学生练习片段写作，展示交流、点评，总结后再进行修改提升。从发现问题到分析问题、解决问题，思路清晰，方法得当，收效明显。

（二）从生活中来，到生命中去

本次"创课"体现了教学内容的生活化，课堂上再现生活场景，融入场景思维，师生在与世界、文本的对话中学习写作。写作就是写生活，写作内容源于生活，作文强调"我"在场，叙述我见、我闻、我思、我感。执教者或从校园生活入手，比如，张寰宇老师的《写"走心"的演讲稿》一课，以本次承办学校莘县翰林学校为新创办的《翰林园》校刊招聘主编为背景，通过创设生活情境写演讲稿，引导学生围绕写作的目的与对象展开写作。再如，方沐老师通过《日记勤积累，妙手剪华章》一课，引导学生学习生活素材剪辑的艺术。另外，《把"话"说精彩》《爱的世界离不开细节》《转换视角，唤醒身边的它》等课的选题都来自生活，贴近学生生活实际。

生活化写作必须走向生命化写作，这样的课堂不仅有温度，更有深度；这样的写作才会不囿于生活的表象，才能抒发生命的感悟，传递生命的体验，表达生命的言说，抵达生命的内核。"创课"的中心站着一个"人"，在对话与倾听中传递人心、人情，明晓人性、人理。孙娟老师的《转换视角，唤醒身边的它》一课，孙老师在引导学生进行有创意的表述时，先从"人生的每一个片段都是一个不可重复的故事”入手，写好“你的3分钟故事”，再进行思维转换，唤醒故事里的它。通过朗读诗句“你的世界有千万只眼睛正凝视着你／每一道目光都有鲜活的呼吸／就等你来唤醒”，让学生进入角色，体验不同讲述者的生活经历。

（三）从好奇心出发，向创造力发展

“创课”的起点从哪里出发，向何处发展，这是我们必须思考的问题。“好奇心”不仅能激活写作的情趣，还是展开深度学习的前奏。好奇心生发之时，也是联想与想象开始活跃之时。此时，写作的素材视野会更加开阔，思维角度会更具开放性，语言表达会更加流畅，其间更会充满创造性。因此，“创课”伊始，往往从“惊奇”开场。

《转换视角，唤醒身边的它》一课，从“十二袋金币”游戏开始，设置写作情境；《写“走心”的演讲稿》一课，开始展示习近平、马丁·路德、特里克、任正非四位名人演讲时的图片，让学生探究这些演讲者给自己带来的启发；《打破重组写情趣》一课，展示“守株待兔”漫画，引导学生从两个方面设问：你对图片上哪些信息感兴趣？你对未知的信息有哪些看法？课堂上通过故事、画面或者开展活动等设置情境，都是为了构建场景思维，在这样的“写作场”中，学生容易入境、入戏，体验会更加丰富，思维会更加活跃。

“创课”无疑应突出一个“创”字，因此，激活学生的创新意识是前提，生发创新思维是关键，培养创新能力是根本目标。《转换视角，唤醒身边的它》一课，从叙述角度讲故事，课内先让

“我”讲故事，再让看得见的铅芯笔来讲故事，最后让看不见摸不着的烦恼来讲故事。课后让学生以《餐桌上的时光》为题，从“我”、具体事物、抽象事物等角度任选一个点切入，书写一个你生命里的真实的小故事，表达一份真实的心情。课内指导创造性表述的策略，课外进行创造性能力的迁移训练。当然，“创课”的成果应指向于创新作文的完成，展示的几节课大都在一个创意、一个片段上琢磨，在篇章的探究上下的功夫较少。

三、“创课”的基本教学形态：以少教多学促进深度学习

20世纪末新加坡教育部推行了“少教多学”的教育改革。“少教多学”强调教学重点从教学内容的数量转到教与学的质量，追求深度学习，重点放在提高师生互动质量上，让学生更加投入学习，对于提升“创课”的品质极具借鉴意义。“少教多学”倡导教师自主设计教学内容，给予教师更多的时间了解学生、反思教学和分享经验，给予学生更多学习的灵活性和选择的机会，注重师生可持续发展能力的培养。

(一)“创课”：基于学习者为中心的课堂

1. 玩中学

写作教学要从沉重走向轻松，从沉闷走向快乐，离不开一个“玩”字。写作教学中的“玩”，不仅指“好玩”（有趣味），还要“玩好”（有意味）。具体表现为：一是内容好玩；二是活动好玩。《日记勤积累，妙手剪华章》一课，教师利用素材卡片，指导学生做素材分类处理的游戏，并在游戏的过程中激发学生学习兴趣，启发学生思考，用素材卡片布局谋篇，鼓励学生坚持日记写作，创建

个性素材库。将“生活即写作”“素材即联系”“心动即行动”等写作理念有机融入“玩写作”的过程中，这样，学生学得轻松，玩得快乐。

写作教学中最不好玩的就是教知识（静态的陈述性知识）、教方法（琐碎的、繁杂的方法），有的课花了很多力气归纳出几条方法，这些方法本身是否科学就值得怀疑，更遑论运用。当然，如果一味“玩”，忽视了教学重点、难点，偏离了写作教学的基本规律，自然低效。如某一节课上花了几分钟播放杨丽萍的舞蹈片段，只为了得出“追光”这个概念，就显得得不偿失了。

2. 做中学

“创课”倡导做中学，第一要义便是在写作过程中教写作，不是在阅读过程中教写作，更不是在游戏活动中学写作，要给“写”留下足够的空间和时间。比如，《抓住关键处多一些描写》一课，教师导入以后，就让学生动笔写，同时还安排学生在黑板上板书，然后通过集体评议，总结出写作方法后，教师再进行组织学生修改。再如，《把“话”说精彩》一课，首先，教师让学生借助阅读习得方法，使学生认识到语气词在人物对话中起着调节人物情绪，表达人物情感的作用；其次，呈现学生的习作片段，运用已学到的写作方法进行合理修改；最后，教师让学生自改，将习得的方法同化运用。一节课上可以分阶段“写”，也可以集中时间写，切忌为了听课教师而喋喋不休，因为写作是一项私密性的智力活动，需要静谧，需要留白，静心澄虑，方能从容书写。

写作教学不仅需要关注独立做，还需要合作做。写作教学是师生与文本、世界互动对话的过程，口头语言可以促进书面语言的发展，个体思想与群体智慧在对话中能产生共鸣，特别是写作教学中的“边缘人”，往往在协作交流、积极融洽的学习情境中获得启发，因此，我们既要关注对话的质量，也要关注倾听的品质。本次“创课”中，能掌握好小组学习的频度、效度的教师，其课堂上学生的发言自然精彩纷呈，写作成果收效也明显。

3. 创中学

写作是一项创造性极强的学习活动，需要深度学习的介入。深度学习与高水平思维、多层抽象思维、分散思维、创造性思维、批判性思维综合加工密切相关。本届“创课”选手们在“创新”上下了功夫。有的从选材创新，如《日记勤积累，妙手剪华章》；有的从文体创新，如《写“走心”的演讲稿》；有的从思维角度创新，如《打破重组写情趣》；有的从表达角度创新，如《把“话”说精彩》；有的从叙述角度创新，如《转换视角，唤醒身边的它》。

有了创新的设计不等于实现了创新教学。创新的主体是学生，所以写作方法的启悟不可以诉，而应该是自悟。一些课堂上呈现了概念术语，罗列了技法指南，这些外化的知识无法产生创新的因子。创新的核心是思维的激活，本届“创课”在发散思维方面的训练探索较多，在批判性思维的培养上很少涉及，在思维的流畅性、深刻性、批判性、独创性等方面还需要进一步探索。

（二）深度学习：亟须教师的适度作为

1. 简约而不简单

“创课”需要教师采取恰当的步骤以使所有学生在其当前水平

上实现深度学习，这就需要教学目标精准，教学内容精要，教学流程精简，教学评价精准。《日记勤积累，妙手剪华章》一课，教师通过“读素材—玩素材—用素材”三个环节展开教学，课堂上给学生预留10多分钟写作的时间，同时让学生分组讨论交流，最后展示学习成果。学生写得充分，议得热烈，展示评价精准。个别课堂上教学材料（视频、文本、图片等）引用过多，占用了写的时间，挤占了思考的空间，最后学习成果的展示往往不能令人满意。

简约的教学设计，能给学生的学留下广阔的空间，给课堂上生成的情境留有探究的时间。写作教学的不确定性与综合性，需要留有足够的时间，或渐悟，或顿悟，这样才会催生灵感，生发智慧，学生的表述才能如万斛泉源，鲜活充沛。

2. 有所为有所不为

本届“创课”大赛在设计课堂教学评价标准时，强调这样两点：一是以生为本，能够根据现场情况做灵活安排，对学生的写作行为做及时、适当的应对；二是课堂生成丰富、学生的习作或对写作的理解有明显提升。教师在写作课堂上需要在学生的疑难处、困惑处有所作为。比如，《转换视角，唤醒身边的它》一课，教师为了让学生转换叙述角度，开展了“倒句”游戏，由生活中的种种事例到文本情境中故事角色模拟，这种由易到难的教学方式，打开了学生的思路。再如，《写“走心”的演讲稿》一课，教师以自己写的演讲稿作为反面例子，引导学生针对演讲稿存在的问题，总结演讲稿如何针对听众对象进行有目的的创作。

我们强调教师“有所不为”，是因为写作素养的核心是想象力，教师的过度指导会束缚学生的想象力，教师的过度作为会挤占学生独立思考、全神写作的时间。当然，“有所不为”不是教师不作为，而是智慧地作为。

四、从“创课”走向“创客”：写作课程深度学习的自觉追求

（一）从创新写作课堂到建构创新写作课程，需要每一位教师成为“创客”

创新一节课不是难事，但一直坚持创新是一件不容易的事。随着中国学生发展核心素养以及语文学科核心素养进一步落实的需求，伴随着义务教育新教材同步更新的现实，我们需要从一节课到一组课进行创新设计，进而形成写作课程体系。这就需要每一位语文教师成为写作教学的“创客”，以创新为指引，以学生为中心，以写作教学设计、个性化写作教学为核心内容，依据教材，遵循写作教学规律，提升写作教学品质。

本届大赛起始环节“创课设计”，要求设计者从“创课缘起”“创课说明”“创课思路”“教学现场”“创课所得”“教学材料”等环节全盘考虑，在“教学现场”环节还需有“自析自悟”的内容。这样的设计涉及教学全程，从创意到成果，将反思贯穿始终。在课堂决赛现场，有导师的精要点评，有专家的综合评价，还安排了名师黄厚江现场示范课，从青年教师到成熟的名师、写作教学的专家，一起致力于“创课”，努力向“创客”角色转换。本次参赛的孙永芳老师正在编写的《情趣作文三十六计》，在写作课程化方面做了有益的尝试。

需要警惕的是，我们的语文教学一直将重点放在阅读教学上，今年秋季新教材更新后，大家都将目光投放在新增加的篇目文本的教学上，而对于新教材中写作教学内容的调整基本没有关注，写作教学依然是穿旧鞋走老路，在这样的现实面前谈“创课”近乎奢望。

（二）从“创客”到建立“创意写作坊”，需要大众创新，万众“创课”

“创客”本指勇于创新，努力将自己的创意变为现实的人。在中国，“创客”与“大众创业，万众创新”联系在一起，特指具有创新理念、自主创业的一群人。创客团队是一群坚守创新、持续实践、乐于分享并且追求美好生活的人。本届“创课”大赛的意义不在于推出几位写作教学的“创新能手”，而在于唤醒语文教师创新写作教学的意识。每一位参赛选手的背后都有一个“亲友团”，他们自觉或不自觉地代表了一个区域对于创新写作课堂的理解与实践水平。本届比赛，江西省赣县教研室审阅了全县三百多篇“创课”设计，选拔出五十余篇优秀“创课”设计参加大赛评比，并深入高中、初中和小学课堂了解教师的执教情况，一次次到课堂进行指导，从中选拔高素质的优秀教师参加现场比赛。参加“创课”的全过程，即学习的过程，这不是一个人的战斗，而是一个共同学习体的智慧写作教学历程。

美国爱荷华大学成立的创意写作坊，不仅为当代卓越作家的培养提供了平台，也为不少大学写作教学模式提供了范式，这样的“创意写作坊”也可以在中学以物化或模拟化的形态建立。在“互联网+”时代，网络平台为开展创新写作课堂探究提供了便捷的途径，同一区域、不同区域之间借助QQ、微信以及博客等平台，以或紧密或松散的状态进行开放性研究值得期待。

（三）从技术崇拜走向艺术追求，回归个性化写作教学

当写作课堂冠以“创新”的名号，一方面折射出大众对于当下写作教学现状的失望，另一方面也反映了我们对理想的写作教学的追求。我们内心急切地期待着“创课”能制作成APP，可以打包下载即时运用，当真如此，学生也不需要教师指导了。“创课”的阵地在课堂，在教与学的过程中，因此，“创课”呼唤个性化写作教学。我们需要练好内功，懂得写作教学的常识，遵循写作教学的规律，在此基础上尝试创新，既要有工匠钻研技术的精益求精的态度，也要有“创客”敢于冒险、乐于分享、勤于创造的精神，这样的写作教学才会得法、有效，才能从自由走向创造。

（此文为“新作文杯”全国首届中小学作文教学“创课”比赛现场综述）

将具体知识融入具体的写作语境与写作策略中

金 戈

"新作文杯"全国第二届作文教学"创课"比赛现场，我主要听了第二组参赛老师的说课，主要有两类：说理类、记叙类。

说理类分别为：《在追问中走向严密》（李爱英）、《运用矛盾分析法进行议论文写作思维训练》（唐文莉）、《给思维的野马拴上缰绳》（肖劲松）。

记叙类分别为：《让"到此一游"走点心》（李本银）、《浮想联翩写美景》（吴蕊江）、《从一座"桥"说开去》（刘小芳）、《于无声处写有声》（徐雪姣）、《关注生活，于细微处见精神》（李玉萍）。

任何学科的学习都要掌握基本知识，基本知识是形成学生能力的支架。对写作教学来说，没有知识，写作能力的培养就无依托。目前我们确实有很多写作知识，但反思这些知识，我们会发现，类似"记叙文六要素""记叙的顺序""议论文三要素"等知识，因为过于普适，无法有针对性地应用于具体文体的写作，大部分教师存在这样的"知识困境"，所以我们要利用与开发具体的、精准的知识，使之有效地为具体文体写作提供支持与服务。

说理类让人眼睛一亮的是，李爱英的《在追问中走向严密》，唐文莉的《运用矛盾分析法进行议论文写作思维训练》，她们给我们做了很好的探索与有益的启示。她们摆脱“知识困境”，基于学情分析，围绕具体的写作类型、任务和学生具体的写作困难，恰当引入具体的议论文写作知识，并突破议论文写作“陈规”，进行“三新”作文教学。具体如下：

李爱英的《在追问中走向严密》设计（环节）：

1. 创课缘起

学情分析：观点经不起推敲；套作明显；议论不深刻；只会简单模仿，不会深入思考。

以《用自己的方式改变世界》为题写一篇文章，自定文体，不少于800字。

考场优卷思路示例：

一颗露珠可以映衬整片天空；小水珠也能穿过一块岩石；一人不算强大，但我们也可以用自己的方式改变世界。

柳宗元，用不屈不挠的骨气改变世界。

李斯德，用坚定不移的信念改变世界。

扎克伯格，用自己的创新与才华改变世界。

娜拉、米勒、卡夫卡、托尔斯泰等人都是以自己的方式改变了世界，他们以强大的内心告知世界，他们的思想无法被束缚。

我们用自己的方式改变世界，使世界更加美好；我们用正确的方式改变世界，使自己的理想更易实现；我们用坚定不移的信念改变世界，即使前路艰难也要有继续前行的勇气。

上文所谓的高分秘诀体现在：确立观点，寻求证据；有分论点；素材丰富、新颖典型；语言流畅。实际是有问题的，问题：议论文=证明文=找例文。那么该如何深化呢？

2. 创课依据

理论依据：

写作时要设想读者的需求和可能产生的疑问。

——荣维东

设想别人诘难自己，不断寻找自己的“漏洞”，然后一一予以回答、补充，使自己的论点更加周全，论证更加严密。

——俞发亮

一定要选好、选对、选准追问的抓力点，质疑的突破点。

——余岱宗

可这样深化：追问质疑，寻找例外。

3. 教学过程

深化过程示范（略）

初始观点：我们用自己的方式改变世界，使世界更加美好。

（屏显）

追问深化过程

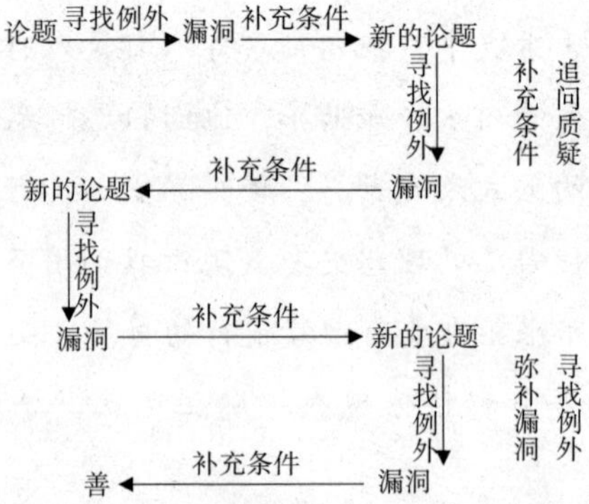

牛刀小试：请以“创新让我们走得更远”为初始论题，进行追问质疑，发现例外，补充条件，弥补漏洞，让论题更严密。

在整个教学过程中，教师通过反复追问，引导学生不断证伪，不断完善自己的论证与思维。

唐文莉的《运用矛盾分析法进行议论文写作思维训练》，也有异曲同工之妙：引导学生不断变换立场与角度，不断反思，最终走向全面与深刻。

（屏显）

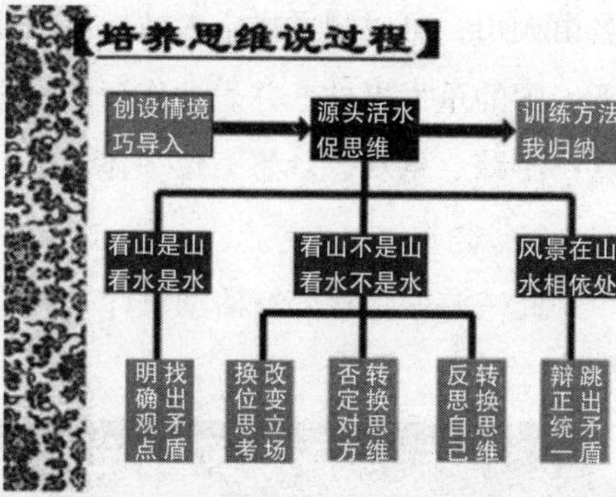

其实，这两堂课还促成了学生元认知的获得。理解学习过程（或自我调节）的关键是将其教给学生，这样学生就能学会监控、控制或管理自己的学习，其中包括学习何时应用学习策略、如何应用特定策略、评价策略对提升学习是否有效。这也是为什么自我调节的概念等同于“学生成为自己的老师”的原因。

还有培养学生批判性思维，需做到思维谦逊，尽力发现自己对未知知识忽视的程度，主要包括以下几个方面：一是从他人的角度学习理解相反的观点（唐老师课中的思维转换丰富且深入）；二是用同样的标准评判他人和自己；三是重视证据和推理，将之视为发现真相的重要工具；四是重视思考的独立性。这些思维的展开，已远远超越了传统的议论文写作范围。

记叙类让人印象深刻的是，李本银的《让“到此一游”走点心》很有游记写作知识与策略讨论的价值，吴蕊江的《浮想联翩写美景》开发了很多具体的写作知识，刘小芳的《从一座“桥”说开去》注重学生思维的开发。

游记是记叙文中一个具体的文体。游记描写旅行见闻，取材范围极广，可以描绘名山大川，可以记录风土人情，可以反映日常生活面貌，也可以记下一国的重大事件，并表达作者的思想感情。所以，把握了游记特点：游踪、景观、观感三位一体，也就把握了游记的知识与策略。

李本银的《让“到此一游”走点心》活动设计（环节）：

（屏显）

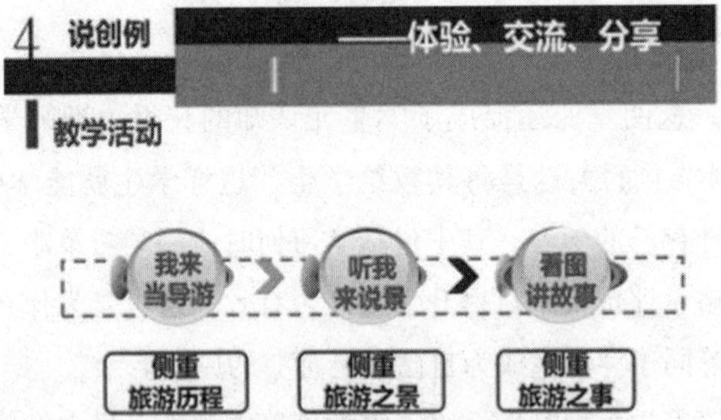

侧重旅游历程，侧重旅游之景，侧重旅游之事，这里有知识与策略，只可惜语焉不详，下面的环节也没有详细展开，这样的教学

设计学生是无法掌握其写法的，而作文教学的目标就是教可教的，因此，本节课教师需给学生提供具体的游记写作方法与策略。

具体的游记写作方法：1.根据游览的行踪和自己的体验，合理安排游记的写作顺序（这里需要教师引导学生明白，行踪与体验是不同的，前者主要按行程的先后来写，后者不一定按照行程来写，而是根据印象的强弱安排顺序，以达到更好的效果）；2. 能够抓住景物（场所）的特点多角度刻画；3. 根据表达的中心，合理安排材料的详略；4. 在记叙、描写的基础上，运用抒情、议论等表达方式。

游踪（印象）、景观、观感，如果将其扩展为具体的写作策略，可参考以下要点：

第一，不同方位：根据写作构思的需要，可选择“由远到近、由上到下、由高到低、由中间到四周，（印象）由强到弱”中的一两种。

第二，不同感受：根据需要，可将视觉、听觉、嗅觉、触觉进行有机组合。

第三，不同手法：在描述的基础上，发挥联想与想象（教师引导学生明白，巧妙的比喻、拟人等修辞手法就是最好的联想与想象），如能做到虚实结合更好。

除了以上知识、策略之外，还可以给学生提供优秀的游记范文支架，即在写作教学中，教师用范文指导学生写作。教师要引导学生对写作范例做具体分析，这是提高学生写作能力的重要途径。

《小石潭记》的支架，如果用几个字提炼游踪与游感，就是

“闻—观—眺—感”，由外到内，由近到远，寓情于景，情景交融，很是自然。只闻水声不见其潭，可见其景藏之深；观鱼得乐（属于定点特写），或者观水得乐，是他出游的目的，为排遣心中的郁结；眺“潭西南而望，斗折蛇行，明灭可见”（为镜头变焦），陡生“凄神寒骨，悄怆幽邃”之感，与他心境契合，是前途迷茫的生动写照。这是柳宗元的“脚步与心跳”，可为学生的写作提供借鉴。

《桃花源记》的支架：忽逢—外景—内景—人情故事—再寻遂迷。这里有几点可以启示学生：从外到内的行踪本身就具有吸引力，加之作者对洞与光的逗引性描述（朱自清的《绿》中也写到光的吸引力）；人情故事的描述增添了游记的故事性与趣味性；“忽逢桃花林”“再寻遂迷”等语句的描述给文章增添了神秘性。此文构思精巧，采用虚实结合的手法，把现实生活和理想境界联系起来，激发了读者的阅读兴趣。我们的有些游记写得太过写实，可以虚幻一些，以满足人们不甘于一时一地的局限，让“游记”带领我们突破现实的束缚，做形而上与形而下的双重遨游。

综上所述，如果我们的写作教学，多一些具体的知识、策略、范文支架的介入与分析，就会更有实效一些。

吴蕊江的《浮想联翩写美景》利用与开发了联想与想象写景的知识。首先，注意到了联想与想象的区别，引入《天上的街市》进行片段练习。其次，聚焦联想的四种类型：类比联想、对比联想、象征联想、事理联想，同时组织了相应的训练。这给学生提供了写作训练支架，可惜不是景物的，而是人事的。再回看《咏雪》《绿》中的句子：

俄而雪骤，公欣然曰："白雪纷纷何所似？"兄子胡儿曰："撒盐空中差可拟。"兄女曰："未若柳絮因风起。"（比喻）

那醉人的绿呀！我若能裁你以为带，我将赠给那轻盈的舞女；她必能临风飘举了。我若能挹你以为眼，我将赠给那善歌的盲妹；她必明眸善睐了。（拟人）

吴老师运用这两个例子的目的在于让学生明白比喻、拟人等修辞方法中就有联想。接着又进行了虚实结合、通感等手法的讨论与练习，但虚实结合有些偏离课堂内容。这是具体、深入的写作知识与策略，学生对联想（写景）有了进一步的体验与思考，进而得出比喻、拟人、虚实结合和通感，是呈现联想和想象（写景）的主要方法，它们可使得内容更加丰富，形象更加丰满，意蕴更加丰厚。这个作用的概括，还不是很到位。

最后，写作练习。吴老师要求学生借助某些特定景物展开联想、想象，写一段文字，表达情绪或感受。有了以上的具体的联想与想象的写作知识支持，学生可以写出具体可感的文字。

在教学写作知识时，我们一定要避免抽象与被动地学习知识，一定要具体与主动地将具体知识融入具体的语境与策略中。写作是创造性的实践活动，只有在活动中学会灵活运用知识，知识才会越学越有用，并产生新的知识，丰富写作的内容与形式。这样，具体知识才能成为写作教学的关键。

（此文为"新作文杯"全国第二届作文教学"创课"比赛现场说课评说）

在你心里，翻起百千浪

梅 晴

“新作文杯”全国第三届作文教学“创课”比赛落幕了。

坐在岳阳临湘六中的说课现场，我一直被老师们感动着。为了写作之火能在学生小小的心灵中燃起，他们真正地走进了学生的心里；为了写作的光芒能照亮学生的人生，他们在竭力探索更有效的路径。能这样做语文老师，不易；能做这样的语文老师的学生，有幸！

坐在讲台下，聆听着各位老师对写作教学的思考和基于这样的思考而采用的做法，我陷入了思考：“创课”以“创”为比赛的着眼点，可以理解为“创作”“创造”，更应该理解为“创意”“创新”，甚至还可以是“开创”“创举”……然而，一切的“创”不过是为了“课”更加有效、高效……到底怎样的作文教学课能达到这样的目标呢？细细咂摸老师们所做的一切努力，其实最终都应归于写作教学的初心——让学生乐于表达、善于表达。有一个这样的目标做先导，选取的路径、采用的形式往往就成了“创”的空间。用最有效的路径、最有吸引力的方式告诉学生，我要在你心里，翻起百千浪！

如何去做到呢？综观比赛一组的十几节课，的确有很多做法给我们以启发，那些优秀的课例的确让人回味无穷，谈几点感受与大家分享：

一、揭开生活的面纱

十几位老师一直力求让学生明白：写作与生活的关联极为紧密，无论写什么，都应该是将对生活的感受表达出来。他们或是带着孩子观察秋叶，或是带着孩子聆听声音，或是带着孩子体验学会做事的过程，或是带着孩子关注身边的人物……在此基础上，教会孩子将我们生活的世界描绘清楚，将生活在这个世界的感受讲清楚。然而，更为有效的原则是：不仅让孩子明白写作与生活的关联，还能让孩子明白理解生活现象里值得思考的事理更为重要。因此，我们看到了许多创造性的设计。比如，《我眼中的潮人潮事》一课，老师将孩子的眼光聚焦在“潮”字上，从巴黎圣母院的大火入手，让孩子们关注生活中正在发生的事情里包含的道理。无论是选择还是处理写作素材，都需要在关注社会中的新闻热点、风尚潮流、舆论焦点，把握现代社会的生活脉搏，体现时代精神。只有揭开生活的面纱，才能看到生活的真谛。这一课“创”的价值就在于看世界的眼光和角度。再如，《送你一朵勿忘我》一课，老师的观念是“写作一定要和生活融合，生活中随处都能用到语文写作能力”。为了让学生作文过程变得有趣，让学生在写作过程中明白写作就在生活里，老师设计了化难为易的微写作，选择教授的内容是化繁为简的“短信写作”。学习写短信的整个过程，老师带领学生拾级而上，一步步明确写作的奥秘：生活中唯有真情动人心，真实的生活感受可以用更美好更巧妙的方式来表达。短信，句短情长，言简义丰；短信写作，则容纳了写作的立意、选材、构思、表达、推敲等思维过程。通过短信写作，老师让学生学会了微写作走向大作文的思想方法和写作路径。这一课“创”的价值就在于此。一旦揭开了生活的面纱，学生就能找到无穷无尽的写作资源，真正实现让学生在写作过程中获得“写作的快乐”的目标。

二、点燃表达的愿望

老师们之所以对写作教学进行设计，是因为希望提高学生的写作能力、习得写作技巧。所以会有老师教学生怎么观察世界，用怎样的修辞手法去表达自己的观察结果；也会有老师去教学生读教材上的名篇，研究作家是用什么写作手法表达的，我们可以运用这些写作手法；还会有老师告诉学生，许多写作对象是无形的、感情是抽象的，我们可以借助有形的实物、用恰当的词语去展现……固然这是表达的基本方法。然而，表达形式是以表达目的为基础的，学生一旦明确了自己的表达目的，所有的方法就能焕发出光彩。因此，更为有效的做法则是钻进学生的心里，点燃学生的表达欲望。如《入情入境　合情合理》一课，老师精心设计了情境作文，将学生放在写作情境中，唤醒学生内心深处的表达欲望，颇费心思！老师设计的情境是一家人逛秦淮灯会时祖孙两代人购买花灯的冲突，有冲突就会有故事，有故事就会有事理，有事理就会有思考，有思考必会有好文章！老师拿出这个作文题，并不是为了告诉学生如何审题、如何抓关键词、如何揣度命题人的意图……而在于将学生放在具体情境中，激活学生的思维，让学生明白：在这一情境中，你们都可以有话说。祖孙两代人审美观念的差异正是最具有时代特征的现象，学生怎么看待这种生活现象不重要，重要的是他们能将自己的看法有条理地表达出来，并与他人的看法进行交流。这是真正懂得学生的老师！老师需要说很多话、做很多事吗？非也。老师只扔出一颗石子，能激起学生心中的千层浪就可以了。果然，老师的设计引发了学生的多种立意：传统文化与现代元素兼容并蓄，感受传统文化的魅力，欣赏现代科技的精彩，亲情——奶奶对小表弟的疼爱宠爱，孝心、孝敬是一种美德……激活思维只是开端，老师真正的目的是要告诉学生，你的思维必须有逻辑，即想象联想须合理，思考感悟有方向。因为，走出这个课堂，学生还会面对更多的生活情境，在他们有话要说的时候，他们仍会记得这个课堂上，老师曾告诉他们怎么去思考、去表达。这一课的“创”的价值在于，老师点燃了一把火，还要让火能持续燃烧！学生获得的是思考问题意识的建立和习惯的培养。

三、发现思维的价值

对待写作教学，大多数人都在研究如何将文章写好，因此将研究重点放在“如何写”上面。学生在被动接受各种写作技法、各种行文模式的时候，往往忘记了“我为什么要写这篇文章”。忘记了这一点，所有的表达都成了空中楼阁。要写好一篇文章，首先得想清楚自己要表达什么，其次才是如何表达。因此，作文思维能力的培养应该放在首位。如《转折思维，无中生有写妙文》一课，这是此次比赛中唯一一节在思维层面上做设计和思考的课例。老师教学生“写妙文”的基础是“想妙招”，而这妙招绝不是迎合分数的奇技淫巧，而是立足于培养学生的思维能力。老师选择了众多思维方式中的“转折思维”，在研究众多作文题的基础上，告诉学生这样

思考问题的妙处在哪里。从了解“转折思维”的内涵到在作文题目中的实践运用，从思考问题的角度到推理结论的逻辑，处处体现着老师的作文教学观念：“对生活现象和细节进行发现和思考，是创意写作的关键。”“要能产生深度的发现和思考，就得善于发现事物之间的联系。善作文者，也是善于发现事物之间联系的人。”在“思考”和“写作”这两个点的选择上，这一课“创”的价值在于关注并重视人的思考能力，让思考作为写作的基础，帮助写作更上一层楼！通常，写作教学如要讲方法，必定是理论和实践“两张皮”。然而，这节课，首先，老师从绝句和文艺小品入手，让学生从不同文学样式中真切地感受到文字背后的思维逻辑，继而引导学生去关注他们最关心的考试题，去发现转折思维的实用价值，激发学习兴趣；其次，将学生的眼光引向各种生活现象，凡事皆有因，去体会转折思维的妙处；再次，借助语言材料来实现思维训练的目的；最后，老师让学生将这种思维方式用到作文中，让思维转个弯，去发现事物之间的巧妙联系。这个过程，是符合学生的认知规律和学习心理的。一个真正理解学生的老师，才能为学生指明前行的道路！

其实，创课的“创”，最大的价值在于——让学生“心动”，心动了，笔就活了。生花妙笔的“花”，不是插上去做装饰的，而是从笔底自然绽放的，更是从心底里流淌出来的。在我们追求“创课”教学价值的路上，我们须明确教师最大的价值是点燃学生心里的那团火，让他们能看到写作对生活和生命的价值！让那份写作的愿望如同滔滔江水，浪奔浪流，纵使转千弯转千滩，仍愿翻百千浪，在他们的心中起伏够！

（此文为“新作文杯”全国第三届作文教学“创课”比赛现场观感）

是“创”，让你的课从此不一样

洪劬颉

首先要感谢《新作文》杂志社，为广大中小学教师搭建了“新作文杯”全国第三届作文教学“创课”比赛的平台，同时也感谢张水鱼主编的邀请，让我和梅晴老师分别担任一组和二组的组长，一起经历、一起见证、一起享受12位脱颖而出、最终走到全国决赛现场的老师精彩的“纷呈”。

三个小时下来了，让我们回头想一想，12位“创客”所“创”的“课”，哪些是让我们无法忘记的？这些“无法忘记的”应该就是我们写作教学的最本质、最本真的东西，是我们在平常教学中，应该坚守和坚持的。

无法忘记的是，“独立的写作的人站起来了”，这句话是湖北省枝江市第二高级中学的潘彬斌老师说的，不管是写作课，还是创课，目的都是“立德树人”，都是在培养人，发展人，是要培养“独立的人”。

无法忘记的是，“下水写作”，山西省绛县古绛镇城关初中贾慧丽老师用自己的“下水文”《醉心丽江》来分享树型的思维导图。

无法忘记的是，“读写结合”，美文引路。读写结合是提升写作水平最为有效的办法，如何进行有效的读写结合，仁者见仁，智者见智，太原市外国语学校的申改霞老师给我们提供了一种读写结合的过程性指导的范式。

无法忘记的是，“升格训练”“方法指导”“情景创设”“反复敲打”“深化中心”“课程标准”“统编版教材”……

没了，想不起来了，想不起来的就是忘了。我们的学生如果上课，一节课45分钟下来，他能不能记起这么多？你告诉他的开头十二法、结尾二十四法，他能记住几法？我们三个小时下来，无法忘记的，如果过一周，过一个月，我们还能记起什么？为什么我在学习了12位老师的精彩分享后，我记住了这些，而没有记住那些？原因在于这些跟我长期的写作教学实践是耦合的，是呼应的。

那么，我们需要探究的是，这些“无法忘记的”“创”在哪里？

“创”在“系统思考”。写作绝不只是写作的事情，临湘市九中余秀兵老师始终引导学生“留意生活，关注自我”，从“我”的需要出发，在生活中深入思考，进行发散性思考；教学生写作的知识，也不能孤苦伶仃的，应该放在一个系统中去思考。很喜欢内蒙古自治区通辽市科尔沁区七中康婧老师主张的“文不可无为而作”理念，更欣赏她在“如何深化文章中心”之前补充设计了“前后呼应点中心”“详略主次显中心”等系列指导课，在听的过程中，我想起了自己曾经在课堂上是如何帮学生治“偏题症”的，康老师也可以回去继续补充设计，“不断点题现中心”，文章的中心需要不断地被提及，被点明。

“创”在“教学资源”。在这一点上，《新作文》杂志社的张水鱼主编做了一件功德无量的事情，不仅在全国范围内开“写作教学资源”，还以“创课”的方式引导教师去“创造”自己的“写作教学资源”，让学生去“创造”自己的“写作资源”。成都市安靖学校张丽萍老师的《佳节清明桃李笑》，张老师链接清明文化，播撒写作种子，引导学生用好节日素材，说自己想说的话，很有创意。当然，“写作教学资源”的创建，在其他老师的“创课”中，也有或多或少的体现，我就不一一赘述了。

“创”在“学习设计”。最好的教是听，最好的学是说。我一直很反对过度地追求课堂教学的艺术感，而应该把课堂还给学生，让课堂成为学生学习的天堂，而不是展示教师教学艺术的地方。好的课堂教学要充满鲜明的设计感，而好的课堂教学设计应该是要想出好的学习活动设计。岳阳市第九中学任畅老师的《让别人见你所见》就是一份特别出色的学习活动设计，变“教”为“导”，实地游览，见你想见；交流经历，分享所见；解密写法，让别人见你所见；品评习作，分析“见”与“不见”；执意探究，见你最想见。

“创”在“思维建模”。我实践智慧作文二十多年，最后也就得出了几个字：好作文是“打”出来的，好作文是“写”出来的，好作文是“想”出来的，明天上午跟大家会分享“好作文是‘偷’出来的”，其中，好作文是“想”出来的，重在帮助学生建立起思考问题、解决问题的常规路数，即思维建模。我非常高兴地看到好几位“创客”老师都在摸索学生写作的思维建模，这非常好。四川省成都市双流区棠湖外国语学校的黄明丽老师给我留下了深刻的印象，“定格”“聚焦”“赋形”，从生活到美文，她很巧妙地带领学生“捕捉一个画面”“创作一首小诗”“写就一篇美文”。黄老师在文章中引用了曹文轩的话，这段话也是我喜欢的，我愿意读出来，和大家一起分享：

写作文自然要讲“立意”，但究竟要立什么意呢？难道就是那些虚幻的和任意拔高的思想和观点吗？你一入了这个道（你不知不觉就会入了这个道），就很快陷入了空白状态，觉得自己简直就是个草包，是个废物：肚子里竟然没有一个人、一个故事，像只空罐儿。

后来呢？曹文轩是这么说的：

于是，你就使劲压挤，压挤了半天，也没有把一页纸写满。无奈之下，你就把早先在脑子里储存好了的、落入俗套的、毫无生气和趣味的东西写了下来。一篇连你自己看着都没有滋味的作文就在你的笔下诞生了，这就是作文的一大误区。

当然，也有不少孩子看不上自己的生活，说，“我所经历的那些东西没有什么意义呀”！

我们忘了我们也曾经是孩子，我们也忘了孩提时代是最好的时光，为了我们更好地写作教学，诚如“忘记”一词所说的，我们很多东西“忘”了，才有“记”得，“忘”了才会有所“得”，我们要主动地去“忘”，才会有浅浅的“得”。在这里，我化用三个成语：“得荫忘身”“得鱼忘筌”“得意忘形”，但我要把他们的意思反过来说。

第一个“忘”，是“忘身”“得荫”。“得荫忘身”这个成语原指蝉得到阴凉的地方遮蔽就忘了自身的安全。我想说的是，我们老师要想让学生的写作得到“荫蔽”，就要先“忘身”，忘了自己。只有教师忘了自己的“教”，才会有学生的“学”。好作文是学生“写”出来的，是学生“写”，不是听教师的“写”。学生在“写”的过程中，自然而然地就会学会“写”，只有在“写”的过程中，才能知道哪一种“写”法是智慧的，是高超的，是好的。我一直强调一个观点，好的作文指导，是让学生有勇气写出下一篇来。事实上，作文教学最直接的后果，就是让我们很多学生越来越怕写作文，越来越享受不到写作的乐趣。

第二个“忘”，是“忘筌”“得鱼”。“得鱼忘筌”的意思是捕到了鱼，忘掉了筌，事情成功以后就忘了本来依靠的东西。但是，这生命的唤醒。教师通过教学的开放和内容的多样，从某种程度上让学生找到属于自己的写作经验、写作成就，找寻属于自己的句子和生命表达，进而唤醒学生的写作生命。

＊方沫 海南省海口市语文教师

创课感言：我们不能用自己的所谓教学经验去扼杀学生的生活体验，结果只能是使他们害怕写作，因为他们写不出你想要的生活。我们只能教习学生审美，以美浸润学生的灵魂，审美上去了，生活的情趣出来了，文章自然就美了。

＊赵凤霞 山东省莘县语文教师

创课感言：一次创课，一次提升。真正深入课堂，才发现自己多么浅薄！不知道“创”在何方，“新”在哪里，不禁感慨：书到用时方恨少！好在坚守初心，定会上下而求索，探索语文的春暖花开！

＊孙永芳 河南省安阳市语文教师

创课感言：我不太喜欢一成不变的东西，在守住语文正统的同时得敢于创新，打破重组，就是一个方向！打破固有的思维、固有的空间，重塑一个合理的、创意的新理念，妙哉善哉！

＊孔卫琴 江苏省无锡市语文教师

创课感言：慢慢走，慢慢欣赏，生活处处有风景；细细想，细细描绘，作文时时见风采。

＊张亮 山西省朔州市语文教师

创课感言：创课，让我从平凡走向卓越，让我从胆怯走向自信，让我从盲从走向精思！创课精神，永远激励我前行！

✻谢有新　江西省赣县语文教师

创课感言：创作伊始总是离不开借鉴和模仿，但是真正打动人心的是自己呕心沥血的创造！

✻苏良明　湖北省荆州市语文教师

创课感言：参赛准备的过程是最有价值的。学习、参与，你将拥有无限可能！

✻梁吴芬　湖北省荆州市语文教师

创课感言：4月18日下午，现场说课比赛在宁海中学“至勇楼”音乐厅拉开了帷幕。参加比赛的十八位选手均是“创课”比赛活动的获奖者，他们是千万个教学一线热爱作文教学研究富有创造精神的语文老师的代表。比赛没有冗繁的仪式，没有虚浮的评点。评委老师们专注倾听，时而颔首微笑，时而若有所思，时而低头记录；选手们依次上台，讲述自己的创意和设计，有的娓娓道来，有的激情洋溢，以课会师，以课交友。会场的空气中静静流淌着一种叫作“热爱”的纯净气息。

✻杨富昌：湖北省老河口市语文教师

创课感言：《新作文》杂志社首倡写作创课设计与实践，引领我们从作文教学开始，迈出了划时代的一步，这堪称是一个创举，是作文教学史上有里程碑意义的一步。这是一堂创课上创客的集体狂欢。我们在创课中本然幸福，创课让我们乐此不疲。

老师，今天你创课了吗？

“创课”评委这样说

◎课堂一直都在，创造才是未来。（刘 斌）

◎写作是语言文字和思想感情牵手在生活的田野上散步，作文课是教师带着学生分享散步的憧憬、体验和收获。（黄厚江）

◎作文创课让学生文思灵动，创意无限，为幸福人生奠定坚实的基础！（王三阳）

◎创课让教师新招迭出，创课让学生文思飞扬。（裴海安）

◎生存的苦涩让人逐渐僵硬；放飞创意的写作会让灵魂慢慢恢复弹性。（钱金涛）

◎写作让我们找到灵魂的大地，创意让我们链接思想的天空。（肖培东）

◎写作，须充分激发学生认知力、思辨力、想象力、表现力，这是创课的原点。（李伟杰）

◎写作是一个人的生命创造，写作课是一群人的生命创造，而幸福正来自这种精神性的成长。（徐 飞）

◎创新写作课从好奇心出发，向创造力发展，在思与诗之间抵达言语的真义。（袁爱国）

◎中小学跨界赛课，赛的不是课，赛的是对中小学作文教学规律的认识。（宋运来）

◎作文创课就是老师赋予平时所见的庸常事物以光芒，点燃学生的写作激情。（封义珑）

◎作文创课，让学生的体验“活”起来，让学生的大脑“动”起来，让学生的思维“飞”起来，让学生的情感自然“流”出来！（王春勤）

◎作文课是对孩子语文素养中最优质思维的唤醒与激活，创课作文是孩子精神世界中最纯粹和艳丽的花朵。（杨东荣）

◎创意让生活更有意思，创课让生命更有意义！（梅　晴）

◎创课，更好地激发学生学习母语的兴趣。（麻柏林）

◎写作本身应该是极其自由的事情，可惜，很多中学生，却被束缚住了。所幸有“创课”，让我们得以在写作的天地里自由呼吸。（任海林）

◎让创课随心所欲，让幸福自由舒展，让写作妙笔生花。（柳文生）

◎创课是师生共同完成惬意精神旅行的洗礼创举，是学生畅玩写作历练的向光而行。（蒋新海）

◎创课大赛，就是一道光。追着光，靠近光，你就会散发光，最后成为光。（李爱梅）

◎课堂因创造而开花，创造因写作而结果。（刘　勇）

◎你所创造的课堂，创造的是中国的未来！（洪钧颉）

◎创课，新的不仅仅是课，更是师生的思想、思维、情感、语言……（张宝伟）

◎就现段而言，作文创课的着眼点主要体现在组织结构的变

迁、教学情境的创设、教学评价的优化等方面。(黄发莲)

◎积粮(材)入仓廪,立刀(笔)作教案,创客,创刻,创课。(方 沫)

◎创课,让我们摆脱盘旋不进,活出一团春意,架构起大生命活泼创造之势!(范练娥)

◎创课,让学生的综合素养拾级而上,让学生的情感世界丰盈充沛,让学生的精神家园流光溢彩。(邓 鑫)

◎作文创课,让我们突破呆板寻找鲜活,让我们摆脱狭隘的思维,收获广阔的天地。(陈绪亮)

◎作文,让文字与思想开出花来;创课,让作文与做人共生共长。(钟 亮)

◎写作本身就在创造,写作课更应会创造,否则拿什么去点亮写作的灵感呢!(袁 源)

◎创课,成就了自己,成全了孩子!(丁卫军)

◎很难想象,古板机械的作文课能有灵动、创意的写作结果。一个创意不难,坚持五年的"创课",非常了不起。(陈兴才)

◎创课之意义在创,创意启迪思维、创作开启思想,教师的创造就是对人类进步的贡献!(陶年生)

◎创课,在中小学作文的夜空下,一支探索课堂教学的轻骑。披星戴月,越陌度阡,寻找属于自己的作文教学创意,也激发学生写作构思的灵感……在清清浅浅的岁月,语文人相约相携,前者呼,后者应,共同积淀教学生涯的传奇……(罗小维)

◎作文课的最美好的状态,是懂写作的老师,带着爱写作的学

生，在作文课上，同行，同写，同乐。（徐　杰）

◎教师的创意激发学生的创造，恼心的写作蝶变为激情的创作。（黄本荣）

◎创课，唤醒写作的热情，点燃生活的激情。（葛　平）

◎写作是生存的需要；创新写作是生存质量的需要。（高　岚）

◎创写作课，立品质文，育情怀人。（刘补明）

◎学生在创造，课堂在创造，未来在创造。（吴春来）

◎创意产生幸福感，创课是实现幸福感的路径，是语文老师实现自我认同的载体。（赵克婴）

◎创课：新课标写作理念的绝妙演绎，新教材写作设计的个性诠释，新作文黄金品牌的至美示范！（王尔楷）

◎“创课”的原动力是创新。创新激活教师创造思维，创新生成新颖的教学设计，创新唤醒学生学习热情。（郑西银）

◎像第一次来到这个世界，打量、审视、发现，表达我们的情感和思想。（金瑞奇）

◎写作的人不孤独。创意写作更可以让人跨越时空界限，不断遇见。（向　浩）

◎创课贵在“创”字。创体创蕴，创式创韵，创形创神，创境创意，创出写作教学的新天地。（魏为秋）

◎创课，丰富了教师的精神空间，唤醒了学生的创造灵魂。（胡月英）

◎创课，是蜕变庸常的必然选择，是作文教研走向深度的自觉

追求。（李　翀）

◎课堂，因创生而充满魅力。（聂　闻）

◎做语文创客，上语文创课，共创语文新局面！（张　华）

◎创造着，幸福着。（张水鱼）